Fahrlässige Mittäterschaft und Schuldprinzip

Europäische Hochschulschriften Recht

European University Studies in Law

Publications Universitaires Européennes de Droit

Band/Volume **6242**

Myoungsu Ko

Fahrlässige Mittäterschaft und Schuldprinzip

PETER LANG

Bibliografische Information der Deutschen Nationalbibliothek
Die Deutsche Nationalbibliothek verzeichnet diese Publikation in der Deutschen Nationalbibliografie; detaillierte bibliografische Daten sind im Internet über http://dnb.d-nb.de abrufbar.

Zugl.: Berlin, Humboldt-Univ., Diss., 2020.

D 11
ISSN 0531-7312
ISBN 978-3-631-84753-4 (Print)
E-ISBN 978-3-631-85181-4 (E-PDF)
E-ISBN 978-3-631-85182-1 (EPUB)
E-ISBN 978-3-631-85183-8 (MOBI)
DOI 10.3726/b18260

Peter Lang – Berlin · Bern · Bruxelles · New York · Oxford · Warszawa · Wien

Diese Publikation wurde begutachtet.

www.peterlang.com

Vorwort

Die vorliegende Arbeit wurde im Wintersemester 2020/21 von der Juristischen Fakultät der Humboldt Universität Berlin als Dissertation angenommen. Die Literatur konnte bis August 2020 berücksichtigt und ausgewertet werden.

Mein Dank gilt all jenen, die mich bei der Arbeit an dieser Dissertation auf vielfältige Art und Weise unterstützt haben.

Mein größter Dank gebührt meinem verehrten Lehrer, Herrn Prof. Dr. Luís Greco, für seine hervorragende Unterstützung, seine wertvollen Hinweise und seine ständige Hilfsbereitschaft - sowohl in akademischer als auch in menschlicher Hinsicht. Während meiner gesamten Promotionszeit an seinem Lehrstuhl trug er entscheidend zum Gelingen meiner Arbeit bei. Von ihm habe ich wissenschaftliches Arbeiten gelernt. Sein umfassend wissenschaftlicher Geist und seine große Professionalität werden mir immer ein leuchtendes Vorbild sein.

Ebenfalls bedanken möchte ich mich bei Frau Prof. Dr. Tatjana Hörnle für die zügige Erstellung des Zweitgutachtens und ihre hilfreichen Anmerkungen sowie bei Herrn Prof. Dr. Martin Heger für die freundliche Mitwirkung in der Prüfungskommission.

Mein herzlicher Dank gebührt ferner der Konrad-Adenauer-Stiftung für die Finanzierung meiner Forschungen.

Nicht vergessen zu danken möchte ich meinen guten Mitarbeitern und Freunden am Lehrstuhl von Professor Greco und meinen koreanischen Freunden in Deutschland. Die Diskussionen mit ihnen – sowohl am Lehrstuhl als auch an Professor Grecos Donnerstagsseminaren – haben mein Interesse an der Strafrechtsdogmatik geweckt und vertieft.

Zu besonderem Dank verpflichtet bin ich Herrn Prof. Dr. Seung-Hwan Jung von der Korea Universität, meinem koreanischen Lehrer, der mich auf dem Weg in die Rechtswissenschaft leitete und mich fortwährend unterstützt hat und dies immer noch tut, Herrn Prof. Dr. Zai-Wang Yoon, der durch motivierenden Zuspruch und konstruktive Anregungen in hohem Maße zum Gelingen dieser Arbeit beitrug, Herrn Prof. Dr. Jong-Dae Bae, der mich mit herzlichen Worten ermutigte, und Herrn Prof. Dr. Younggi-Hong, der mich zu sich nach Hause in Berlin einlud und mir Ratschläge gab.

Meiner Frau und meiner Tochter sowie meinen Eltern und meine Schwiegereltern widme ich diese Arbeit.

Berlin, im Dezember 2020

Myoungsu Ko

Inhaltsverzeichnis

Abkürzungsverzeichnis

a.A.	andere Ansicht
Abs.	Absatz
a.F.	alte Fassung
AG	Amtsgericht
Anm.	Anmerkung
Art.	Artikel
AT	Allgemeiner Teil
Aufl.	Auflage
ausf.	ausführlich
BayObLG	Bayerisches Oberlandesgericht
Bd.	Band
Beschl.	Beschluss
BGB	Bürgerliches Gesetzbuch
BGE	Entscheidungen des schweizerischen Bundesgerichtshofs
BGH	Bundesgerichtshof
BGHSt.	Entscheidungen des Bundesgerichtshofs in Strafsachen
bspw.	beispielsweise
BT	Besonderer Teil
BVerfG	Bundesverfassungsgericht
BVerfGE	Entscheidungen des Bundesverfassungsgerichts
bzw.	beziehungsweise
ders.	derselbe
d.h.	das heißt
dies.	dieselbe/-n
f.	folgende
ff.	folgenden
FG	Festgabe
Fn.	Fußnote
FS	Festschrift
GA	Goltdammers Archiv für Strafrecht
gem.	gemäß
GG	Grundgesetz für die Bundesrepublik Deutschland
ggf.	gegebenenfalls
GS	Gedächtnisschrift
h.M.	herrschende Meinung

Hrsg.	Herausgeber
i.d.S.	in diesem Sinn
insb.	insbesondere
i.S.v.	im Sinne von
i.S.d.	im Sinne des
i.V.m.	in Verbindung mit
JA	Juristische Arbeitsblätter
JBl.	Juristische Blätter
JR	Juristische Rundschau
Jura	Juristische Ausbildung
JuS	Juristische Schulung
JW	Juristische Wochenschrift
JZ	Juristenzeitung
LG	Landgericht
LK	Leipziger Kommentar zum Strafgesetzbuch
MDR	Monatsschrift für Deutsches Recht
MüKo-StGB	Münchener Kommentar zum Strafgesetzbuch
MSchrKrim	Monatsschrift für Kriminologie und Strafrechtsreform
m.w.N.	mit weiteren Nachweisen
n.F.	neue Fassung
NJW	Neue Juristische Wochenschrift
NStZ	Neue Zeitschrift für Strafrecht
NK-StGB	Nomos Kommentar zum Strafgesetzbuch
Nr.	Nummer
NStZ	Neue Zeitschrift für Strafrecht
OLG	Oberlandesgericht
OLGSt.	Entscheidungen des Oberlandesgerichts
OWiG	Gesetz über Ordnungswidrigkeiten
öStGB	österreichisches Strafgesetzbuch
RG	Reichsgericht
RGSt	Entscheidungen des Reichsgerichts in Strafsachen
Rn.	Randnummer
Rspr.	Rechtsprechung
s.	siehe
S.	Satz, Seite
s.a.	siehe auch
SJZ	Schweizerische Juristen-Zeitung
SK-StGB	Systematischer Kommentar zum Strafgesetzbuch
sog.	sogenannte/-r

StGB	Strafgesetzbuch
StPO	Strafprozessordnung
StV	Strafverteidiger
StVO	Straßenverkehrsordnung
u.a.	und andere
Urt.	Urteil
v.	vom
Var.	Variante
vgl.	vergleiche
Vor	Vorbemerkung/-en
WaffG	Waffengesetz
z.B.	zum Beispiel
ZIS	Zeitschrift für Internationale Strafrechtsdogmatik
zit.	zitiert
ZJS	Zeitschrift für das Juristische Studium
ZStR	Schweizerische Zeitschrift für Strafrecht
ZStW	Zeitschrift für die gesamte Strafrechtswissenschaft

Teil 1 Einführung

A. Problemstellung: Konstruierbarkeit und Legitimierbarkeit einer fahrlässigen Mittäterschaft

Unsere heutige Gesellschaft ist durch Industrialisierung und Hochtechnologie geprägt; kein Wunder also, dass sich die Formen von Zusammenarbeit und Arbeitsteilung stark ausgeweitet haben und dass Rechtsgutverletzungen, an denen mehrere zur Sorgfalt Verpflichtete involviert sind, ins Zentrum juristischer Aufmerksamkeit geraten. Verstöße gegen die Sorgfaltspflicht durch mehrere Personen, die zu einer Rechtsgutsverletzung führen, können in verschiedenen Formen[1] auftreten. Bei fahrlässigem Zusammenwirken[2] – insb. bei Kollegialentscheidung – sind Debatten über Kausalitäts- und Zurechnungsprobleme entstanden, weil der BGH in dem bekannten sog. „Lederspray"-Fall (BGHSt 37, 106)[3] die Probleme in der Tat so gelöst hat, als ob fahrlässige Mittäterschaft angewendet worden wäre, obwohl der BGH die Rechtsfigur offiziell ablehnt. Denn nach der herkömmlichen Auffassung, von der sich das Gericht bis heute noch nie distanziert hat, gibt es Mittäterschaft nur bei vorsätzlichen Delikten.

Dennoch hat der BGH im „Lederspray"-Fall alle Gremiumsmitglieder in Unternehmen auch in Bezug auf das bejahte Fahrlässigkeitsdelikt in der Sache als Mittäter betrachtet, somit ihre Stimmabgaben vor der Bestimmung der Kausalität zusammengefasst und dann die conditio–Formel auf alle Stimmen zusammen angewendet.[4] Da der BGH jedoch keine ausformulierte Begründung für die jeweilige Feststellung der Kausalität und für die Erfolgszurechnung an die einzelnen Mitglieder angegeben hat, hat die Entscheidung die Aufmerksamkeit der Befürworter fahrlässiger Mittäterschaft auf sich gezogen. Sie halten diese Konstellation für einen guten Beleg dafür, dass es für jene Rechtsfigur ein bestimmtes praktisches Bedürfnis gibt.[5] Wohl dank dieser kriminalpolitischen

---

1 Vgl. Teil 2.

2 In dieser Arbeit, die fahrlässige Mittäterschaft ablehnt, wird dieser Begriff des fahrlässigen Zusammenwirkens möglichst anstelle von fahrlässiger Mittäterschaft verwendet. In Bezug auf die Verwendung des Begriffs, vgl. Gropp, GA 2009, 265 (278).

3 Näheres vgl. Teil 2 B.

4 Puppe, GA 2004, 129 (132).

5 V.a. weist Puppe darauf hin, dass das Ziel der meisten Befürworter darin besteht, das Kausalitätsproblem bei überbedingter Gremienentscheidung, das zu einer

Notwendigkeit scheint die Meinung, die die fahrlässige Mittäterschaft bejaht, jetzt sogar zu überwiegen.[6]

Ein Hintergrund des Streits um die Anerkennung fahrlässiger Mittäterschaft ist sicherlich die sog. gegenseitige Zurechnung über § 25 Abs. 2 StGB und die Nichtbestrafung des Versuchs fahrlässiger Straftaten. Ohne eine fahrlässige Mittäterschaft muss man bei jedem Involvierten für sich genommen die Voraussetzungen der Kausalität und der objektiven Zurechnung bejahen können, bevor man zu einer Bestrafung wegen einer fahrlässigen Rechtsgutsverletzung kommt. Gelingt das nicht, bedeutet dies im Prinzip Straffreiheit, denn ein fahrlässiger Versuch, wenn überhaupt konzipierbar, ist auf jeden Fall straflos. Sieht man die Involvierten als Mittäter an, entfällt das Erfordernis einer für jeden getrennt zu bejahenden Kausalität und Erfolgszurechnung. Hierin liegt der Charme der Lösung durch die fahrlässige Mittäterschaft.

In § 25 Abs. 2 StGB ist lediglich »Begehen mehrere die Straftat gemeinschaftlich« als Voraussetzung festgelegt. Dies lässt verschiedene Auslegungen zu.[7] Die Befürworter gehen daher vom Auslegungsraum des § 25 Abs. 2 StGB aus. Im Großen und Ganzen nutzen sie als Ausgangspunkt für fahrlässige Mittäterschaft eine gesetzespositivistische Rechtfertigung und den Verzicht auf die Feststellung der individuellen Kausalität über § 25 Abs. 2 StGB. Der Begriff einer Straftat nach § 25 Abs. 2 StGB umfasse vorsätzliche und fahrlässige Begehung sowie

---

Strafbarkeitslücke führen könnte, „vornehmlich oder gar ausschließlich" zu lösen. (Puppe, GA 2004, 129 (132)); auch vgl. Böhringer, Fahrlässige Mittäterschaft, 2017, S. 33 f.

6 Dencker, Kausalität und Gesamttat, 1996, S. 174 ff.; Ransiek, Unternehmensstrafrecht, 1996, S. 73 ff.; Weißer, Kollegialentscheidungen, 1996, S. 146 ff.; dies., JZ 1998, 230 (230 ff.); Renzikowski, Restriktiver Täterbegriff, 1997, S. 261, 282 ff.; ders., FS-Otto, 423 (439); Kamm, Die fahrlässige Mittäterschaft, 1999, S. 175 ff.; Kim, Mittäterschaft beim Fahrlässigkeitsdelikt, 2001, S. 286 ff.; Knauer, Kollegialentscheidung, 2001, S. 181 ff.; Häring, Die Mittäterschaft beim Fahrlässigkeitsdelikt, 2005, S. 202 ff.; Haas, Theorie der Tatherrschaft, 2008, S. 141 ff.; ders., Matt/Renzikowski-StGB, § 25, Rn. 100; Roxin, Täterschaft und Tatherrschaft, S. 769 f.; Steckermeier, Der Tatentschluss von Mittätern, 2015, S. 216 ff.; Hilgendorf, NStZ 1994, 561 (563); Lampe, ZStW 106 (1994), 683 (692 f.); Lesch, GA 1994, 112 (119 ff.); ders., JA 2000, 73 (78); Schumann, StV 1994, 106 (110); Jakobs, GA 1996, 253 (265); Küpper, GA 1998, 519 (526 f.); Bloy, GA 2000, 392 (395); Utsumi, Jura 2001, 538 (540); dies., ZStW 119 (2007), 768 (787); Riedo/Chvojka, ZStrR 2002, 152 (160 ff.); Pfeiffer, Jura 2004, 519 (525); Heine/Weißer, Sch/Sch-StGB, Vor §§ 25 ff., Rn. 114 ff.; Frister, AT, § 26, Rn. 4 ff.; Kaspar, AT, § 9, Rn. 69 ff.

7 Ebenso Knauer, Kollegialentscheidung, 2001, S. 191 f.: Er weist darauf hin, dass die Bedeutung des Wortlauts eines gemeinschaftlichen Begehens offen bleibt.

mittäterschaftliche Unterlassung,[8] und für die „gemeinschaftliche Begehung" sei kein gemeinsamer Tatplan erforderlich.[9] Die gesetzliche Grundlage für fahrlässige Mittäterschaft sei also § 25 Abs. 2 StGB.

Danach zeigen sie die Konstruierbarkeit fahrlässiger Mittäterschaft an einer anderen spezifischen Voraussetzung, nämlich aufgrund des Unterschieds zwischen vorsätzlicher und fahrlässiger Straftat.[10] Da die für vorsätzliche Mittäterschaft geltenden Voraussetzungen nicht auf fahrlässige Straftaten übertragen werden können, richtet sich ihr Interesse auf die Voraussetzungen, unter denen fahrlässige Mittäterschaft begründet werden könnte. Es gibt keine subjektive Anknüpfung zwischen den am fahrlässigen Zusammenwirken Beteiligten. Allenfalls könnte ein Bewusstsein der Beteiligten für die Schaffung oder Erhöhung einer Gefahr durch die Zusammenarbeit mit anderen gefordert werden. Die Vertreter fordern daher in der Regel eine Kenntnis des gemeinsamen Zusammenwirkens bzw. des gemeinsamen Handlungsprojekts in subjektiver Hinsicht und eine gemeinschaftliche Sorgfaltspflichtverletzung in objektiver Hinsicht im Gegensatz dazu, dass für vorsätzliche Mittäterschaft subjektiv ein gemeinsamer Tatentschluss bzw. Tatplan und objektiv eine gemeinschaftliche Tatausführung erforderlich sind.

Dieser Ansatz zur Konstruktion fahrlässiger Mittäterschaft könnte als überzeugend angesehen werden, wenn nur ihre Konstruierbarkeit behandelt wird. Hier soll jedoch darauf hingewiesen werden, dass sich juristische Fragen nicht in Fragen der Konstruktion erschöpfen; noch vor der Konstruktion gilt es, die

---

8 V.a. vgl. Knauer, Kollegialentscheidung, 2001, S. 191 f.; Weißer, JZ 1998, 230 (232 f.).

9 Heine/Weißer, Sch/Sch-StGB, Vor §§ 25 ff., Rn. 114.

10 Im Gegensatz dazu versuchen einige, durch die Strukturgleichheit zwischen vorsätzlichem und fahrlässigem Zusammenwirken ein allgemeingültiges Verbindungselement für vorsätzliche sowie fahrlässige Mittäterschaft zu finden.; Vgl. bereits Exner, FG-v.Frank, 569 (573 ff.): Es gebe keinen Unterschied zwischen Vorsatz und Fahrlässigkeit, da die Handlung mit der Voraussehbarkeit des Erfolgs erfolgt. Wenn jeder Mittäter den Erfolgseintritt voraussieht und jeder Beitrag i.S.v Bedingungstheorie ursächlich ist, werde jeder gleichzeitige Beitrag als Mittäterschaft festgelegt.; Bindokat, JZ 1979, 434 (434 ff.): Er nimmt „die Willensverbindung als Ursache des Erfolges" als allgemeines Merkmal für die vorsätzliche und fahrlässige Mittäterschaft an, wenn jeder Beteiligte eine gemeinsame Handlung mit anderen vereinbart hat. Die Bestrafung jedes Beteiligten als fahrlässiger Mittäter erfordere das Bewusstsein jedes Beteiligten für die Möglichkeit des Eintritts des ungewollten Erfolgs.; Schmidhäuser, AT, 5/4 ff., 5/13 ff.: Er meint, dass es keinen Unterschied im Handlungswillen zwischen Vorsatz und Fahrlässigkeit als Rechtsbegriff nach der intentionalen Handlungslehre gibt.; auch Kim, Mittäterschaft beim Fahrlässigkeitsdelikt, 2001, S. 215 ff.

Frage der Legitimation zu stellen. Im vorliegenden Zusammenhang bedeutet dies, dass man einen Grund für die gravierende Rechtsfolge der gegenseitigen Zurechnung im Fahrlässigkeitsbereich bieten muss – was die Konstruktionen bereits als geklärt voraussetzen, ohne sich selber dazu zu verhalten.

Im Strafrecht reicht es nicht aus, die Straftat eines anderen wie die eigene nur mit gesetzespositivistischer Rechtfertigung zuzurechnen. Jede Bestrafung muss nach dem Schuldprinzip erfolgen, das aus dem Menschenbild des GG hervorgeht und im Strafrecht seine eigene Bedeutung hat. Andernfalls könnte diese Rechtsfigur rechtsethisch nicht gerechtfertigt werden[11] und sogar zum Zusammenbruch des gesamten Strafrechtssystems führen.[12]

Diese Rechtfertigung ist insb. für die Behandlung der gegenseitigen Zurechnung erforderlich, da das Schuldprinzip prima facie für den Standpunkt »Jeder versagt für sich allein«[13] zu sprechen scheint.

B. Aufbau der Untersuchung

Beginnend mit einer Sichtung des für die Debatte grundlegenden Fallmaterials (Teil 2), werden die im Schrifttum wichtigsten Konzepte einer fahrlässigen Mittäterschaft dargestellt und einer kursorischen Kritik unterzogen (Teil 3). In Teil 4 wird zuerst die Frage aufgeworfen, ob die fahrlässige Mittäterschaft mit dem Analogieverbot und dem Schuldprinzip vereinbar ist; die erste Frage lässt sich bejahen, nicht hingegen die zweite. Im Anschluss wird eine eigene Meinung entwickelt, die das Schuldprinzip ernst nimmt und jeden fahrlässig Handelnden nur für das zur Verantwortung zieht, was er selbst verschuldet hat. Teil 5 fasst die wesentlichen Ergebnisse der Arbeit kurz zusammen.

---

11 Insb.vgl. Greco, ZIS 2011, 674 (687); ders., JRE Bd. 27 (2019)=GS-Hruschka, 361 (366); auch Kraatz, Die fahrlässige Mittäterschaft, 2006, S. 249 ff., 294; Roxin, Täterschaft und Tatherrschaft, S. 277: Die Festlegung mittäterschaftlicher Zurechnung durch die gesetzliche Ausnahmevorschrift „auf den allmächtigen Willen des Gesetzgebers" sei keine Lösung.; Kreuzberg, Täterschaft und Teilnahme als Handlungsunrechtstypen, 2019, S. 716 f.; Puppe, GA 2004, 129 (129), (135); Murmann, S/S/W-StGB, § 25, Rn. 35: Legitimierung der wechselseitigen Zurechnung sei entscheidend für fahrlässige Mittäterschaft.

12 Ebenso Puppe, GA 2004, 129 (146): Sie weist darauf hin, dass die Annahme fahrlässiger Mittäterschaft unabsehbare Konsequenzen haben könnte.; auch Krey/Esser, AT, § 50, Rn. 1342.

13 Puppe, GA 2004, 129 (129); ebenso Kraatz, Die fahrlässige Mittäterschaft, 2006, S. 368.

Teil 2 Das Fallmaterial

Es soll mit den wichtigsten von der Rspr. entschiedenen Fällen begonnen werden, die den Befürwortern der Figur als Anlässe gedient haben, ihren Standpunkt zu vertreten. Dabei lassen sich verschiedene Konstellationen voneinander unterscheiden. Bei der ersten Gruppe, die vorliegend behandelt wird, ist der Sachverhalt nicht vollends aufklärbar. Hier liegt das Problem in erster Linie darin, dass die *Kausalität schwer beweisbar* erscheint; in einer (distopischen) Welt, in der alles aufgezeichnet würde, was je der Fall gewesen ist, könnte es zu diesen Fällen gar nicht kommen. Zu unterscheiden sind diese Fälle von denjenigen, in denen der Sachverhalt vollumfänglich ermittelbar ist, es aber *begrifflich problematisch ist, die Kausalität auf Grundlage der herkömmlichen Formeln zu bejahen.* Um diese, die Fälle sog. überbedingter Erfolge sind, wird es u. B. gehen. Sozusagen zwischen beiden scheinen die Konstellationen der kumulativen Kausalität zu liegen, u. C.

A. Unbeweisbarkeit der individuellen Kausalität für den Erfolg

I. Der „Rolling-Stones"-Fall

1. Die Entscheidung des schweizerischen Bundesgerichts

In diesem Fall, den das schweizerische Bundesgericht zu entscheiden hatte, ging es um folgenden Sachverhalt[14]: „Am 21. April 1983, gegen 18.55 Uhr, bemerkten A. und B. auf der Rückfahrt von ihrer Waldhütte in X. neben der Straße am rechten Tössufer zwei grosse Steinbrocken, welche sie auf Anregung von A. den dortigen Abhang bzw. über einen überhängenden Felsen hinunterzurollen beabsichtigten. Da ihnen einerseits die örtlichen Verhältnisse bestens bekannt waren, sie insb. wussten, dass sich in jenem Bereich am Tössufer öfters Leute – vorwiegend Fischer – aufhielten, und ihnen andererseits bewusst war, dass mit den großen Steinen von ca. 52 kg bzw. über 100 kg Gewicht eine Person, die sich zufällig im Gefahrenbereich aufhält, getroffen werden könnte, ging B. auf Vorschlag von A. ein paar Schritte nach vorn gegen den Abgrund, um abzuklären, ob sich jemand unten am Abhang bzw. im Bereich des Tössufers aufhalte. Dabei rief er

14 BGE 113 IV 58 (58).

einmal laut hinunter, ob jemand unten sei, wobei er aber von seinem Standort aus das rechte Tössufer nicht einsehen konnte. Nachdem auf das Rufen niemand geantwortet hatte, kehrte B. zu A. zurück, behändigte den grossen, über 100 kg schweren Stein und liess ihn den Abhang hinunterrollen. Unmittelbar nachher rollte A. den kleineren, ca. 52 kg schweren Stein ebenfalls hinunter. Es steht fest, dass der unter dem Abhang befindliche Fischer C. von einem der beiden Steine tödlich getroffen wurde; jedoch konnte nicht geklärt werden, von welchem der beiden."

Das schweizerische Bundesgericht hat wie folgt entschieden: „Wenn sich mehrere Personen (entgegen der Sorgfaltspflicht) dazu entschlossen haben, die gleiche Handlung durchzuführen und diese in arbeitsteilige Weise durchzuführen, führt die Annahme eines Kausalzusammenhangs zwischen der gemeinsam beschlossenen und vorgenommenen Gesamthandlung und dem eingetretenen Erfolg zur Strafbarkeit aller Beteiligten."[15]

Diese Entscheidung befasst sich mit der Zurechnung jedes einzelnen sorgfaltswidrigen Beitrags zum Erfolg, obgleich nicht festgestellt werden konnte, wer den Stein hinuntergerollt hat, der zum Tod von Fischer C geführt hat. Das schweizerische Bundesgericht hat auf „die Kausalität zwischen der gemeinsam vorgenommenen Gesamthandlung und dem eingetretenen Erfolg" abgestellt, nicht auf die Kausalität jedes Einzelbeitrags zum Erfolg. Denn die beiden wollten die beiden Steine gemeinsam hinunterrollen lassen.[16] Es wurde daher festgestellt, dass einer der beiden Steine, d.h. jede sorgfaltswidrige Handlung beider Angeklagten zum Tod geführt hat.[17]

In dieser Konstellation, in der die individuelle Kausalität jedes Beteiligten nicht festgestellt wurde, hat das schweizerische Bundesgericht eine Voraussetzung für die Kausalität der Gesamttat erwähnt: „[...]wenn die sorgfaltswidrige Handlung gemeinsam beschlossen und in der Folge in einem nahen örtlichen und zeitlichen Zusammenhang gemeinsam durchgeführt wird."[18]

2. *Bemerkungen zur Entscheidung (I); insb. die Reaktionen hierauf*

In dieser Entscheidung wurde A wegen fahrlässiger Tötung gem. Art. 117 SchStGB bestraft. Obwohl das schweizerische Bundesgericht fahrlässige Mittäterschaft nicht ausdrücklich erwähnt hat, wird diese Entscheidung jedoch

15 BGE 113 IV 58, Leitsatz.
16 BGE 113 IV 58 (60).
17 BGE 113 IV 58 (60).
18 BGE 113 IV 58 (60).

als Paradefall fahrlässiger Mittäterschaft angesehen, da das Kausalitätsproblem durch die Aufstellung einer Art Gesamttat gelöst wurde.[19] Aufgrund der gleichen Problemstruktur, die in Deutschland eine Entscheidung für fahrlässige Tötung nach § 222 StGB und dieses Urteil nach Art. 117 SchStGB[20] verbindet, hat auch die deutsche Literatur auf dieses Problem reagiert. Einige Autoren haben der Lösung des schweizerischen Bundesgerichts zugestimmt,[21] aber die h.M. in Deutschland hat sie abgelehnt.[22] In den folgenden Fällen – dem sog. „Streichholz"-Fall und dem „Kerzen"-Fall –, die vor und nach jenem schweizerischen Urteil entschieden wurden und in denen die individuelle Kausalität für den Erfolg jedes Beteiligten nicht bestimmt wurde, wurden unterschiedliche Ansätze verwendet.

Der „Rolling-Stones"-Fall zeigt deutlich, dass das Kausalitätsproblem bei fahrlässigem Zusammenwirken relativ einfach mit der Rechtsfigur fahrlässiger Mittäterschaft gelöst werden kann, da auf die Feststellung der individuellen Kausalität jedes Beteiligten verzichtet werden kann, wenn die kausalitätsersetzende Funktion des § 25 Abs. 2 StGB angenommen wird.[23] Die vom schweizerischen Bundesgericht festgelegten Bedingungen sind denen, die Vertreter fahrlässiger Mittäterschaft annehmen, ziemlich ähnlich: a) eine gemeinsame vorgenommene Gesamthandlung, b) eine Entscheidung, die gleiche Handlung in Arbeitsteilung auszuführen, c) eine gemeinsame Durchführung in einem nahen örtlichen und zeitlichen Zusammenhang. Die verschiedenen Ansätze zur fahrlässigen Mittäterschaft werden im Folgenden[24] ausführlich untersucht.

Die meisten Autoren, die fahrlässige Mittäterschaft ablehnen, sind der Ansicht, dass die beiden Beteiligten aufgrund Unbeweisbarkeit der individuellen

---

19 Vgl. Puppe, GA 2004, 129 (129 f.); Greco, JRE Bd. 27 (2019)=GS-Hruschka, 361 (363): Dies komme fahrlässiger Mittäterschaft „in der Sache" nahe.; Maurach/Gössel/Zipf-Renzikowski, AT II, § 49, Rn. 112;
demgegenüber Böhringer, Fahrlässige Mittäterschaft, 2017, S. 29 f.: Durch die Bestätigung einer späteren Entscheidung (BGE 126 IV, 84 (88)) schließt er, dass das schweizerische Bundesgericht dieses Ergebnis „als Lösung auf Kausalitätsebene" angesehen hat.

20 Art. 117 SchStGB (Fahrlässige Tötung): „Wer fahrlässig den Tod eines Menschen verursacht, wird mit Freiheitsstrafe bis zu drei Jahren oder Geldstrafe bestraft."

21 Otto, FS-Spendel, 271 (282 f.); Riedo/Chvolka, ZStR 2002, 152 (162 ff.): Die Lösung sei „der sachlich richtige Weg zur Lösung".

22 Donatsch, SJZ 1989, 109 (110 ff.); Walder, FS-Spendel, 1992, 363 (363); Puppe, GA 2004, 129 (131 f.).

23 Näheres hierzu Vgl. Teil 2 A I 3, Teil 3 C.

24 Vgl. Teil 3 B, C.

Kausalität nach dem »in dubio pro reo«-Prinzip freigesprochen werden sollten.[25] Einige schlagen dagegen vor, die beiden Beteiligten jeweils als Alleintäter bzw. Nebentäter zu bestrafen.[26] Hier wird die Bestrafung wegen Verabredung des sorgfaltswidrigen Verhaltens durch die Vorverlagerung des Schuldvorwurfs bei Fahrlässigkeitsdelikten (etwa: bereits die Verabredung zum gemeinsamen Steinwurf soll sorgfaltspflichtwidrig sein)[27] oder wegen des Unterlassens der Sicherungsmaßnahmen durch Unterlassungsdelikte dargestellt. Letzteres wird im nächsten Abschnitt behandelt und kritisiert.

3. *Bemerkungen zur Entscheidung (II): Kausalitätsersetzende Funktion des § 25 Abs. 2 StGB?*

Die Terminologie von *Puppe*, die von „kausalitätsersetzender fahrlässiger Mittäterschaft"[28] spricht, beschreibt deutlich den Kern der anlässlich dieses Falls sich entfaltenden Diskussion. *Puppe* kritisiert vehement, dass Befürworter fahrlässiger Mittäterschaft versuchen, diese Rechtsfigur einzuführen, um die individuelle Kausalität jedes Beteiligten für den Erfolg nicht mehr festzustellen zu müssen.[29] Die Kritik basiert auf dem Grundgedanken »Jeder versagt für sich allein«: Das Versagen anderer sollte nicht dem Täter zugerechnet werden, auch wenn es seinem eigenen Versagen entspricht oder beide miteinander zusammenhängen.[30] Auch bei Mittäterschaft dürfe daher auf die Feststellung der individuellen Kausalität nicht verzichtet werden.[31] Unter diesem Gesichtspunkt wäre

---

25 Puppe, GA 2004, 129 (129 f.).

26 Kraatz, Die fahrlässige Mittäterschaft, 2006, S. 358; Baumann, JuS 1963, 85 (86); Donatsch, SJZ 1989, 109 (111); Gropp, GA 2009, 265 (274 ff.); ders., AT, § 10, Rn. 216; Rotsch, FS-Puppe, 887 (906); Greco, JRE Bd. 27 (2019)=GS-Hruschka, 361 (362); Joecks, MüKo-StGB, § 25, Rn. 289; Baumann/Weber/Mitsch/Eisele, AT, § 25, Rn. 88; Jescheck/Weigend, AT, § 63 I 3, S. 676; Murmann, AT, § 27, Rn. 55; Stratenwerth/Kuhlen, AT I, § 15, Rn. 77.

27 Günther, JuS 88, 386 (386 f.); Gropp, GA 2009, 265 (274 ff.); Rotsch, FS-Puppe, 887 (906); Greco, JRE Bd. 27 (2019)=GS-Hruschka, 361(378): „die Verstärkung der drittgefährdenden Motivation anderer"; Murmann, AT, § 25, Rn. 55: Sowohl das Herabwerfen der Steine als auch die psychische Bestärkung des anderen seien fahrlässig.; Krey/Esser, AT, § 50, Rn. 1342; Kühl, AT, § 20, Rn. 116b; Wessels/Beulke/Satzger, AT, § 16 III 2, Rn. 836.

28 Puppe, GA 2004, 129 (135 ff.); auch Kraatz, Die fahrlässige Mittäterschaft, 2006, S. 322.

29 Puppe, GA 2004, 129 (135 f.).

30 Puppe, GA 2004, 129 (129).

31 Insb. weist Greco darauf hin, dass Puppes Argument auf einer Verwechslung zwischen den beiden unterschiedlichen Anknüpfungspunkten der Kausalzusammenhänge – das

die Annahme fahrlässiger Mittäterschaft nicht mehr erforderlich, weil sich die von den Befürwortern angegebenen Konstellationen, um die Notwendigkeit der Einführung fahrlässiger Mittäterschaft zu demonstrieren, auf die Kausalitätsprobleme bei fahrlässigem Zusammenwirken beziehen.[32]

Hingegen meint *Hoyer*, dass bei Mittäterschaft die Feststellung der individuellen Kausalität für den Enderfolg, anders als bei mittelbarer Täterschaft oder Anstiftung, nicht erforderlich ist, da „die Mitwirkung am gemeinsamen Tatplan" jedes Mittäters bereits kausal für den Erfolg ist.[33] Er gibt die Voraussetzungen für den Verzicht auf die Feststellung der individuellen Kausalität an: Die Zusage und die Ausführung des verabredeten Tatbeitrags reichen aus, um die Kausalität bei Mittäterschaft festzustellen.[34] Damit bestimmt er die Kausalität des Einzelverhaltens für den Gesamttaterfolg im „Rolling-Stones"-Fall[35] und daraufhin die objektive Zurechnung nach dem Prinzip der Risikoerhöhung unter Annahme fahrlässiger Mittäterschaft. *Puppe* weist jedoch darauf hin, dass Mittäterschaft die strengste Zurechnung, nämlich die gegenseitige Zurechnung, im Gegensatz zu Anstiftung und Beihilfe betrifft. Im Gegensatz zu den Fällen mittelbarer Täterschaft gibt es keine Beherrschung des anderen Mittäters als Werkzeug bei Mittäterschaft.[36]

Diese Auseinandersetzung zeigt deutlich, dass der Verzicht auf die Feststellung der individuellen Kausalität ein wesentliches Motiv für die Einführung fahrlässiger Mittäterschaft ist. Denn wenn die individuelle Kausalität festgestellt werden muss, gäbe es keinen wesentlichen Unterschied zur Bestrafung als Nebentäter, und somit würde der Grund für die Einführung fahrlässiger Mittäterschaft hinfällig: Bei fahrlässigem Zusammenwirken aufgrund des Fehlens eines gemeinschaftlichen Tatentschlusses ist die Anknüpfung zwischen den Beteiligten schwächer als bei (vorsätzlicher) Mittäterschaft. Für die Gemeinsamkeit zwischen den Beiträgen wird daher die Voraussetzung der zeitlichen

---

gemeinsame Handeln und der Enderfolg – beruht. Es sei daher tautologisch, dass jeder einzelne Beitrag für den ersten Anknüpfungspunkt kausal sein muss. (Greco, JRE Bd. 27 (2019)=GS-Hruschka, 361 (365), (375): obwohl er der Aussage »Jeder versagt für sich allein« zustimmt.); auch Hoyer, FS-Puppe, 515 (524 ff.).

32 Puppe, GA 2004, 129 (132); Wessels/Beulke/Satzger, AT, § 16 III 2, Rn. 836.

33 Hoyer, FS-Puppe, 515 (516), (524 f.).

34 Näheres hierzu Vgl. Teil 3 C III.

35 Die Zusage, dass sich beide am Abrollen eines jeden Steins beteiligen, hat sich gegenseitig beeinflusst, und beide haben nach der Zusage einen Stein separat hinuntergerollt. (Hoyer, FS-Puppe, 515 (526); ders., SK-StGB, § 25, Rn. 154)

36 Puppe, GA 2004, 129 (131 f.).

und qualitativen Abhängigkeit der Tatbeiträge gefordert.[37] Dann sollten nur die gleichartigen und gleichzeitigen Beiträge berücksichtigt werden. Die Bestrafung für die Fahrlässigkeitstat ergibt sich darüber hinaus aus der nachträglichen Wertung.[38] Auf Basis dieser Struktur des fahrlässigen Zusammenwirkens wäre es daher nicht einfach festzustellen, wessen Beitrag den Erfolg verursacht hat. Insb. wird der Versuch bei fahrlässigen Straftaten nicht bestraft. Aus diesen Gründen könnte der Schluss gezogen werden, dass der Verzicht auf die Feststellung der individuellen Kausalität bei fahrlässigem Zusammenwirken eine wichtige Rolle spielt. Für Befürworter ist es sowohl der wichtigste Ausgangspunkt als auch der Hauptzweck der Annahme fahrlässiger Mittäterschaft, die Unbeweisbarkeit der individuellen Kausalität bei fahrlässigem Zusammenwirken über § 25 Abs. 2 StGB einfach zu rechtfertigen.[39]

Der Verzicht auf die Feststellung der individuellen Kausalität allein könnte natürlich nicht zwangsläufig und endgültig bestimmen, ob fahrlässige Mittäterschaft eingeführt oder abgelehnt werden sollte.[40] Er ist jedoch insofern von großer Bedeutung, als er einerseits eine Vorfrage an die Befürworter fahrlässiger Mittäterschaft stellt[41] und andererseits die Gründe und Anhaltspunkte der

---

37 Vgl. auch im „Rolling-Stones"-Fall: „in einem nahen örtlichen und zeitlichen Zusammenhang"; Knauer, Kollegialentscheidung, 2001, S. 199; Puppe, ZIS 2007, 234 (241); dagegen Otto, AT, § 21, Rn. 119 ff.: Er bejaht fahrlässige Mittäterschaft auch im „Theaterbrand"-Fall: Ein Theaterdirektor vergisst, die Löschanlage mit Wasser füllen zu lassen. Am Brandabend kann der diensthabende Feuerwehrmann die Anlage nicht bedienen, weil er betrunken ist. Otto stellt auf die gemeinsame Verantwortung beider wegen ihres pflichtwidrigen Unterlassens für den Erfolg ab.

38 Näheres hierzu Teil 4 B VI 1.

39 V.a. vgl. Puppe, GA 2004, 129 (132), (136): Die Bedeutung fahrlässiger Mittäterschaft bestehe darin, die Feststellung der individuellen Kausalität überflüssig zu machen.

40 Böhringer, Fahrlässige Mittäterschaft, 2017, S. 225 ff.; Puppe, GA 2004, 129 (135 ff.); Rotsch, FS-Puppe, 887 (900 ff.): Sie fordern die Feststellung individueller Kausalität und lehnen fahrlässige Mittäterschaft ab. Hier wird darauf hingewiesen, dass Rotsch die Notwendigkeit fahrlässiger Mittäterschaft verneint, obwohl er deren „dogmatische konstruktive" Begründung bejaht. Er nimmt die Bestrafung jedes fahrlässigen Mittäters als Nebentäter durch den Einheitstäterschaftsbegriff an; dagegen Kraatz, Die fahrlässige Mittäterschaft, 2006; Gropp, GA 2009, 265 (265 ff.); Greco, JRE Bd. 27 (2019)=GS-Hruschka, 361 (365 f.): Beide Autoren betrachten die Feststellung der individuellen Kausalität bei Mittäterschaft als überflüssig, lehnen jedoch fahrlässige Mittäterschaft ab.; Becker, Die sogenannte additive Mittäterschaft, 2009, S. 181 ff.: einer der Befürworter fahrlässiger Mittäterschaft, fordert jedoch die individuelle Kausalität.

41 Rotsch, FS-Puppe, 887 (896 f.), (906, Fn. 102).

Gegner beeinflussen könnte. *Puppe* lehnt die Notwendigkeit dieser Rechtsfigur aufgrund des Erfordernisses der Kausalität des Einzeltatbeitrags ab, um dann zu einem Ansatz überzugehen, der die Kausalitätsprobleme – insb. das Kausalitätsproblem bei überbedingter Gremienentscheidung – lösen soll.[42] Wenn demgegenüber der Verzicht auf individuelle Kausalität angenommen wird, würde die Aufmerksamkeit entweder auf die Voraussetzungen für die Einführung fahrlässiger Mittäterschaft[43] oder auf die Gründe für die Ablehnung fahrlässiger Mittäterschaft auf der Grundlage der mittäterschaftlichen Zurechnungsstruktur gelenkt. Die Ablehnung erfolgt durch Analyse des Wesens der Fahrlässigkeitsdelikte[44] oder durch den Hinweis darauf, dass fahrlässige Mittäterschaft nicht gerechtfertigt[45] oder kriminalpolitisch nicht erforderlich ist.[46] Das Grund-Folge-Verhältnis zwischen der Annahme fahrlässiger Mittäterschaft und jenem Verzicht ist so zu verstehen, dass die mittäterschaftliche Struktur, die den Verzicht auf individuelle Kausalität rechtfertigt, entweder erklärt werden kann oder nicht. Hier muss eine zutreffende und überzeugende Begründung gegeben werden. Die umgekehrte Argumentation – da die individuelle Kausalität festgestellt werden muss, ist fahrlässige Mittäterschaft unmöglich oder untauglich – wäre nicht schlüssig.

II. Der „Streichholz"-Fall

1. *Die Entscheidung des OLG Schleswig*

Der Sachverhalt des sog. „Streichholz"-Falls ist der folgende: „Im Rahmen eines gemeinsamen Diebesvorhabens gelangten der Angekl. und der frühere Mitangekl. S in eine Fabrikationshalle. Dort scheuten sie sich, die elektrische Beleuchtung einzuschalten. Um sich in dem dunklen Raum orientieren zu können, zündeten sie Streichhölzer an. Diese warfen sie nach Gebrauch, jedoch noch brennend weg. Durch ein von den Angekl. brennend weggeworfenes Streichholz wurde Dralonstoff in Brand gesetzt. Das Feuer griff auf andere Ballen über und

42 Puppe, GA 2004, 129 (137 ff.); Näheres hierzu vgl. Teil 2 B II.

43 Vgl. Teil 3 B.

44 Kraatz, Die fahrlässige Mittäterschaft, 2006, S. 270 ff., 365; Böhringer, Fahrlässige Mittäterschaft, 2017, S. 279 ff.; Gropp, GA 2009, 265 (273 f.).

45 V.a. Kraatz, Die fahrlässige Mittäterschaft, 2006, S. 235 ff.; Greco, JRE Bd. 27 (2019)=GS-Hruschka, 361 (374 f.); Wessels/Beulke/Satzger, AT, § 16 III 2, Rn. 814.

46 V.a. Rotsch, FS-Puppe, 887 (905); Greco, JRE Bd. 27 (2019)=GS-Hruschka, 361 (377 ff.).

erfasste Teile der Holzdecke. Wer das Streichholz geworfen hat, konnte nicht festgestellt werden.“

Da in diesem Fall nicht festgestellt werden konnte, wer das den Brand verursachende Streichholz geworfen hat, ist die Konstellation hinsichtlich der Feststellung der individuellen Kausalität jedes Beteiligten identisch mit dem „Rolling-Stones“-Fall. Das OLG Schleswig hat beschlossen, beide wegen fahrlässiger Brandstiftung Angeklagten freizusprechen,[47] indem es fahrlässige Mittäterschaft ausdrücklich abgelehnt hat.[48] Es hat jeden Beitrag zum ungewollten Erfolg getrennt auf Kausalitätsebene geprüft, so dass nach dem »in dubio pro reo«-Prinzip die Handlungen beider Beteiligten nicht ursächlich für den Erfolg waren.[49]

Die Staatsanwaltschaft hatte aber argumentiert, dass das fahrlässige Unterlassen den Brand verursacht habe, weil eine Garantenpflicht aus dem vorangegangenen gefährdenden Tun, nämlich aus Ingerenzgarantenstellung[50], begründet werden könne. Dagegen hat das OLG Schleswig das Anzünden und Wegwerfen der Zündhölzer nicht als gefährliches Vorverhalten angesehen.[51] „Denn das pflichtwidrige Vorverhalten müsste dann die nahe Gefahr des Eintritts gerade des tatbestandsmäßigen Erfolges, hier also der Verursachung eines Brandes, herbeigeführt haben.“[52] Es hat daher die Strafbarkeit beider nach dem Begehungsdelikt – nämlich wegen des sorgfaltswidrigen Wegwerfens der Zündhölzer – beurteilt.

---

47 OLG Schleswig, NStZ 1982, 116 (116).

48 OLG Schleswig, NStZ 1982, 116 (116); „Allein dadurch, dass beide Täter offenbar mit gegenseitiger Billigung die Fabrikationshalle mit Zündhölzern ausleuchteten und diese jeweils achtlos fortwarfen, ohne dass festgestellt wird, wessen Zündholz den Brand verursacht hat oder dass etwa von beiden geworfene Streichhölzer zusammen ursächlich dafür waren, kann der Vorwurf der Brandstiftung durch fahrlässiges Handeln nicht begründet werden. Denn bei fahrlässigen Delikten scheidet eine Mittäterschaft aus.“

49 Vgl. OLG Schleswig, NStZ 1982, 116 (117).

50 Einer Annahme der Garantenpflicht aus vorangegangenem gefährdenden Tun zustimmend: Stree, FS-Mayer, 145 (156 f.); ders., Sch/Sch-StGB, § 13, Rn. 32; Baumann/Weber/Mitsch/Eisele, AT, S. 248 ff.; Bockelmann/ Volk, AT, S. 141 f.; Jakobs, AT, 29/29; Jescheck/Weigend, AT, § 58 IV 4, S. 625; Kühl, AT, § 18, Rn. 91; Maurach/Gössel/Zipf-Gössel, AT II, § 46, Rn. 95 ff.; Schmidhäuser, Lb AT, S. 671; ablehnend: Schünemann, Grund und Grenzen der unechten Unterlassungsdelikte, 1971, S. 106 ff., 165 ff.; Lampe, ZStW 72 (1960), 93 (106); Roxin, ZStW 83 (1971), 369 (403).

51 Vgl. Brammsen, Die Entstehungsvoraussetzungen der Garantenpflichten, 1986, S. 325.

52 Vgl. OLG Schleswig, NStZ 1982, 116 (116); Renzikowski, Restriktiver Täterbegriff, 1997, S. 2; Kim, Mittäterschaft beim Fahrlässigkeitsdelikt, 2001, S. 48.

Wenn wie beim Amtsgericht davon ausgegangen wird, dass die beiden Beteiligten ein gemeinsames Diebesvorhaben haben und der Tatort im Rahmen des Plans zum Diebstahl beleuchtet wird, entspreche „das Tun des einen auch dem Willen und Ziel des anderen".[53] Die beide haben die Halle erleuchtet, um die geeignete Beute aufzufinden. Das Amtsgericht hat daher beschlossen, die Angeklagten wegen versuchten Diebstahls in Tateinheit mit fahrlässiger Brandstiftung zu verurteilen.

2. *Bemerkungen zur Entscheidung*

Einige Autoren[54] erinnern an die Mittäterschaft beim erfolgsqualifizierten Delikt, die vom Gesetzgeber anerkannt wird (§ 11 Abs. 2 StGB). Die Struktur der mittäterschaftlichen Verbindung eines Fahrlässigkeitsvorwurfs wegen der schweren Folge beim erfolgsqualifizierten Delikt könne als Ausgangspunkt für dieselbe Verbindung bei fahrlässigem Zusammenwirken angesehen werden. Sie vergleichen zwischen einer Ausführung einer sorgfaltswidrigen Handlung und einem vorsätzlichen Zusammenwirken sowie zwischen einem gemeinsamen Handlungsprojekt bei fahrlässigem Zusammenwirken und einem gemeinsamen Tatentschluss bei vorsätzlicher Mittäterschaft im Zusammenhang mit der Tatsache, dass sie sich nicht auf die schwere Folge beziehen.[55]

In Bezug auf den gemeinsamen Tatentschluss hat das OLG Schleswig nur geantwortet, dass das Handeln nicht mit der Brandverursachung zusammenhänge, obgleich das Handeln „im Rahmen eines Diebesvorhabens nur im Zusammenhang mit der nahen Gefahr der Verwirklichung eines Diebstahls" liegt. Die Funktion und der Umfang des gemeinsamen Tatentschlusses sowie die Struktur der erfolgsqualifizierten Delikte müssen daher u. Teil 4 A II, Teil 4 B V 2 c) untersucht werden.

Die Ablehnung der Ingerenzgarantenstellung sowie die Unterscheidung von Tun und Unterlassen werden uns bei der Auseinandersetzung mit der Lösung des sog. „Kerzen"-Falls durch das BayObLG gleich näher beschäftigen (u. III 3).

---

53 OLG Schleswig, NStZ, 1982, 116 (117).

54 Dencker, Kausalität und Gesamttat, 1996, S. 177 f.; Schaal, Gremienentscheidungen in Unternehmen, 2001, S. 230 f.: Er meint, dass diese Struktur auf die fahrlässige Mittäterschaft übertragen werden kann, weil sie „nicht grundsätzlich[...] mit elementaren Zurechnungsgrundsätzen des StGB unvereinbar sein" kann.; Weißer, JZ 1998, 230 (233).

55 Weißer, JZ 1998, 230 (233).

III. Der „Kerzen“-Fall

1. Die Entscheidung des BayObLG

Auch im „Kerzen“-Fall konnte die Kausalität der einzelnen Handlung nicht festgestellt werden. Im Hinblick auf die Annahme der Garantenpflicht trifft das BayObLG eine Entscheidung, die sich von derjenigen des OLG Schleswig diametral unterscheidet.

Der Sachverhalt: „Nach einer Tour durch verschiedene Lokale begaben sich die Angekl. zu einem ihnen bekannten unbewohnten Wochenendhaus, um dort weiter zu feiern. Sie drangen durch ein eingeschlagenes Fenster in das Haus ein. Im Wohnzimmer entzündeten sie eine oder mehrere Kerzen. Später verließen sie das Wohnzimmer, um sich im Obergeschoss umzuschauen. Als sie nach ca. 10-15 Minuten in das Wohnzimmer zurückkehrten, stellten sie fest, dass der dort am Boden liegende Teppich sehr stark brannte und die Flammen ca. 2m hoch schlugen. Beide Angekl. glaubten, ein Löschen sei sinnlos. Sie flüchteten daraufhin. Das Haus brannte vollständig nieder. Das Jugendschöffengericht hat die Angeklagten vom Vorwurf der fahrlässigen Brandstiftung freigesprochen.“[56]

Ebensowie das OLG Schleswig im „Streichholz“-Fall hatte das Amtsgericht die Verantwortlichkeit beider Angeklagten nach dem »in dubio pro reo«-Prinzip verneint, weil auch hier die individuelle Kausalität für den Brand nicht festgestellt werden konnte.[57] „Derjenige, der die Kerzen nicht aufgestellt hatte, [sei] nicht verpflichtet gewesen[], deren Standfestigkeit zu überprüfen.“[58]

Im Gegensatz dazu hat das BayObLG eine Ingerenzgarantenstellung jedes Beteiligten angenommen, weil „durch den Gebrauch von Kerzen als Beleuchtung ein Brand entstehen kann“ und der Gebrauch „grundsätzlich gefährlich“ ist. Jeder sei daher jeweilig verpflichtet, „das ihm Zumutbare zu tun“, nämlich die entsprechenden Sicherungsmaßnahmen vorzunehmen, um einen Erfolgseintritt zu verhindern. Nichtsdestotrotz habe jeder die Sorgfaltspflicht verletzt, die ihm aufgrund der gefährlichen vorangegangenen Handlung auferlegt worden ist, indem er die entsprechenden Sicherungsmaßnahmen unterlassen habe.[59]

---

56 BayObLG, NJW 1990, 3032 (3032).

57 Konkret: es war nicht mehr möglich festzustellen, „ob eine oder mehrere Kerzen angezündet worden sind, wer der beiden Angekl. dies getan hat, ob die Kerzen auf einem Aschenbecher oder einem Kerzenständer standen oder ohne Unterlage aufgestellt waren, ob die Kerzen auf dem Teppichboden oder einem kleinen Tisch standen“. (BayObLG, NJW 1990, 3032 (3032))

58 BayObLG, NJW 1990, 3032 (3032).

59 BayObLG, NJW 1990, 3032 (3032).

2. Bemerkungen zur Entscheidung (I): insb. die Reaktionen hierauf

Es stellt sich also die Frage, ob eine Ingerenzgarantenstellung angenommen werden kann und ob dann das Kausalitätsproblem durch eine „Quasi-Kausalität" des Unterlassens gelöst werden kann.

Der Senat hat die Kausalität durch Unterlassen statt durch Tun angenommen, indem er den Schwerpunkt des Vorwurfs verlagert hat.[60] Gegen den Senat behaupten die Befürworter fahrlässiger Mittäterschaft,[61] dass die Erfassung als Mittäterschaft „anstelle der zweifelhaften Unterlassungskonstruktion" einfacher ist,[62] weil das Aufstellen der Kerzen in einem gemeinsamen Handlungsprojekt liegt.

Walder findet den Grund für die Ausdehnung der strafrechtlichen Verantwortlichkeit nicht in der Mittäterschaft, sondern in der Garantenstellung, die „ein anderer gesetzlicher oder wenigstens anerkannter Grund"[63] für die Ausdehnung ist. Die Kausalität sowie die Garantenbeziehung einer Person zu den bestimmten Geschehen und Folgen bei unechten Unterlassungsdelikten könnten die strafrechtliche Zurechnung begründen.[64] Bei unechten Unterlassungsdelikten werde darüber hinaus der Kausalzusammenhang des Begehens des Täters durch die Garantenbeziehung des unterlassenden Täters ersetzt.[65] In solchen

60 Zustimmend Donatsch, SJZ 1989, 109 (113); Walder, FS-Spendel, 363 (369 f.); Krey/Esser, AT, § 50, Rn. 1342.

61 Otto analysiert, dass in diesem Fall die Ingerenzgarantenstellung anerkannt wird und somit die dem Mittäter als Garant auferlegte Pflicht zur Erfolgsabwendung verletzt wird. Bei der Ingerenz könne Mittäterschaft daher angenommen werden. Hier weist er darauf hin, dass diese Annahme auf die „nur täterschaftlich verwirklichte" Ingerenz beschränkt werden muss, um zu verhindern, dass „die Strafbarkeit über die Strafbarkeit des positiven Tuns" hinausgeht. (Otto, AT, § 9, Rn. 82)

62 Abstellend auf das Tun, vgl. Renzikowski, Restriktiver Täterbegriff, 1997, S. 289; Kamm, Die fahrlässige Mittäterschaft, 1999, S. 78: „die beiden Angeklagten [haben] während des gesamten Geschehens einverständlich zusammengewirkt[]."; Kim, Mittäterschaft beim Fahrlässigkeitsdelikt, 2001, S. 54: „aufgrund des übereinstimmenden Willens" in Bezug auf das Entzünden der Kerzen.; Küpper, GA 1998, 519 (527).

63 Die Erfolgsabwendungspflicht muss nur eine Rechtspflicht sein. (Jescheck, ZStW 77 (1965), 109 (120); Walder, FS-Spendel, 363 (366); Tröndle/Fischer, StGB, § 13, Rn. 5; Wessels/Beulke/Satzger, AT, § 19 II 4, Rn. 1175 ff.)

64 Vgl. Walder, FS-Spendel, 363 (366 f.): Er nennt die Garantenstellung eine „Garantenbeziehung". Sie sei nicht nur eine Stellung, sondern auch eine Beziehung zu den bestimmten Geschehen.; Jakobs, AT, 7/56 ff.

65 Vgl. Walder, FS-Spendel, 363 (366 f.): Hierbei werde zunächst die Lösung durch Garantenstellung angewendet. Aber nur wenn geprüft werden muss, ob eine pflichtgemäße

Konstellationen, in denen die individuelle Kausalität für den Erfolg nicht festgestellt wird, müssten daher die Unterlassenden als Garanten schuldig gesprochen werden.

3. *Bemerkungen zur Entscheidung (II): Unterlassungsdogmatik als Lösung?*

Auf den ersten Blick könnte dieser Ansatz durch unechte Unterlassungsdelikte als Alternative angesehen werden, die Kausalitäts- und Zurechnungsprobleme bei fahrlässigem Zusammenwirken ohne fahrlässige Mittäterschaft zu lösen. Der Ansatz weist jedoch erhebliche Schwierigkeiten auf.[66]

Die Abgrenzungsprobleme zwischen Tun und Unterlassen ist zweifelsohne keine Tatsachenfrage, sondern eine Wertungsfrage.[67] Beim Fahrlässigkeitsdelikt ist zudem zu bedenken, dass „das Unterlassungsmoment, d.h. Außer-Acht-Lassen der gebotenen Sorgfalt"[68] immer vorhanden ist. Wenn ein Verhalten sowohl als aktives Tun als auch als Unterlassen interpretiert werden kann, sollte es nach *Spendel*[69] stets als „aktives Tun" angesehen werden, weil der Schwerpunkt des Strafrechts auf sozialschädlichem Handeln liegt und Menschen durch aktives Tun in das Naturgeschehen eingreifen, nicht durch Unterlassen.[70] *Roxin* stimmt dem zu und meint, dass das Unterlassen in solchen Situationen als subsidiär anzusehen ist.[71] Es gibt also einen Vorrang des positiven Tuns; die strafrechtliche Würdigung sollte an die vom Täter effektiv gesetzte Erfolgsursache, nämlich an das Tun, anknüpfen. Die Tatsache, dass der Täter die Handlung unterlässt, die den Erfolg verhindern könnte, reiche als Grund für die Bestrafung nicht aus.[72] Er kritisiert jedoch, dass dies keine zufriendenstellende Antwort darauf

---

Handlung des Täters den Erfolg „wahrscheinlich oder höchstwahrscheinlich" verhindert hätte, werde die Lösung durch Kausalitätsbetrachtung angewendet.

66 Ebenso Günther, JuS 1988, 386 (387, Fn. 11); Greco, JRE Bd. 27 (2019)=GS-Hruschka, 361 (378, Fn. 94).

67 *Mezger*, *AT*, S. 76: Er ist der Ansicht, dass die Abgrenzung zwischen Tun und Unterlassen nicht auf der äußeren Gestaltung des Einzelfalls beruhen sollte, sondern auf der Richtung des rechtlichen Vorwurfs.; Wessels/Beulke/Satzger, AT, § 19 I 2, Rn. 1160; Rspr.: BGHSt 6, 46 (59): „Es kann jeweils nur auf den Schwerpunkt der Vorwerfbarkeit ankommen."; auch BGHSt 49, 147 (164); 51, 165 (173).

68 Wessels/Beulke/Satzger, AT, § 19 I 2, Rn. 1159.

69 Spendel, FS-Schmidt, 183 (194).

70 Ebenso Arth. Kaufmann, FS-Schmidt, 200 (212).

71 Roxin, ZStW 74 (1962), 411 (417 f.).

72 Roxin, ZStW 74 (1962), 411 (415 f.).

gibt, warum das Strafrecht einen generellen Vorrang für positives Tun annimmt oder warum „das Schwergewicht und der soziale Handlungssinn" – von *Schröder* und *Arth. Kaufmann* – auf positivem Tun liegen. Anschließend schlägt *Roxin* als Kriterium für die Abgrenzung zwischen Tun und Unterlassen nicht den Schwerpunkt des rechtlichen Vorwurfs und den sozialen Handlungssinn vor, sondern das Vorliegen einer Kausalität des positiven Tuns für den Erfolg.[73] Denn vor der Prüfung eines Falls kann nicht festgestellt werden, „wogegen der rechtliche Vorwurf sich richtet", und das Unterlassungselement liegt insb. bei Fahrlässigkeitsdelikten vor. *Roxin* weist darauf hin, dass der Sorgfaltsmangel immer als Unterlassung angesehen werde und dass es nicht angemessen sei, dass dann „die Haftung für fahrlässige Taten auf Garanten eingeschränkt" werde.[74] Es sollte daher in erster Linie geprüft werden, ob die Kausalität des positiven Tuns für den Erfolg vorliegt. Nur wenn das fahrlässige positive Tun „nicht kausal oder nicht fahrlässig" ist, wird die Unterlassung geprüft.[75]

Hierzu wird jedoch darauf hingewiesen, dass Unterlassen nicht berücksichtigt werden kann, wenn diese Lösung mit Vorrang für positives Tun angewendet wird, da „Unterlassen ohne gleichzeitiges positives Tun [ ] kaum denkbar [erscheint]".[76] Diese Ansicht spricht auch gegen *Roxin*s Auffassung, dass das Kriterium des sozialen Handlungssinns weiterhin gültig sein sollte, um den Schwerpunkt des rechtlichen Vorwurfs zu berücksichtigen. Ohne dieses Kriterium könnten solche Probleme auch durch die Bestätigung des Energieeinsatzes[77] oder durch die Feststellung der Kausalität des positiven Tuns nicht sachgerecht gelöst werden.[78]

Ich stimme *Roxin*s Ansicht zu, dass das Kriterium des sozialen Handlungssinnes bzw. des Schwerpunkts des Vorwurfs wenig mehr als ein Appell an das

---

73 Roxin, AT II, § 31, Rn. 78 ff.; auch Böhm, Die Rechtspflicht zum Handeln bei den unechten Unterlassungsdelikten, 1957, S. 18 ff.; Grünwald, Das unechte Unterlassungsdelikt, 1957, S. 21 ff.; Samson, FS-Welzel, 579 (589 ff.); Stoffers, GA 1993, 262 (262 ff.); Streng, ZStW 122 (2010), 1 (1 ff.); Jakobs, AT, 28/1 ff.; Jescheck/Weigend, AT, § 58 II 2, S. 603; dagegen Struensee, FS-Stree/Wessels, 133 (140 ff.).

74 Roxin, ZStW 74 (1962), 411 (418).

75 Roxin, ZStW 74 (1962), 411 (415 f.); Jescheck/Weigend, AT, § 58 II 2, S. 603: Jescheck/Weigend bestimmen auch die Kausalität des positiven Tuns. Die Unterlassung werde jedoch nur berücksichtigt, wenn die Rechtswidrigkeit oder die Schuld bei der Prüfung des Tuns fehlt.

76 Wessels/Beulke/Satzger, AT, § 19 I 2, Rn. 1160.

77 Brammsen, GA 2002, 193 (193 ff.); Freund, MüKo-StGB, § 13, Rn. 8 ff.

78 Wessels/Beulke/Satzger, AT, § 19 I 2, Rn. 1160.

Rechtsgefühl darstellt,[79] obwohl die Entscheidung über positives Tun oder Unterlassung eine relevante Bedeutung für die Bestrafung hat.[80] Der soziale Handlungssinn und die Richtung des rechtlichen Vorwurfs können nicht vor der Prüfung des Falls festgestellt werden, wie *Roxin* zu Recht betont.

Wenn das Gericht jedoch nach diesem Kriterium entscheidet, könnte es zwei Ermessensspielräume haben und dann einen sicheren Weg einschlagen, um das endgültige Bestrafungsziel zu erreichen. Hierbei ist zu beachten, dass jede Fahrlässigkeit die Außerachtlassung der erforderlichen Sorgfalt voraussetzt. Daher sollte das klarste mögliche Kriterium verwendet werden. Andernfalls wäre es nicht anders, als auf die Lehre vom „versari in reillicita“ zurückzukommen, nämlich auf die Erfolgshaftung. Bei Fahrlässigkeitsdelikten, insb. bei unbewussten Fahrlässigkeitsdelikten, kommt es aber darauf an, dass die mit dem Erfolgseintritt verbundenen zufälligen Faktoren ausgeschlossen werden sollten. Das Wesen der Fahrlässigkeitsdelikte wird daher noch eingehend erläutert.[81] Hier genügt es zu betonen, dass sich die Bestrafung für die Fahrlässigkeitstat aus der nachträglichen Wertung ergibt. Aus diesen Gründen ist die Lösung durch das unechte Unterlassungsdelikt grundsätzlich abzulehnen.

B. Überbedingte Erfolge: Die „Lederspray“-Entscheidung

Der vorliegende Abschnitt behandelt nicht mehr Konstellationen, in denen sich Beweisprobleme stellen, sondern in denen bereits begrifflich unklar ist, ob es zur Kausalität kommen kann. Der Sachverhalt ist, was die Frage des Beitrags des Involvierten zum Erfolgseintritt angeht, im Prinzip ausermittelt; für den »in dubio pro reo«-Grundsatz gibt es insofern keinen Raum. Es gibt aber mindestens einen überflüssigen Involvierten, auf den es im Nachhinein betrachtet nicht anzukommen scheint. Kann man auch wegen dieses, an sich überflüssigen Beitrags bestrafen? Wie ist es aber, wenn alle Involvierte jeweils für sich behaupten können, diesen überflüssigen Beitrag geliefert zu haben – bleiben dann alle straflos? Das ist die Konstellation, die hier im Anschluss an *Jakobs* als diejenige

79 Ebenso Jescheck/Weigend, AT, § 58 II 3, S. 604 f.; Die Analyse der Rechtsprechungen zeigt auch dieses Problem der Unsicherheit, vgl. v.a. BGHSt 6, 46 (59); OLG Stuttgart, FamRZ 1959, 74 (75); OLG Karlsruhe, GA 1980, 429 (431).

80 Darüber hinaus hängt dies damit zusammen, „ob die Strafbarkeit eine Garantenpflicht voraussetzt“ und „ob die Strafmilderungsmöglichkeit des § 13 II eingreift“. (Jescheck/Weigend, AT, § 58 II 3, S. 604 f.)

81 Vgl. Teil 4 B VI.

„überbedingter Erfolge" bezeichnet werden soll.[82] Das Problem soll am paradigmatischen „Lederspray"-Urteil untersucht werden.

I. Die Entscheidung des BGH[83]

Dem Urteil liegt folgender Sachverhalt zugrunde: Die Firma W. u. M. GmbH befasste sich unter anderem mit der Herstellung von Schuh- und Lederpflegeartikeln. Vertrieben wurden diese Produkte unter anderem durch die Tochterfirmen E. R. GmbH (mit Marke E.) und S. GmbH (mit Marke S.). Ab dem Spätherbst 1980 gingen bei der Firmengruppe Schadensmeldungen ein, die gesundheitliche Beeinträchtigungen – wie Atembeschwerden, Husten, Übelkeit, Schüttelfrost und Fieber – von Personen nach dem Gebrauch von Lederspray zum Gegenstand hatten. Die ersten Schadensmeldungen lösten firmeninterne Untersuchungen aus. Diese bezogen sich auf zurückgegebene Spraydosen. Fabrikationsfehler ergaben sich dabei nicht. Festgestellt wurde nur, dass bei einem Spray seit Mitte 1980 der Wirkstoffanteil des Silikonöls erhöht worden war. Dann wurde Anfang 1981 diese Rezepturänderung rückgängig gemacht. Fachgespräche mit Toxikologen zweier Chemieunternehmen und einem beratenden Arzt brachten keine Klärung. Trotz dieser Maßnahme setzten sich die Schadensmeldungen – nun nicht nur auf E, sondern auch auf S bezogen – bis zum Frühjahr 1981 fort. Vorläufig wurde der Produktions- und Vertriebsstopp für bestimme E.-Sprays vollzogen. Jedoch wurde diese Maßnahme wieder aufgehoben, nachdem Untersuchungen in der firmeneigenen Chemieabteilung ohne Ergebnis geblieben waren.

Am 12. Mai 1981 fand eine Sondersitzung der Geschäftsführung statt. Teilnehmer waren sämtliche Geschäftsführer der Firma W. u. M. GmbH – S., Dr. Sch., Br. und Bo. – und Dr. B. als Chefchemiker im Zentrallabor der Firmengruppe. Nach dem Vorschlag von Dr. B. hat die Geschäftsführung einstimmig beschlossen, dass die Anordnung eines Vertriebsstopps, einer Rückruf- oder auch Warnaktion nur dann in Betracht zu ziehen sei, falls die noch ausstehenden Untersuchungen einen »echten Produktfehler« oder ein »nachweisbares Verbraucherrisiko« ergeben sollten. Im Anschluss an diese Sitzung wurden die Angeklagten W – Geschäftsführer der Firma S. GmbH – und D. – Geschäftsführer der Firma E.R. GmbH – umfassend informiert. In der Folgezeit kam es

82 Jakobs, AT, 7/83a; Man spricht auch von „Mehrfach- bzw. Doppelkausalität".: so Röh, Die kausale Erklärung überbedingter Erfolge im Strafrecht, 1993, S. 145 ff.; Böhringer, Fahrlässige Mittäterschaft, 2017, S. 41 f.; Puppe, NK-StGB, Vor §§ 13 ff., Rn. 108 f.

83 BGHSt 37, 106 (108 ff.).

dennoch zu weiteren Gesundheitsschäden. Bei weiteren Untersuchungen ergab sich keine Klärung. Nur die auf den Spraydosen angebrachten Warnhinweise wurden ergänzt und verbessert. Am 20. September 1983 begann die Firma W. u. M. GmbH nach Interventionen des Bundesgesundheitsamts und des Bundesministeriums für Jugend, Familie und Gesundheit mit der Durchführung eines Verkaufsstopps sowie einer Rückrufaktion, ohne allerdings völlig auf die Weiterverwendung der in den zurückgerufenen Produkten enthaltenen Rezepturen zu verzichten.

In diesem Fall befasst sich der BGH mit weitreichenden und bedeutenden strafrechtlichen Fragen.[84] Er geht die folgenden Schritte durch: 1) Kausalzusammenhang zwischen dem Inverkehrbringen des Produkts und den Körperverletzungen bei Konsumenten (sog. generelle Kausalität[85], BGHSt 37, 106 (106)), 2) Begründung einer Garantenstellung bei Unterlassung (BGHSt 37, 106 (106 f.)[86], 3) Konkretisierung des Handlungsgebots, nämlich strafrechtliche Rückrufpflicht (BGHSt 37, 106 (119 ff.)), 4) Individualisierung der einzelnen Handlungspflichten (BGHSt 37, 106 (123ff.)), 5) Kausalitäts- und Täterschaftsfragen (BGHSt 37, 106 (126 ff.)). Zu den thematisierten Kausalitäts- und Täterschaftsfragen gehören insb. die „Quasi-Kausalität" oder „hypothetische Kausalität" bei Unterlassungsdelikten[87]; Feststellung der Kausalität zwischen dem Abstimmungsverhalten

---

84 V.a. vgl. Weißer, Kollegialentscheidungen, 1996, S. 23 ff.

85 Hierzu vgl. Brammsen, Jura 1991, 533 (536): Der BGH ordnet diese Kausalität zu Recht der „freien richterlichen Beweiswürdigung" unter.; Beulke/Bachmann, JuS 1992, 737 (744); Roxin/Greco, AT I, § 11, Rn. 17.

86 BGH bejaht die Garantenstellung aus vorangegangenem Gefährdungsverhalten.

87 Die h.M. bestimmt die Kausalität bei Unterlassungsdelikten mit einer Modifikation der conditio-Formel dahingehend, dass die Unterlassung einer Handlung für den Erfolg kausal ist, wenn die rechtlich geforderte Handlung nicht hinzugedacht werden kann, ohne dass der Erfolg entfiele. Im Gegensatz zu positivem Tun beruht das Unterlassen nicht auf einem realen Bewirken des Erfolgs, so dass keine absolute Sicherheit der Kausalitätsfeststellung verlangt werden kann. Es reicht aus, die Kausalität bei Unterlassungsdelikten mit „einer an Sicherheit grenzenden Wahrscheinlichkeit" zu bestimmen. (Vgl. Maiwald, FS-Küper, 329 (329 ff.); Stree/Bosch, Sch/Sch-StGB, § 13, Rn. 61; Krey/Esser, AT, § 36, Rn. 1123; BGHSt 6, 1 (2); 7, 211 (214); 52, 159 (165); BGH NStZ 1981, 218 (219 f.)) Sie wird daher danach bestimmt, „ob die dem Unterlassenden mögliche Handlung den Erfolg abgewendet hätte", d.h. ob dieser fiktive, aber gesetzmäßige Zusammenhang zwischen Unterlassung und Erfolgseintritt besteht. (Puppe, NK-StGB, Vor §§ 13 ff., Rn. 118: „wenn die Pflichterfüllung hinreichende Bedingung für die Abwendung des Erfolges gewesen wäre."; Jescheck/Weigend, AT, § 59 III 3 f., S. 618 ff.)

des Einzelnen und dem Verletzungserfolg; Annahme der Mittäterschaft durch Unterlassen[88]; Fahrlässigkeit bei Unterlassungsdelikten[89]; Annahme fahrlässiger Mittäterschaft; und Feststellung der objektiven Zurechnung bei fahrlässigem Zusammenwirken ohne fahrlässige Mittäterschaft.

Von diesen Punkten werden hier jedoch nur die Kausalitäts- und Täterschaftsfragen in Bezug auf die fahrlässige Körperverletzung (§ 229 StGB) behandelt, die durch das Verhalten im Zeitraum vor der Sondersitzung verursacht wurde. Wie im Bereich der vorsätzlichen gefährlichen Körperverletzung (§§ 223, 224 StGB) sind die beiden Kausalverläufe getrennt zu untersuchen, wie sie auch der BGH geprüft hat: Der eine besteht in der sog. generellen Kausalität und der andere in einem Kausalzusammenhang zwischen dem Abstimmungsverhalten der einzelnen Mitglieder und der „Nichtdurchführung eines Rückrufs“.[90] Letzterer kann je nach Verfahren in zwei Stufen unterteilt werden: Der

---

Einige Autoren kritisieren die h.M., weil diese anders als im Fall des Begehungsdelikts nicht auf den Erfolg in seiner konkreten Gestalt abstellt. (Engisch, Kausaliät, 1931, S. 11; Spendel, JZ 1973, 137 (140); Jakobs, AT, 7/15; Kühl, AT, § 4, Rn. 25; Roxin/Greco, AT I, § 11, Rn. 17; Wessels/Beulke/Satzger, AT, § 19 II 3, Rn. 1174) Das Kriterium, die Maßgeblichkeit des Erfolgs in seiner konkreten Gestalt, sollte wie bei Begehungsdelikten verwendet werden. Nach der conditio-Formel wird bestimmt, ob ein Verhalten die konkrete Gestalt des Erfolgs beeinflusst hat oder nur einen Begleitumstand der Tatbestandsverwirklichung verursacht hat. Die daraus resultierende „Ausuferung der Haftung“ sollte auf der Ebene der objektiven Zurechnung begrenzt werden.

88 Jeder Unterlassungstäter kann aufgrund seiner Garantenpflicht für den gesamten Erfolg verantwortlich sein. Seine Bestrafung als Mittäter ist eigentlich nur möglich, wenn „die gemeinschaftliche Pflicht nur gemeinsam erfüllt werden kann“. Hinsichtlich des gemeinsamen Tatplans könne Mittäterschaft in Betracht gezogen werden, wenn sich die Beteiligten, die „in der gleichen tatbestandsmäßigen Situation Handlungspflichtige gemeinschaftlich entschließen, nicht tätig zu werden“. (Roxin, LK-StGB, § 25, Rn. 215; Jescheck/Weigend, AT, § 63 IV 2, S. 681 f.; Maurach/Gössel/Zipf-Renzikowski, AT II, § 49, Rn. 87)
Zusammenfassend: Die Voraussetzungen für Mittäterschaft bei unechten Unterlassungsdelikten sind: 1) mehrere Garanten haben „eine ihnen gemeinsam obliegende Pflicht“, 2) sie können die Pflicht nur gemeinsam erfüllen, und 3) sie können auch gemeinsam eine Entscheidung treffen, 4) sie unterlassen jedoch die Pflicht. (Vgl. Jescheck, LK-StGB, § 13, Rn. 58; BGHSt 37, 106 (129))

89 Vgl. Jescheck/Weigend, AT, § 59 VII, S. 633 f.: Unterlassungsdelikte durch fahrlässige „Begehung“ sind möglich. Auch „die gesetzlich nicht geregelten unechten Unterlassungsdelikte“ wie §§ 222, 230, 309, 345 Abs. 2 StGB, können durch Fahrlässigkeit begangen werden.

90 BGHSt 37, 106 (111 ff.).

Kausalzusammenhang zwischen Abstimmungsverhalten und Beschlussfassung und dann der Kausalzusammenhang zwischen Beschluss und Körperverletzungserfolg bei Konsumenten. Letzterer deckt dieselben Probleme ab, die sich auch aus Einzelentscheidungen ergeben könnten.[91] Nur ersterer ist daher hier zu beachten.

Der BGH erfasst diesen Fall durch die kumulative Kausalität bei Begehungsdelikten[92] und bejaht die Kausalität des Verhaltens der einzelnen Mitglieder für die Körperverletzung und die objektive Zurechnung der Erfolge an den Angeklagten. Jedes Mitglied unterlässt jeweils die persönlich geschuldete Handlung, so dass der Rückruf nicht erfolgt. Hierbei liefert der BGH einen Standpunkt der „gemeinsamen und gleichstufigen Verantwortung der Geschäftsführer".[93] Wenn die Angeklagten nicht für fahrlässiges Verhalten bestraft werden, indem jeder einzelne auf „die gleichartige und ebenso pflichtwidrige Untätigkeit der anderen" hinweist,[94] liege es auf der Hand, dass „dies nicht rechtens sein kann".[95] D.h. ein rein kriminalpolitisches Erfordernis[96] wird ohne weitere Begründung zur Rechtfertigung der Kausalität herangezogen.

In Bezug auf die objektive Zurechnung führt der Ausdruck des BGH, „die gemeinsame und gleichstufige Verantwortung der Geschäftsführer", zur Vermengung mit der Mittäterschaft.[97] Hierdurch haben die Befürworter fahrlässiger

---

91 Vgl. Hilgendorf, NStZ 1994, 561 (565).

92 BGHSt 37, 106 (130 f.): „Denn sein Teilbeitrag war dafür – im Zusammenwirken mit den Teilbeiträgen der anderen Geschäftsführer – ursächlich."

93 BGHSt 37, 106 (132); s.a. Weißer Kollegialentscheidungen, 1996, S. 137.

94 Sein pflichtgemäßes Alternativverhalten hätte den Erfolgseintritt nicht sicher verhindert. Ein Beschluss könnte mit Stimmenmehrheit gefasst werden, so dass derselbe Beschluss gefasst werden könnte, selbst wenn das einzelne Mitglied rechtmäßig gehandelt hätte. (Vgl. Hilgendorf, NStZ 1994, 561 (562))

95 BGHSt 37, 106 (131 f.): „Kann die zur Schadensabwendung gebotene Maßnahme[...] nur durch das Zusammenwirken mehrerer Beteiligter zustande kommen, so setzt jeder, der es trotz seiner Mitwirkungskompetenz unterläßt, seinen Beitrag dazu zu leisten, eine Ursache dafür, daß die gebotene Maßnahme unterbleibt; innerhalb dieses Rahmens haftet er für die sich daraus ergebenden tatbestandsmäßigen Folgen."; auch OLG Stuttgart, NStZ 1981, 27 (27 f.).

96 Vgl. Weißer, Kollegialentscheidungen, 1996, S. 137; Hilgendorf, NStZ 1994, 561 (562 f.).

97 Weißer meint, dass die gemeinsame und gleichstufige Verantwortung mit den Merkmalen der Mittäterschaft, nämlich dem gemeinsamen Tatplan und der gemeinsamen Ausführung, angeknüpft werden kann. (Weißer, Kollegialentscheidungen, 1996, S. 138)

Mittäterschaft seit diesem Urteil zugenommen,[98] und sie führen die Rechtfertigung für fahrlässige Mittäterschaft auf die praktische kriminalpolitische Notwendigkeit zurück. Sie behaupten, dass die Annahme fahrlässiger Mittäterschaft „zwingend“ sei, um die Angeklagten für fahrlässige Körperverletzung zu bestrafen, da die Bestrafung auch im Vorsatzbereich nur mit Mittäterschaft begründet wird und es keinen Grund gibt, warum „die objektiv gleichen Tatbeiträge“ in beiden Bereichen unterschiedlich gewichtet werden.

II. Bemerkungen

Entscheidend ist hier, wie Kausalität und objektive Zurechnung bei der Kollegialentscheidung im Fahrlässigkeitsbereich richtig erklärt werden können. Es erscheint sogar problematisch, dass der BGH an das Rechtsgefühl appelliert.[99] Die Befürworter fahrlässiger Mittäterschaft versuchen, die Begründung nachzuholen und eine spezielle Struktur für fahrlässige Mittäterschaft aufzubauen, um fahrlässige Mittäterschaft zu rechtfertigen. Im Schrifttum entfachte sich eine breite Diskussion, in der zahlreiche Vorschläge unterbreitet wurden, den Fall auch ohne eine fahrlässige Mittäterschaft zu lösen.

1. Lösung anhand der conditio-Formel

Eine Ansicht[100], dass jede Handlung der Beteiligten an dieser Konstellation dem Beitrag bei *kumulativer Kausalität* entspricht, nimmt die Kausalität problemlos unter Verwendung der conditio-Formel an. Die Voraussetzungen für die kumulative Kausalität sind: 1) Vornahme voneinander unabhängiger Handlungen von mehreren, 2) Zusammentreffen der Handlungen, 3) Erfolg, der erst durch die Summe all dieser Handlungen verursacht wird. Es wurde jedoch richtigerweise darauf hingewiesen, dass diese Voraussetzungen im „Lederspray“-Fall nicht erfüllt sind, da jede Stimme nicht „unabhängig voneinander“ ist und „die Kumulation von nur drei der vorliegenden vier Stimmen“ bei der

98 V.a. Dencker, Kausalität und Gesamttat, 1996, S. 188 ff.; Ransiek, Unternehmensstrafrecht, 1996, S. 67 ff.; Brammsen, Jura 1991, 533 (537 f.); Otto, FS-Spendel, 271 (284 f.); Lesch, GA 1994, 112 (122); Hoyer, GA 1996, 160 (173).
99 Greco, JRE Bd. 27 (2019)=GS-Hruschka, 361 (363).
100 Baumann/Weber/Mitsch/Eisele, AT, § 14, Rn. 37.

Mehrheitsentscheidung zum Erfolg führen kann.[101] M.a.W., der Erfolg wird nicht erst durch die Summe aller Handlungen herbeigeführt.

Eine andere Auffassung[102] erklärt, dass dieses Kausalitätsproblem unter der Rubrik der *alternativen Kausalität* (sog. „Doppelkausalität") fällt,[103] so dass es mit der modifizierten conditio-Formel zu lösen ist. Die alternative Kausalität liege vor, wenn mehrere Täter unabhängig voneinander handeln, aber nicht erst die Summe, sondern bereits jede Handlung hinreichend ist, den Erfolg zu bewirken.[104] Man schlägt vor, in diesen Konstellationen die conditio-Formel mit einer Modifikation anzuwenden: „Wenn mehrere Bedingungen zwar alternativ, aber nicht kumulativ hinweggedacht werden können, ohne dass der Erfolg entfiele", ist jede Bedingung für den Erfolg kausal.[105] *Kuhlen* analysiert, dass dies zweifellos auf dem Unterlassen jedes Beteiligten beruht, wenn „trotz bestehender Handlungsmöglichkeit" keiner von ihnen den Beschluss für den Rückruf befürwortet und der Rückruf dann unterlassen wird. Dies beruhe auf einem „unbefangenen Kausalitätsverständnis".[106] Es scheint, dass diese modifizierte conditio-Formel für die alternative Kausalität auf den „Lederspray"-Fall übertragen werden könnte, weil die Unterlassung aufgrund der Mehrheitsentscheidung alternativ, aber nicht kumulativ hinweggedacht werden kann, ohne dass der Beschluss gegen den Rückruf und damit der Verletzungserfolg entfiele.[107]

---

101 Ebenso Weißer, Kollegialentscheidungen, 1996, S. 110 f.: Es bestehe ein „enger Zusammenhang zwischen den Einzelbeiträgen" mit dem einheitlichen Ziel einer Mehrheitsentscheidung.

102 Kuhlen, NStZ 1990, 566 (570); ders., JZ 1994, 1142 (1142 ff.); Kindhäuser, AT, § 10, Rn. 41; Kühl, AT, § 4, Rn. 19.

103 Dencker, Kausalität und Gesamttat, 1996, S. 50; Kuhlen, NStZ 1990, 566 (570); Jescheck/Weigend, AT, § 28 II 4, S. 281 ff.; Kühl, AT, § 4, Rn. 19 ff.; Wessels/Beulke/Satzger, AT, § 6 II 1, Rn. 232.

104 Joerden, JBl 110 (1988), 432 (432 f.); Jakobs, AT, 7/21.

105 Ebert/Kühl, Jura 1979, 561 (568); Puppe, ZStW 92 (1980), 863 (877); Kuhlen, NStZ 1990, 566 (570): Dieses Kausalitätsproblem kann zwar bei Begehungsdelikten ohne weiteres durch die conditio-Formel gelöst werden, da die kumulative Kausalität vorliegt; bei Unterlassungsdelikten besteht jedoch die Doppelkausalität, so dass die modifizierte conditio-Formel angewendet werden müsse.; Meier, NJW 1992, 3192 (3198): Er weist darauf hin, dass die Beurteilung der Kausalität des BGH rein kriminalpolitisch erfolgt. Mit dieser modifizierten conditio-Formel stellt er die Kausalität zwischen der „Untätigkeit" jedes Beteiligten und dem Unterlassen des Rückrufs fest.; Lenckner, Sch/Sch-StGB, Vor §§ 13 ff., Rn. 82; Kühl, AT, § 4, Rn. 19; Maurach/Zipf, AT I, § 18 IV, Rn. 56.

106 Kuhlen, NStZ 1990, 566 (570).

107 Weißer, Kollegialentscheidungen, 1996, S. 112.

Der „Lederspray“-Fall kann jedoch die Voraussetzungen für die alternative Kausalität nicht erfüllen, weil nicht jede Stimme für sich einen Beschluss gegen den Rückruf hinreichend bewirken kann.[108]

Darüber hinaus versucht ein Ansatz[109], eine Kombination von alternativer und kumulativer Kausalität auf die Kollegialentscheidung anzuwenden. Je nach dem Stimmenergebnis sei zu differenzieren, ob es „eine Stimme Mehrheit“ oder „einer Mehrheit von mehr als einer Stimme“ gibt. Der erste Fall könne über die kumulative Kausalität gelöst werden, da jede Stimme nur in Kumulation mit den Stimmen der anderen zum Beschluss gegen den Rückruf führen kann. Der letztere Fall werde über die alternative Kausalität anders gelöst, da jede Stimme, aber keine weitere Stimme, hinweggedacht werden kann, ohne dass der Erfolg entfiele. Die oben angeführte Kritik gilt jedoch auch für diese Ansicht.

2. Lösungen anhand der Lehre von der gesetzmäßigen Bedingung

Es wird zudem darauf hingewiesen, dass die conditio-Formel keine Kausalität definiert, da sie einen Kausalzusammenhang nur feststellt, wenn der naturwissenschaftliche Wirkungszusammenhang bereits vorausgesetzt ist.[110] Sie dient nur als „ein Hilfsmittel“[111] zur Feststellung eines Kausalzusammenhangs.[112] Sie zeigt auch ihre Schwäche, wenn es sich um „eine Ersatzursache“ handelt. Denn Erfolg entsteht auch, wenn die Handlung weggedacht wird.[113]

---

108 Weißer, Kollegialentscheidungen, 1996, S. 112; Beulke/Bachmann, JuS 1992, 737 (737 ff.).

109 Kudlich, Fälle zum AT, S. 46; Wessels/Beulke/Satzger, AT, § 6 II 1, Rn. 235 f.

110 Engisch, Kausaliät, 1931, S. 16 f.; Erb, Rechtmäßiges Alternativverhalten, 1991, S. 46; ders., JuS 1994, 449 (450); Arth. Kaufmann, FS-Schmidt, 200 (210); Wehrenberg, MDR 1971, 900 (900 ff.); Walder, SchwZStR 93 (1977), 113 (137 f.); Otto, NJW 1980, 417 (417 f.), (421); Dreher/Tröndle, StGB, Vor § 13, Rn. 16; Lenckner, Sch/Sch-StGB, Vor §§ 13 ff., Rn. 74; Rudolphi, SK-StGB, Vor § 1, Rn. 40; Jakobs, AT, 7/9 f.; Jescheck/Weigend, AT, § 28 II 4, S. 281; Wessels/Beulke/Satzger, AT, § 6 II 3, Rn. 239.

111 Lenckner, Sch/Sch-StGB, Vor §§ 13 ff., Rn. 74; Rudolphi, SK-StGB, Vor § 1, Rn. 40.

112 Freund erklärt den Unterschied der beiden Theorien durch einen Vergleich mit der Tunnelpassage des Zuges. Nach der conditio-Formel könne ein schadensträchtiger Zug im Tunnel nicht mehr beobachtet werden, so dass „an dessen Ausgang nur noch der Enderfolg festgestellt werden kann“. Hingegen könne nach der Lehre von der gesetzmäßigen Bedingung auch überprüft werden, was tatsächlich im Tunnel passiert ist, da die Lehre auf „die gesamte Fahrt“ abstellt. (Freund, MüKo-StGB, Vor §§ 13 ff., Rn. 340)

113 Hilgendorf, NStZ 1994, 561 (564).

Die auf *Engisch* zurückgehende Lehre von der gesetzmäßigen Bedingung[114] geht ebenso wie die conditio-Formel davon aus, dass alle Erfolgsursachen gleichwertig sind („Äquivalenztheorie"). Sie stellt jedoch gegen die „Wegdenk-Methode" der conditio-Formel[115] auf einen real erfolgten Geschehensablauf ab.[116] Hierbei hängen die Naturgesetze[117] grundsätzlich von der Kompetenz der empirischen Wissenschaften ab, so dass in ganz besonderen Ausnahmefällen mithilfe der „Vertreter der zuständigen Fachwissenschaften" der gesetzmäßige Zusammenhang festgestellt wird.[118] Wenn hier das notwendige Erfahrungswissen fehlt, um das Verhältnis zwischen Handlung und Erfolg nicht herzustellen, ist die Anwendung der Lehre von der gesetzmäßigen Bedingung nicht möglich.[119] Dies zeigt der „Contergan"-Fall, bei dem Neugeborene während der Schwangerschaft Thalidomid über die Mutter aufnehmen und deswegen Missbildungen auftreten.[120] In solchen Fällen ist auch unter den Vertretern der Lehre

---

114 Engisch, Kausaliät, 1931, S. 21 ff.; Samson, Hypothetische Kausalverläufe im Strafrecht, 1972, S. 31 f.; Arth. Kaufmann, FS-Schmidt, 200 (210); Puppe, ZStW 92 (1980), 863 (874); Schulz, FS-Lackner, 39 (39 ff.); Hilgendorf, Jura 1995, 514 (514); Freund, MüKo-StGB, Vor §§ 13 ff., Rn. 334, 340; Jescheck, LK-StGB, Vor § 13, Rn. 56; Lenckner, Sch/Sch-StGB, Vor §§ 13 ff., Rn. 75; Jakobs, AT, 7/12; Jescheck/Weigend, AT, § 28 II 4, S. 283; Roxin/Greco, AT I, § 11, Rn. 15.

115 Wehrenberg, MDR 1971, 900 (900 ff.): Er weist darauf hin, dass diese Wegdenk-Methode widersprüchlich ist, weil es keine Bedingung ist, wenn die Bedingung weggedacht werden kann.; Wessels/Beulke/Satzger, AT, § 6 II 3, Rn. 241: Die Lehre von der gesetzmäßigen Bedingung sei eine „bessere und präzisere" Methode als die conditio-Formel, da sie „weitgehend ohne unsichere hypothetische Überlegungen" funktioniert.

116 Engisch, Kausaliät, 1931, S. 21, 26; Weißer, Kollegialentscheidungen, 1996, S. 115; Walder, SchwZStR 93 (1977), 113 (139); Jescheck/Weigend, AT, § 28 II 4, S. 283: Die Lehre bestimmt eine Kausalität danach, „ob sich an eine Handlung zeitlich nachfolgende Veränderungen in der Außenwelt angeschlossen haben, die mit der Handlung nach den uns bekannten Naturgesetzen notwendig verbunden waren und sich als tatbestandsmäßiger Erfolg darstellen".

117 Dies wird auch als allgemeines Kausalgesetz bzw. allgemeine Sätze bzw. Erfahrungssätze bezeichnet. (Vgl. Puppe, GA 2004, 129 (138))

118 Hilgendorf, Strafrechtliche Produzentenhaftung, 1993, S. 115 ff.; ders., NStZ 1994, 561 (564).

119 Dagegen Hilgendorf, NStZ 1994, 561 (564): Er meint, dass in dieser Konstellation eine empirische Untersuchung nach der Lehre von der gesetzmäßigen Bedingung eher erforderlich ist, weil das Wegdenken der Thalidomideinnahme über die conditio-Formel keinen Schritt weiterführt.

120 LG Aachen, JZ 1971, 507 (507 ff.); vgl. auch Wessels/Beulke/Satzger, AT, § 6 II 3, Rn. 241: Sie weisen hier vielmehr auf die Schwäche der conditio-Formel hin, die den

von der gesetzmäßigen Bedingung umstritten, ob der Ausschluss der alternativen Ursachen (bzw. der „Ersatzursachen")[121] zulässig ist.

Zur Lösung des „Lederspray"-Falls sind auf dieser Grundlage von folgenden Autoren Vorschläge unterbreitet worden:

a) Hilgendorf

Hilgendorf, der diesem Ausschluss zustimmt, schlägt vor, die Probleme bei der Kollegialentscheidung wie bei unechten Unterlassungsdelikten unter Verwendung der Lehre von der gesetzmäßigen Bedingung zu lösen.[122] Er weist darauf hin, dass die meisten Vertreter der Lehre von der gesetzmäßigen Bedingung ihre Bedeutung in einem bestimmten Fall nicht vollständig verstehen.[123] Nach allgemeiner Auffassung wird die Kausalität für die Unterlassung danach bestimmt, ob der Erfolg durch eine Handlung hätte abgewendet werden können, weil es keine wirkliche Energiequelle bei der Unterlassung gibt.[124] Er meint, dass dies auf „Residuen eines längst überholten Kausalitätsverständnisses" zurückzuführen ist.[125] Hierbei ist nicht davon auszugehen, dass eine Handlung den Erfolg „tatsächlich wirksam" verursachen muss. Andernfalls sollte die modifizierte conditio-Formel wieder verwendet werden. „Wenn eine bestimmte Handlung unter den jeweils gegebenen Umständen geeignet ist, den tatbestandsmäßigen Erfolg abzuwenden", bestehe ein gesetzmäßiger Zusammenhang zwischen dem Unterlassen der Handlung und dem Erfolgseintritt.[126] Bei der Lehre von der gesetzmäßigen Bedingung komme es auf das Vorliegen des gesetzmäßigen Zusammenhangs und das Vermeiden der Spekulation über irgendwelche Kräfte an, die dem Naturgeschehen zugrunde liegen.[127]

---

nach dem naturwissenschaftlichen Wirkungszusammenhang ermittelten Kausalzusammenhang voraussetzt.

121 Dem Ausschluss zustimmend: Kuhlen, Fragen einer strafrechtlichen Produkthaftung, 1989, S. 63 ff.; Hilgendorf, Strafrechtliche Produzentenhaftung, 1993, S. 121, 124; Erb, JuS 1994, 449 (452 f.); dagegen Hassemer, Produktverantwortung, 1996, S. 33 ff.; Puppe, JR 1992, 27 (30 f.); dies., NK-StGB, Vor §§ 13 ff., Rn. 114 f.

122 Hilgendorf, NStZ 1994, 561 (566).

123 Vgl. Hilgendorf, NStZ 1994, 561 (565 f.): V.a. weist er darauf hin, dass beim Unterlassungsdelikt die h.M. „das Wirken irgendwelcher Kräfte oder Energien vermisst".

124 Jescheck/Weigend, AT, § 59 III 3, S. 618 f.

125 Hilgendorf, NStZ 94, 561 (564).

126 Hilgendorf, NStZ 94, 561 (564).

127 Hilgendorf, NStZ 94, 561 (564).

Er stellt einen Fall vor, in dem ein Gremium aus 3 Mitgliedern A, B, und C besteht, deren Beschlussfassung mit einfacher Mehrheit getroffen wird. Er analysiert die Art der Ereignisse, indem er sie in (vorsätzliche und fahrlässige) Begehungsdelikte und (vorsätzliche und fahrlässige) Unterlassungsdelikte unterteilt.[128] In allen Fällen – auch bei unechten Unterlassungsdelikten[129] – sind vier gesetzmäßige Bedingungen möglich, nämlich „mit den Stimmen von 1) A und B oder 2) A und C oder 3) B und C oder 4) A und B und C gemeinsam".[130] In den Fällen 1), 2) und 3) sowie im Fall 4) ist die einzelne Abstimmung für den Beschluss aufgrund der gesetzmäßigen Beziehung für die Beschlussfassung jeweils kausal. Hierbei sei die Gesetzmäßigkeit „redundant formuliert".[131] Bei der Anwendung der conditio-Formel könnte sich jedes Mitglied damit verteidigen, dass seine Ja-Stimme nicht die einzige ist, die für den gefassten Beschluss unbedingt notwendig ist. Dies gilt jedoch nicht, wenn die Lehre von der gesetzmäßigen Bedingung angewendet wird, da eine gesetzmäßige Beziehung[132] zwischen Abstimmung und Beschlussfassung besteht.

b) *Weißer*

Weißer meint die Garantenstellung einer Unternehmensleitung für Produktrisiken aus der „Herrschaft über die Gefahrenquelle"[133]: In der Notsituation, wie im „Lederspray"-Fall, ist jedes Mitglied aufgrund seiner Garantenpflicht gehalten, den Erfolgseintritt zu verhindern. Die „Gesamtverpflichtung"[134] aus der Verbundenheit der Geschäftsführer „als Kollegialorgan" verpflichtet jedes Mitglied,

128 Er beschreibt jeden der vier Fälle separat im Detail. (Vgl. Hilgendorf, NStZ 1994, 561 (565))

129 „[...]irgendwelche vermuteten oder abgelehnten Kräfte zwischen dem Unterlassen der Beteiligten und dem Nichtzustandekommen des Beschlusses" seien nicht von Bedeutung. (Hilgendorf, NStZ 1994, 561 (566))

130 Hilgendorf, NStZ 1994, 561 (565).

131 Hilgendorf, NStZ 1994, 561 (565).

132 Hier sollten die beiden Kausalverläufe, der Kausalzusammenhang zwischen der Abstimmung der Mitglieder und der Beschlussfassung und der Kausalzusammenhang zwischen dem Beschluss und den Erfolgen bei Dritten (die generelle Kausalität zwischen dem Benutzen von Ledersprays und dem Eintritt von Körperschäden), getrennt untersucht werden.; Vgl. BGHSt 37, 106 (111 ff.); Hilgendorf, NStZ 1994, 561 (565).

133 Weißer, Kollegialentscheidungen, 1996, S. 160.

134 Weißer, Kollegialentscheidungen, 1996, S. 75.

seinen möglichen Beitrag in seinem eigenen „Kompetenzbereich" zu leisten.[135] Dies entspricht der Auffassung des BGH[136], dass jedes Mitglied nur verpflichtet ist, „das Mögliche und Zumutbare"[137] zu tun, weil jeder Angeklagte nur solche Handlungen im Bereich der Zuständigkeit und Verantwortung schuldet. *Weißer* analysiert, dass der BGH die Kausalität jedes Beitrags anerkennt, weil das Unterlassen der geforderten Handlung jedes Mitglieds jeweils zur Unterlassung des Rückrufs führt,[138] und dass er die objektive Zurechnung aufgrund der „gemeinsame[n] und gleichstufige[n] Verantwortung"[139] der Geschäftsführer aus wirtschaftlicher Sicht bestimmt.[140]

Auch *Weißer* bestimmt den Kausalzusammenhang zwischen jeder Ja-Stimme jedes Mitglieds gegen den Rückruf und dem Verletzungserfolg nach der Lehre von der gesetzmäßigen Bedingung. Die Ja-Stimme führt im Zusammenwirken mit den übrigen Stimmen als Teil der erforderlichen Mehrheit zum Erfolg.[141] Wie *Hilgendorf* meint *Weißer*, dass das Vorhandensein mehrerer hinreichender Bedingungen zur Feststellung des Kausalzusammenhangs zwischen der einzelnen Ursache und dem Erfolg keine Rolle spielt.[142] Dann versucht sie, das Zurechnungsproblem wie im Vorsatzbereich durch Annahme fahrlässiger Mittäterschaft zu lösen.[143]

---

135 Vgl. Weißer, Kollegialentscheidungen, 1996, S. 74 f.: Wer gegen den Rückruf stimmt, kann kein Täter sein, weil er mit seiner Kompetenz die Ausführung nach dem Beschluss nicht verhindern kann. Dies sollte nur als „Unterwerfung unter den Willen der Mehrheit" angenommen werden.; Kuhlen, NStZ 1990, 566 (569); Beulke/Bachmann, JuS 1992, 737 (742); Meier, NJW 1992, 3192 (3195).

136 BGHSt 37, 106 (125 f.).

137 Weißer, Kollegialentscheidungen, 1996, S. 74 f.: Bei der Bestimmung der Verpflichtung sollte die Strafbarkeit nach dem Schuldprinzip und der subjektiven Zumutbarkeit begrenzt werden.

138 BGHSt 37, 106 (131).

139 BGHSt 37, 106 (132).

140 Weißer, Kollegialentscheidungen, 1996, S. 137.

141 Weißer, Kollegialentscheidungen, 1996, S. 116, 118 f., 162 ff.: Sie versucht, je nach der Art und Weise der Beschlussfassung und dem Abstimmungsverhalten die Kausalität jedes an der Kollegialentscheidung Beteiligten zu bestimmen.

142 Weißer, Kollegialentscheidungen, 1996, S. 115 f.: Sie geht auch davon aus, dass die Lehre von der gesetzmäßigen Bedingung den Kausalzusammenhang nicht nach der Wegdenk-Methode bestimmt, sondern nach dem tatsächlich wirksamen Geschehensablauf. Daher hat die durch Einzelursachen bedingte Gesamtursache keinen Einfluss auf den Kausalzusammenhang zwischen Gesamtursache und Erfolg.

143 Weißer, Kollegialentscheidungen, 1996, S. 151 ff.; auch Hilgendorf, NStZ 1994, 561 (563): Die Annahme fahrlässiger Mittäterschaft sei konstruktiv möglich.

Sie beurteilt die objektive Zurechnung bei Fahrlässigkeitsdelikten mit dem Kriterium des Pflichtwidrigkeitszusammenhangs zwischen jeder Unterlassung und dem Erfolg. D.h., die objektive Zurechnung sollte danach bestimmt werden, ob der Erfolg mit an Sicherheit grenzender Wahrscheinlichkeit vermieden werden könnte,[144] wenn sich jeder Beteiligte bemüht hätte, das pflichtgemäße Alternativverhalten auszuführen.[145] Wenn fahrlässige Mittäterschaft angenommen wird,[146] könne sich die Feststellung des Pflichtwidrigkeitszusammenhangs einfach ergeben, weil die wechselseitige Zurechnung der einzelnen Unterlassungen über Mittäterschaft möglich wird.[147] Dies wird dann danach bestimmt, ob bei einem gemeinsamen pflichtgemäßen Alternativverhalten aller Beteiligten der Erfolg nicht eingetreten wäre.

c) *Puppe*

Puppe lehnt die conditio-Formel ab. Wenn die conditio-Formel verwendet wird, sollte das Fehlen des Bedingungsverhältnisses zwischen Einzelursache und Erfolg bei Mehrfachkausalität, bei der „ein bestimmter Kausalfaktor" mehrfach existiert, in Kauf genommen werden, da einer von ihnen hinweggedacht werden kann, ohne dass der Erfolg entfällt.[148] Sie bestimmt daher einen gesetzmäßigen Kausalzusammenhang auf der Grundlage der Lehre von der gesetzmäßigen Bedingung, indem sie auf „das logische Bedingungsverhältnis" zwischen Einzelursache und Erfolg abstellt.[149] Sie geht wie *Hilgendorf* davon aus, dass nach dem allgemeinen Kausalgesetz eine hinreichende Erfolgsbedingung begründet werden sollte. Im Gegensatz zu *Hilgendorf* lässt sie jedoch nicht zu, dass die

---

144 In diesem Zusammenhang weist Puppe darauf hin, dass die Anwendung der Vermeidbarkeitstheorie wie der conditio-Formel hierbei denselben logischen Mangel aufweist. (Vgl. Puppe, ZStW 99 (1987), 595 (599); dies., FS-Roxin 70, 289 (290 ff.); dies., GA 2004, 129 (139 f.))

145 Weißer, Kollegialentscheidungen, 1996, S. 143; Kuhlen, NStZ 1990, 566 (570); Wessels/Beulke/Satzger, AT, § 6 III 8, Rn. 305.

146 Die Voraussetzungen für vorsätzliche Mittäterschaft, der gemeinsame Tatplan und die daraus resultierende gemeinsame Ausführung, könnten durch die vom BGH angegebene „gemeinsame und gleichstufige Verantwortung" der Geschäftsführer ersetzt werden. (Weißer, Kollegialentscheidungen, 1996, S. 138; Hilgendorf, NStZ 1994, 561 (563))

147 Weißer, Kollegialentscheidungen, 1996, S. 158 f.

148 Puppe, ZStW 92 (1980), 863 (876 ff.); dies., GA 2004, 129 (137); auch Hoyer, AT I, S. 34 f.

149 Puppe, NK-StGB, Vor §§ 13 ff., Rn. 102.

überflüssigen Faktoren in der hinreichenden Erfolgsbedingung[150] enthalten sind,[151] da nicht nur ein überflüssiges Element „als notwendig“, sondern auch ein notwendiges Element „als überflüssig“ aus der hinreichenden Bedingung herausgezogen werden könnte.[152] Die hinreichende Erfolgsbedingung nach dem allgemeinen Kausalgesetz müsse eine Mindesterfolgsbedingung sein. Wenn die Überflüssigkeit nicht durch die „Wegdenk-Methode“ der conditio-Formel behoben wird, tritt dasselbe Problem auf wie bei Verwendung der conditio-Formel, da die eine überflüssige Ursache „durch die andere ersetzt wird“ und daher Nicht-Ursache ist.[153] Aus diesen Gründen gelangt *Puppe* zu ihrer eigenen Lehre, dergemäß eine Einzelursache für den Erfolg dann ursächlich ist, wenn sie „nur ein notwendiger Bestandteil[154] einer nach allgemeinen empirischen Gesetzen hinreichenden und wahren [...] Mindestbedingung“ ist.[155]

Um die unbedeutenden überflüssigen Faktoren rein negativ auszuscheiden, verwendet *Puppe* die „Wegdenk-Methode“ der conditio-Formel.[156] Die Überflüssigkeit einer Handlung in der hinreichenden Erfolgsbedingung wird dahingehend überprüft, ob die Handlung für den Erfolg noch ausreicht, auch wenn jene erstere aus der Bedingung hinweggedacht wird. *Puppe* erklärt, dass der Unterschied zwischen der conditio-Formel und ihrer Lehre von der hinreichenden Mindestbedingung jedoch darin besteht, dass bei deren Verwendung

---

150 Puppe, ZStW 92 (1980), 863 (876); dies., GA 2004, 129 (137): nämlich „mehrfach vertretene Ursache“ bzw. „alternative Kausalität“.

151 Puppe, ZStW 92 (1980), 863 (875), (878); dies., NK-StGB, Vor §§ 13 ff., Rn. 104.

152 Puppe, NK-StGB, Vor §§ 13 ff., Rn. 104.

153 Puppe, ZStW 92 (1980), 863 (876 ff.); dies., GA 2004, 129 (138 f.).

154 Im „Lederspray“-Fall sei die Unterlassung des Rückrufs ein notwendiger Bestandteil der hinreichenden Bedingung für den Verletzungserfolg, da die Einzelhändler im Falle des Rückrufs gesetzlich verpflichtet sind, das Produkt nicht mehr zu verkaufen, und da diese Pflichterfüllung anerkannt werden muss, solange die Pflichtverletzung der anderen Beteiligten nicht tatsächlich eintritt. (Puppe, Erfolgszurechnung, 2000, S. 52 f.)

155 Puppe, ZStW 92 (1980), 863 (875), (878); dies., ZStR 107 (1990), 141 (151); dies., GA 2010, 551 (555 ff.); dies., NK-StGB, Vor §§ 13 ff., Rn. 102; Neumann, GA 2008, 463 (464); Jäger, FS-Maiwald, 345 (353 ff.).

156 Puppe, NK-StGB, Vor §§ 13 ff., Rn. 110a: Die conditio-Formel und „die Bestimmung der Einzelursache als notwendiger Bestandteil einer hinreichenden Minimalbedingung“ seien insofern gleich, als *alle kausalen Erfolgsbedingungen* als Einzelursachen anerkannt werden und nicht zwischen Ursachen und bloßen kausalen Bedingungen unterscheiden.

ein Faktor nicht aus der Welt hinweggedacht wird,[157] sondern aus „einer fertig projektierten kausalen Erfolgserklärung“.[158] Ihre Lehre unterscheidet sich auch von der conditio-Formel darin, dass ihr Kriterium nicht in der Feststellung des entfallenden Erfolgs liegt, sondern in der Schlüssigkeit der kausalen Erfolgserklärung ohne die nach allgemeinen Gesetzen beurteilte Ursache, die sich aus vielen „einen bestimmten Erfolg zusammen bedingende[n] Faktoren“[159] zusammensetzt.[160]

Mit ihrer Lehre versucht sie, das Problem der Mehrfachkausalität[161] im „Lederspray“-Fall zu lösen: Alle vier Mitglieder des Gremiums, deren Beschluss mit einfacher Mehrheit getroffen wird, stimmen einstimmig gegen Rückruf. Die Mindestbedingung spiele hier keine Rolle, da sie von den für die Beschlussfassung erforderlichen Mindeststimmen abhängt.[162] Es gibt jedoch noch mehr Stimmen als drei Stimmen für die Beschlussfassung mit der Mindestmehrheit, so dass jede Stimme innerhalb dieser Mindestbedingung notwendig ist. Dies ist auf mehrere hinreichende Bedingungen[163] zurückzuführen, unter denen sowohl gemeinsame[164] als auch verschiedene Elemente[165] existieren könnten. Die mehrfach vertretenen Ursachen könnten „selbst sich teilweise decken“. Daher könne im „Lederspray“-Fall die Mindestbedingung teilweise die gleichen Stimmabgaben enthalten, weil eine Mehrheit nach dem Erfahrungssatz nicht anderweitig

157 Vgl. Kraatz, Die fahrlässige Mittäterschaft, 2006, S. 335: Wird ein Faktor bei der Anwendung der conditio-Formel aus allen Faktoren der Welt hinweggedacht, gibt es logischerweise viele relevante Ersatzursachen, zwischen denen es keine Unterscheidung geben kann.

158 Puppe, NK-StGB, Vor §§ 13 ff., Rn. 106.

159 Vgl. Kraatz, Die fahrlässige Mittäterschaft, 2006, S. 335.

160 Puppe, NK-StGB, Vor §§ 13 ff., Rn. 106.

161 Eine Mehrfachkausalität (bzw. Doppelkausalität) besteht bspw. in dem Bedingungsverhältnis zwischen mehreren gleichzeitigen Schützen eines Erschießungskommandos und dem Tod des Opfers oder zwischen der Ableitung jeweils einer hinreichenden Menge giftiger Abwässer durch mehrere Fabriken und dem Fischsterben. Hierbei haben die „mehreren hinreichenden und wahren Erfolgsbedingungen“ teilweise verschiedene notwendige Bestandteile. (Puppe, NK-StGB, Vor §§ 13 ff., Rn. 108)

162 Puppe, GA 2004, 129 (138 f.); dies., NK-StGB, Vor §§ 13 ff., Rn. 108.

163 Puppe, GA 2004, 129 (138); dies., NK-StGB, Vor §§ 13 ff., Rn. 104.

164 Puppe, GA 2004, 129 (138): z.B. der Aufenthaltsort des Opfers zum Zeitpunkt des Erfolgseintritts.

165 Diese verschiedenen Elemente sind nicht notwendig, weil sie sich in der hinreichenden Bedingung gegenseitig ersetzen können. (Vgl. Puppe, NK-StGB, Vor §§ 13 ff., Rn. 104, 108)

gefasst werden kann.[166] Die Rolle der Wegdenk-Methode sei, hier zu bestätigen, dass die Kausalerklärung nach den allgemeinen Gesetzen ohne die Ursache immer noch möglich ist. Eine Stimme jedes Beteiligten wird daher mit zwei „*beliebigen*" anderen zusammengefasst, und dann kann die Stimme jedes der vier Angeklagten nicht hinweggedacht werden, „ohne dass die Mehrheit entfiele".[167]

III. Vorläufiges Ergebnis

Einige Autoren vertreten die wechselseitige Zurechnung aller Ja-Stimmen unter die Annahme fahrlässiger Mittäterschaft, da das Kausalitätsproblem bei der Kollegialentscheidung nach den oben beschriebenen Ansätzen nicht zufriedenstellend gelöst werden kann. In dieser Konstellation erblicken *Beulke/Bachmann* die praktische Bedeutung der Annahme fahrlässiger Mittäterschaft. Sie analysieren, dass der BGH hier fahrlässige Mittäterschaft einsetzt, um alle Beteiligten zu bestrafen.[168] *Brammsen* weist darauf hin, dass der BGH bei der sog. kumulativen Kausalität den Grundsatz „strafrechtlicher Handlungsverantwortlichkeit" auf die Unterlassungshaftung überträgt. Selbst wenn der Erfolg „nur durch das Zusammenwirken mehrerer Beteiligter" eintreten kann, bestimme der BGH die Kausalität jeder unterlassenen Beitragssetzung wie bei der Anwendung fahrlässiger Mittäterschaft.[169] Viele Autoren bejahen diese Rechtsfigur aufgrund der theoretischen Komplexität der Bestrafung aller Beteiligten.

C. Kumulative Kausalität

Diese, hier an dritter Stelle zu untersuchende Konstellation liegt in gewisser Weise zwischen den zwei vorherigen. Wie schon gesehen (B. II. 1.), liegt kumulative Kausalität dann vor, wenn mehrere unabhängig voneinander pflichtwidrige Handlungen zusammentreffen und erst deren Summe zum Erfolg führt.[170] An sich stellt sich bei der kumulativen Kausalität nicht die begriffliche Frage, ob die einzelnen Handlungen als kausal eingestuft werden können; dies ist bereits nach der conditio-Formel eindeutig zu bejahen. Die Schwierigkeiten liegen aber auf

---

166 Puppe, GA 2004, 129 (139).

167 Puppe, GA 2004, 129 (139) (Hervorhebung durch Verfasser).

168 Beulke/Bachmann, JuS 1992, 737 (744): Wird diese Rechtsfigur nicht anerkannt, übernehmen Beulke/Bachmann auch mit der modifizierten conditio-Formel die Lösung des Problems der Quasi-Kausalität.

169 Brammsen, Jura 1991, 533 (537).

170 Lenckner, Sch/Sch-StGB, Vor §§ 13 ff., Rn. 83; Maurach/Zipf, AT I, § 18, Rn. 56.

der empirischen Ebene; je mehr Involvierte, desto undurchschaubarer wird die Sachlage, desto weniger lässt sich klären, was jeder getan hat und vor allem, ob das, was er getan hat, überflüssig war oder nicht, so dass es praktisch zu einer Sachlage kommt, in der sich die o. A. angesprochenen Beweisprobleme und die o. B. angesprochenen begrifflichen Probleme zugleich stellen.

I. „Love Parade“-Fall

Der Unfall bei der „Love Parade“[171] im Jahr 2010 in Duisburg ist für die jetzige Konstellation repräsentativ. Ein Engpass im Eingangsbereich der Loveparade hat zum Tod von 21 Menschen und zur Verletzung von 652 Menschen geführt. Als Ursache dieser Katastrophe wurde fahrlässiges Zusammenwirken zwischen dem privaten Personal des Eventveranstalters, den Mitarbeitern der Stadtverwaltung und den Polizeibeamten angesprochen. Aufgrund von Schwierigkeiten, die insb. für die Kausalitäts- und Zurechnungsfragen relevanten Tatsachen aufzuklären, wurde das Verfahren durch Einstellung erledigt.[172]

Möglicherweise hätte hier die Figur der fahrlässigen Mittäterschaft über die Beweisschwierigkeiten hinweghelfen können; so verhielt es sich nämlich bei den folgenden Fällen in Korea, wo die Probleme durch Anwendung dieser Rechtsfigur gelöst wurden.

II. „Zusammenbruch des Sampoong-Kaufhauses“-Fall[173] in KOR

Am 29. Juni 1995 gegen 18 Uhr ist das Sampoong-Kaufhaus in Seoul, Südkorea, komplett zusammengebrochen. Dabei waren viele Kunden in der Lebensmittelabteilung im Keller. Mehr als 500 Menschen sind gestorben; 930 Menschen wurden verletzt. Bereits einige Tage davor erkannte man einen Riss in der Decke des fünften Stockwerkes. Trotzdem haben sich die Verantwortlichen entschlossen, das Kaufhaus normal zu betreiben.

---

171 Vgl. Duttge, FS-Yamanaka, 29 (31 ff.); Große-Wilde, ZIS 2017, 638 (638 ff.).

172 Die Polizeibeamten konnten sich damit verteidigen, dass sie wegen ihrer subsidiären Verpflichtung gegenüber privaten Veranstalter nicht für generelle Fehlplanungen und fehlerhafte organisatorische Leitungen verantwortlich sind. Die Mitarbeiter der Stadtverwaltung konnten sich durch „Expertise des privaten Veranstalters“, „Fehlverhalten der Polizeikräfte“ und „unvernünftiges Verhalten der Besucher“ entlasten. (Vgl. Duttge, FS-Yamanaka, 29 (32))

173 Vgl. korOGH Urteil vom 23.8.1996, 96do1231, in: Gerichtsblatt 1996 zweiter Halbband, S. 2937 f.; Trivialname nach Kim, Mittäterschaft beim Fahrlässigkeitsdelikt, 2001, S. 328 f.

Es wurde festgestellt, dass die Pflichtwidrigkeiten mehrerer Beteiligter – des Vorsitzenden und mehrerer Geschäftsführer des Bauunternehmens, Arbeiter und ihrer Vorgesetzten, Beamter der Bauaufsichtsbehörde und der Architekten – den Unfall verursacht haben, da alle Beteiligten auf unterschiedlichen Stufen für Bau und Erhaltung des Gebäudes[174] verantwortlich waren. Die Beteiligten wurden als fahrlässige Mittäter für fahrlässige Körperverletzung und fahrlässige Tötung im Beruf gem. §§ 30, 268 korStGB[175] bestraft.

III. „Einsturz der Songsu-Brücke"-Fall[176] in KOR

Am 21. Okt. 1994 gegen 7 Uhr ist die Songsu-Brücke über den Han-Fluss in Seoul, Südkorea, eingestürzt, so dass ein Bus und fünfzehn Personenwagen aus zwanzig Metern Höhe in den Fluss stürzten. Bei diesem Unfall sind 32 Menschen gestorben und wurden 17 Menschen verletzt.

Als Unfallursachen wurden nachlässige Bauarbeiten, Korruption und mangelnde Sicherheitsüberprüfungen ermittelt. Die Verkehrsbelastung für die Brücke war zu hoch, und wegen dieser extremen Belastung ist ein Verbindungsstück geborsten.

Die Beteiligten, der Vorsitzende des Bauunternehmens, die Aufseher auf dem Bauplatz und die Beamten der Baubehörde, die die Bauarbeiten genehmigt hatten und für die Erhaltung der Brücke zuständig waren, wurden als fahrlässige Mittäter für fahrlässige Körperverletzung und fahrlässige Tötung im Beruf gem. §§ 30, 268 korStGB bestraft.

IV. Bemerkungen zu den Entscheidungen

Der korOGH hat diese Konstellationen zu Recht als kumulative Kausalität verstanden. Die Beteiligten haben das Objekt gemeinsam gebaut und erhalten. D.h.

---

174 Insb. wurden „unangemessene Planung des Gebäudebaus, mangelhafter Entwurf, ordnungswidrige Kontrolle des Bauvorgangs, die sorgfaltswidrige Erhaltung des Gebäudes" erwähnt. (korOGH Urteil vom 23.8.1996, 96do1231)

175 § 30: Begehen mehrere als eine Person ein Delikt gemeinschaftlich, so wird jeder als Täter des Delikts bestraft.
§ 268: Wer durch Fahrlässigkeit im Beruf oder grobe Fahrlässigkeit den Tod oder die Körperverletzung eines Menschen verursacht, wird mit Freiheitsstrafe bis zu fünf Jahren oder mit Geldstrafe bis zu 20Millionen Won bestraft.

176 Vgl. korOGH Urteil vom 28.11.1997, 97do1740, in: Gerichtsblatt 1998, erster Halbband, S. 184 ff.; Trivialname nach Kim, Mittäterschaft beim Fahrlässigkeitsdelikt, 2001, S. 329 f.

ihnen war „eine allseitige Sorgfaltspflicht für die Sicherheit“[177] auferlegt. Der Einsturz des Sampoong-Kaufhauses bzw. der Songsu-Brücke sei daher nicht auf die fahrlässige Handlung eines Einzigen unter ihnen zurückzuführen, sondern auf die kumulative Pflichtwidrigkeit aller Beteiligten,[178] einschließlich der fahrlässigen Handlungen und Unterlassungen. Hierbei hat der korOGH die Kausalitäts- und Zurechnungsprobleme unter der Annahme fahrlässiger Mittäterschaft leicht gelöst.

Der korOGH nimmt fahrlässige Mittäterschaft an.[179] Der Begriff von „Straftat“ in § 30 korStGB umfasse auch fahrlässige Straftaten, so dass die Mittäterschaft in der Kombination von vorsätzlicher und fahrlässiger Straftat sowie in Form von Tun und Unterlassen zustande kommen könne. Entscheidend sei, ob zwischen den Beteiligten eine ausdrückliche oder stillschweigende Willensvereinbarung oder eine gegenseitige Verständigung besteht und ob sie danach gemeinsam handeln. Hier komme es auf die Ausführung gemeinsamer Handlungen an, nicht auf die Begehung gemeinsamer Straftaten.

Die beiden Fälle betreffen die Verstöße mehrerer Beteiligter gegen die Sorgfaltspflichten. Ein Verstoß durch eine fahrlässige Handlung eines von ihnen führt zum Erfolg „nur im Zusammenwirken“ mit anderen Verstößen.[180] Hierbei liegt der kumulative Kausalzusammenhang vor. Die kumulative Kausalität kann aber ohne weiteres durch die conditio-Formel bestimmt werden, indem die Formel so angewendet wird, dass „keiner der Beiträge hinweggedacht werden kann, ohne dass der Erfolg entfiele“,[181] weil nicht jede Handlung für sich allein zum Erfolg führen kann. D.h., aus Gründen der Kausalität müsste keine fahrlässige Mittäterschaft eingeführt werden.

Es bleibt deshalb unklar, ob es der Konstruktion bedurft hatte; dennoch macht fahrlässige Mittäterschaft es dem Beschuldigten unmöglich, sich darauf zu berufen, dass sein Beitrag möglicherweise überflüssig gewesen sei, so dass ihr auch hier eine strafbarkeitserleichternde Funktion zukommt.

---

177 Kim, Mittäterschaft beim Fahrlässigkeitsdelikt, 2001, S. 329.

178 korOGH Urteil vom 28.11.1997, 97do1740, in: Gerichtsblatt 1998, erster Halbband, S. 184 ff.: Der Eintritt des Unfalls aufgrund dieser kumulativen Pflichtwidrigkeit sei leicht vorhersehbar.

179 Vgl. auch korOGH Urteil vom 21.08.1979, 79do1249; 08.06.1982, 82do 781.

180 Vgl. Walter, LK-StGB, Vor §§ 13 ff., Rn. 75.

181 Vgl. Weißer, Kollegialentscheidungen, 1996, S. 109 f.; Walter, LK-StGB, Vor §§ 13 ff., Rn. 75; Jakobs, AT, 7/20.

D. Zwischenfazit

Durch die Analyse der problematischen Konstellationen bei fahrlässigem Zusammenwirken konnte das zu lösende Problem näher beschrieben werden. Zugleich ließ sich die Erkenntnis gewinnen, dass die Unterlassungsdogmatik aus verschiedenen Gründen keine tragfähige Lösung für die hiesigen Problemfelder bietet.

Teil 3 Die Konzepte fahrlässiger Mittäterschaft

A. Allgemeines

Im Hinblick auf die Rechtfertigung fahrlässiger Mittäterschaft werden hier die verschiedenen Ansätze der Befürworter fahrlässiger Mittäterschaft kritisch analysiert. Diese zeigen auch ihre Versuche, auf Kritik von Gegnern fahrlässiger Mittäterschaft zu reagieren. Gegen das Argument, dass bei fahrlässigem Zusammenwirken ein gemeinsamer Tatentschluss fehlt,[182] legen die Befürworter eine andere „Gemeinsamkeit" für fahrlässige Mittäterschaft gemäß den Tatbestandsmerkmalen der Fahrlässigkeitsdelikte anstelle des gemeinsamen Tatentschlusses fest. So sollen im Folgenden die Vorschläge von *Otto*, der auf eine gemeinschaftliche Risikoerhöhung abstellt, von *Weißer*, die an eine gemeinschaftliche Sorgfaltspflicht anknüpft, und von *Kamm*, für die es auf ein notwendiges Zusammenwirken ankommt, diskutiert werden.

B. Begründungen der Gemeinschaftlichkeit ohne gemeinsamen Tatplan

I. Die gemeinschaftliche Gefahrbegründung oder -erhöhung (Otto)

1. Darstellung

Otto findet eine andere Gemeinsamkeit für fahrlässige Mittäterschaft in der gemeinschaftlichen Gefahrbegründung oder -erhöhung.[183] Das Bewusstsein, dass die Beteiligten durch das arbeitsteilige Zusammenwirken mit anderen eine Gefahr begründen oder erhöhen,[184] könne den gemeinsamen Tatplan für

---

182 Bottke, GA 2001, 463 (474); Puppe, GA 2004, 129 (131); dies., ZIS 2007, 234 (236), (241); Gropp, GA 2009, 265 (272 f.); Jäger, AT, Rn. 366.

183 Otto, Jura 1990, 47 (49); ders., FS-Spendel, *271* (282 f.).

184 Auch *Dencker, Kausalität und Gesamttat, 1996, S. 176 f.;* Weißer, Kollegialentscheidungen, 1996, S. 146 ff.; dies., JZ 1998, 230 (233); *Renzikowski, Restriktiver Täterbegriff, 1997, S. 284;* Kamm, Die fahrlässige Mittäterschaft, 1999, S. 200, 209; *Bindokat, JZ 1979, 434 (434);* Krit.: *Ransiek, Unternehmensstrafrecht, 1996, S. 70; Hilgendorf, NStZ 1994, 561 (563): Unentbehrlichkeit eines gemeinsamen Tatentschlusses.*

(vorsätzliche) Mittäterschaft ersetzen. *Otto* fordert hierbei, dass die Beteiligten die Realisierung der Gefahr vorhersehen können. Die Gefahr, d.h. der tatbestandliche Erfolg müsse ihnen jedoch nicht bekannt sein.[185] Ist diese Voraussetzung erfüllt, müsse die individuelle Kausalität für den Erfolg nicht wie bei vorsätzlicher Mittäterschaft festgestellt werden.[186]

Anhand des „Balkenwurf"-Falls[187] versucht er zu zeigen, wie praktisch die Annahme fahrlässiger Mittäterschaft ist. Es gebe keinen Unterschied zwischen einem Fall (Fall 1), in dem zwei Personen von einem Dachstuhl sorgfaltswidrig einen Balken „gemeinsam" auf die Straße hinabwerfen und ein Passant von den Balken getötet wird, und einem anderen Fall (Fall 2), in dem in der gleichen Situation jeder einen Balken nicht „gemeinsam", sondern „jeweils nacheinander" hinabwirft und somit ein gleicher Erfolg verursacht wird, aber wie im „Rolling-Stones"-Fall nicht festgestellt werden kann, wessen Balken ihn verursacht hat. Daher könnten beide auch im Fall 2 wegen § 222 StGB als Mittäter bestraft werden.

Hingegen urteilen die Gegner fahrlässiger Mittäterschaft, dass im Fall 1 jeder der beiden als Nebentäter bestraft werden könnte.[188] Im Fall 2 könnte jeder nach dem »in dubio pro reo«-Prinzip freigesprochen werden. Hierbei versuchen einige der Gegner durch die Vorverlagerung des Schuldvorwurfs bei Fahrlässigkeitsdelikten oder durch das Unterlassen der Sicherungsmaßnahmen jeden als Nebentäter zu bestrafen.

2. *Kritik*

Die Befürworter begründen fahrlässige Mittäterschaft damit, dass mehrere Beteiligte, die zu dem durch das Handlungsprojekt konstituierten Kollektiv gehören, wechselseitig gemeinschaftlich einen Erfolg verursachen. Der Zweck des § 25 Abs. 2 StGB bestehe darin, dass das Verhalten des konstituierten

185 Otto, FS-Spendel, *1992, 271* (282); vgl. auch Böhringer, Fahrlässige Mittäterschaft, 2017, S. 99.

186 Otto, Jura 1990, 47 (49); ders., FS-Spendel, *271* (282): Hier erwähnt er den Grund nicht ausführlich.

187 v.Frank, Das Strafgesetzbuch, § 47, Anm. III.; auch Exner, FG-v.Frank, 569 (572); Otto, Jura 1990, 47 (49); ders., FS-Spendel, *271* (282 f.); Jescheck/Weigend, AT, § 61 VI, S. 654 f.

188 Böhringer, Fahrlässige Mittäterschaft, 2017, S. 304: wegen der rechtlich missbilligten Gefahrschaffung durch die gemeinsame vorgenommene Handlung jedes Einzelnen; Jescheck/Weigend, AT, § 61 VI, S. 654 f.

Kollektivs jedem Mittäter zuzurechnen ist.[189] Bei fahrlässigem Zusammenwirken kann zwischen den Beteiligten kein Einverständnis über das fahrlässige tatbestandliche Handeln vorliegen. Die Befürworter gehen daher davon aus, dass dieses Einverständnis für fahrlässige Mittäterschaft nicht erforderlich ist, da die Kenntnis des fahrlässigen tatbestandlichen Handelns bei Fahrlässigkeitsdelikten nicht erforderlich ist.

Das Strafrecht unterscheidet nicht zwischen bewusster und unbewusster Fahrlässigkeit, und die Strafbarkeit beider wird gleichmäßig behandelt.[190] Fahrlässige Mittäterschaft sollte auch die Handlung unbewusster Fahrlässigkeit abdecken. *Otto* ist daher gezwungen, einen Ausgangspunkt für fahrlässige Mittäterschaft in der Gemeinsamkeit des Merkmals des Schuldvorwurfs wegen unbewusster Fahrlässigkeit zu finden. Das Bewusstsein, dass das arbeitsteilige Zusammenwirken eine Gefahr begründet oder erhöht, sei ausreichend. Es sollte jedoch darauf hingewiesen werden, dass dieses Bewusstsein die gravierende Rechtsfolge der gegenseitigen Zurechnung aus normativer Sicht kaum rechtfertigen kann.[191] Denn das Ziel der Gemeinschaftlichkeit und Arbeitsteilung liegt nicht in gefährlichem Verhalten[192] und das jeweilige innere Bewusstsein jedes Täters existiert nur nebeneinander. Dieses innere Bewusstsein ist nicht nach außen gerichtet. Es könnte dann nicht gerechtfertigt werden, dass die Mitwirkenden den gravierenden Schuldvorwurf erdulden müssen. Auch die Risikoerhöhung kann die gegenseitige Zurechnung nicht rechtfertigen, sondern nur die Notwendigkeit der Strafbarkeit aller Beteiligten erklären.[193]

Die Zusammenarbeit bringt die Gefahrbegründung und -erhöhung mit sich. Das von *Otto* geforderte Bewusstsein wird immer dann erfüllt, wenn die Beteiligten nur wissen, dass sie mit anderen zusammenarbeiten. Unter der Annahme der kausalitätsersetzenden Funktion des § 25 Abs. 2 StGB könnte dies dazu

---

189 Böhringer, Fahrlässige Mittäterschaft, 2017, S. 305: Er beschreibt dies als Umweg über das Handlungsprojekt.

190 Näheres hierzu vgl. Teil 4 B VI 1 b) bb), Teil 4 B VI 2; auch Kraatz, Die fahrlässige Mittäterschaft, 2006, S. 251 f., 285 ff., 368; Kretschmer, Jura 2000, 267 (269); Jescheck/Weigend, AT, § 54 II 1, S. 568: „kein Stufenverhältnis" nach dem Schuldgehalt zwischen ihnen.; Roxin/Greco, AT I, § 24, Rn. 68: Auf der Strafzumessungsebene sei die Unterscheidung von Bedeutung.; Wessels/Beulke/Satzger, AT, § 18 II 2, Rn. 1107.

191 Ebenso Murmann, S/S/W-StGB, § 25, Rn. 35.

192 Murmann, S/S/W-StGB, § 25, Rn. 35: Die Beteiligten würden auf den guten Ausgangvertrauen.

193 Näheres hierzu Teil 4 B VI 1 f) bb).

führen, dass die Bestrafung des fahrlässigen Mittäters leichter zu begründen ist als die des fahrlässigen Alleintäters.

II. Die Verletzung einer gemeinschaftlichen Sorgfaltspflicht (Weißer)

1. Darstellung

Weißer geht von einer grundlegenden Strukturverschiedenheit zwischen Vorsatz- und Fahrlässigkeitsdelikten aus. Hiermit widerspricht sie dem Vorwurf einer „unzulässigen Durchbrechung" von Vorsatz- und Fahrlässigkeitssystem. Die Täterschaftskriterien bei Vorsatzdelikten sollte nicht unberechtigterweise auf fahrlässige Straftaten übertragen werden.[194]

Sie erblickt die andere, d.h. von einem gemeinsamen Tatentschluss unabhängige, Gemeinsamkeit in der Verletzung einer gemeinschaftlichen Sorgfaltspflicht anstelle des gemeinsamen Tatplans. Es sei darüber hinaus nicht erforderlich, dass die Sorgfaltswidrigkeit den Beteiligten bewusst sei, womit die unbewusste Fahrlässigkeit in die Gemeinsamkeit aller Beteiligten einbezogen werden kann. Für den subjektiven Aspekt fahrlässiger Mittäterschaft reiche es aus, sich bewusst zu sein, dass die Beteiligten im Moment des Sorgfaltspflichtverstoßes gemeinsam handeln oder unterlassen.[195]

Auf dieser Grundlage schlägt sie neue Voraussetzungen für fahrlässige Mittäterschaft vor, die aus drei Kriterien bestehen, einem objektiven, einem subjektiven und einem negativen.[196]

1) Das objektive Kriterium: Das rechtlich missbilligte Risiko muss durch arbeitsteiliges Zusammenwirken der Täter geschaffen werden, wobei die Verletzung der ihnen auferlegten objektiv gleichen Sorgfaltspflichten für dasselbe Rechtsgut mit der jeweiligen Vorhersehbarkeit auftritt.[197] Nur wenn die gemeinschaftliche Verletzung der „in gleicher Weise und in gleichem Umfang zu erfüllenden" Sorgfaltspflicht der Beteiligten vorliegt, gehe es für alle um dasselbe Delikt.[198]

---

194 Weißer, JZ 1998, 230 (232).

195 Weißer, JZ 1998, 230 (233).

196 Weißer, Kollegialentscheidungen, 1996, S. 156; dies., JZ 1998, 230 (232 f.); Heine/Weißer, Sch/Sch-StGB, Vor §§ 25 ff., Rn. 114.

197 Weißer, JZ 1998, 230 (236 f.); Heine/Weißer, Sch/Sch-StGB, Vor §§ 25 ff., Rn. 115.

198 Weißer, JZ 1998, 230 (236).

2) Das subjektive Kriterium: Den Beteiligten muss bekannt gewesen sein, dass sie im Moment des Sorgfaltspflichtverstoßes gemeinsam handeln bzw. unterlassen.[199] Dies unterscheidet sich nicht wesentlich von *Otto*s Anforderung. Der Gegenstand, der ihnen bekannt gewesen sein muss, sei nicht die Sorgfaltswidrigkeit, sondern das „äußere gemeinsame Handeln".[200]
3) Das negative Kriterium betrifft die Pflichtenstellung der Beteiligten. Wenn die Pflichtenstellungen gegenüber dem Rechtsgut unterschiedlich sind, gebe es kein Bewusstsein für die Gemeinschaftlichkeit.[201]

2. *Kritik*

Es ist zu beachten, dass *Weißer*s Ansatz zu Unklarheiten bei der Anwendung führt. Zunächst bleibt ungeklärt, was die „in gleicher Weise und in gleichem Umfang zu erfüllende" Sorgfaltspflicht bedeutet. *Weißer* weist lediglich darauf hin, dass sie sich um die „gleichartige[] Pflichtenstellung im Hinblick auf die bestehende Sorgfaltsanforderung" handelt.[202] Infolgedessen wandelt ihr Ansatz fahrlässige Begehungsdelikte in fahrlässige Unterlassungsdelikte um.[203] Dann sollte die Anerkennung fahrlässiger Mittäterschaft auf sehr wenige Fälle beschränkt werden.[204] Abgesehen von der Unklarheit der gemeinsamen Sorgfaltspflicht sollte v.a. berücksichtigt werden, dass jede rechtliche Pflicht sich auf ihren, jeweils einzelnen Adressaten bezieht. Es ist schwer ersichtlich, was die gemeinsame Sorgfaltspflicht also bedeuten soll, außer dass Mehreren das gleiche Verhalten zur Pflicht gemacht wird. Insofern gilt »Jeder versagt für sich allein«.[205]

Wenn dieser Ansatz auf den „Balkenwurf"-Fall[206] 2 angewendet wird, ist es zweifelhaft, dass die Beteiligten als fahrlässige Mittäter bestraft werden könnten. Wird es auf spezifische Fälle angewendet, z.B. wenn der eine Balken vor und der andere zwar zum darauf folgenden Zeitpunkt, aber nach Sonnenuntergang

---

199 Weißer, JZ 1998, 230 (233).

200 Weißer, Kollegialentscheidungen, 1996, S. 156; Heine/Weißer, Sch/Sch-StGB, Vor §§ 25 ff., Rn. 116.

201 Heine/Weißer, Sch/Sch-StGB, Vor §§ 25 ff., Rn. 117: bei einem Garanten und einem Nichtgaranten bzw. bei einem Amtsträger und einem Extraneus.

202 Weißer, JZ 1998, 230 (236).

203 Krit. an dieser Ansicht bereits Teil 2 A III 3.

204 Renzikowski, Restriktiver Täterbegriff, 1997, S. 284: Für fahrlässige Mittäterschaft reiche nur eine gemeinschaftliche Gefahrbegründung aus, wie Otto.; Becker, Die sogenannte additive Mittäterschaft, 2009, S. 178.

205 Puppe, GA 2004, 129 (135).

206 Vgl. o. Teil 3 B I 1.

hinabgeworfen wird, oder wenn die Art bzw. das Gewicht der Balken sich erheblich unterscheidet, ist unklar, ob die von *Weißer* geforderte Voraussetzung, nämlich die Verletzung der objektiv gleichen Sorgfaltspflicht für dasselbe Rechtsgut, erfüllt wäre. Wird *Weißer*s Modell auf den „Balkenwurf"-Fall 1 angewendet, könnte die Voraussetzung sicherlich erfüllt werden. Wie bereits erwähnt, ist fahrlässige Mittäterschaft im Fall 1 jedoch nicht erforderlich.

Es sollte auch auf die Ausweitung der Bestrafung hingewiesen werden, da ihr Ansatz fahrlässige Mittäterschaft nur durch das individuelle innere Bewusstsein rechtfertigt.

Schließlich sollte auch das negative Kriterium kritisiert werden, weil sich § 25 Abs. 2 StGB nicht auf täterbezogene Merkmale bezieht.

III. Notwendiges Zusammenwirken (Kamm)

1. Darstellung

Kamm stützt die Gemeinschaftlichkeit auf drei Kriterien:

1) Der Eintritt oder die Verhinderung des tatbestandlichen Erfolgs hängt von dem Zusammenwirken der Beteiligten ab. Dieses Kriterium sei auch erfüllt, wenn mehr Personen an dem Geschehen beteiligt sind als objektiv erforderlich. Genauer gesagt sollte der Eintritt des tatbestandlichen Erfolgs nur durch die Beteiligung von „mehr als einer Person" möglich sein.[207] Nach dieser Voraussetzung kann man im „Rolling-Stones"-Fall nur dann eine fahrlässige Mittäterschaft bejahen, wenn die Beteiligten nicht jeden Stein einzeln hinabrollen, sondern „einen nur von mehreren Personen zu bewegenden Stein" gemeinsam hinabrollen. *Kamm* beschreibt diesen abgewandelten Fall als Beispiel für Begehungsdelikte und den von *Otto* angegebenen „Theaterbrand"-Fall[208] als Beispiel für Unterlassungsdelikte. Im letzteren Fall sei die Voraussetzung erfüllt, weil der Brand nur vermieden werden könnte, wenn ein Theaterdirektor, der verpflichtet ist, die Löschanlage mit Wasser zu füllen, und ein diensthabender Feuerwehrmann, der seinen Dienst wegen Trunkenheit beim Brand nicht leisten kann, ihre Pflichten erfüllen würden.[209] Es sollte jedoch darauf hingewiesen werden, dass in diesem Fall eine zeitliche und qualitative Unabhängigkeit der beiden Tatbeiträge besteht.[210]

207 Kamm, Die fahrlässige Mittäterschaft, 1999, S. 203 f., 209, 220 f.
208 Otto, AT, § 21, Rn. 119; bereits o. Teil 2 A I 3.
209 Kamm, Die fahrlässige Mittäterschaft, 1999, S. 189 f.
210 Ebenso Knauer, Kollegialentscheidung, 2001, S. 199.

2) Die Beteiligten müssen sich der Gemeinsamkeit ihrer Handlungen bzw. Unterlassungen und der Umstände bewusst sein,[211] unter denen „der ungewollte Erfolg allein durch das Zusammentreffen der jeweiligen Verhaltensweisen verwirklicht werden kann".[212] Diese subjektive Voraussetzung unterscheidet sich nicht von der von *Weißer*.
3) Die Beteiligten müssen jeweils ihre objektiv geforderten Sorgfaltspflichten verletzen.[213] Wenn festgestellt wird, dass der einzelne Tatbeitrag nach der „Wegdenk-Methode" sämtlicher überschüssiger Tatbeiträge aus der conditio-Formel unverzichtbar ist, habe er eine „mittäterschaftsbegründende Wirkung".[214] *Kamms* Ansatz zielt eindeutig darauf ab, dass die Kausalität des einzelnen Tatbeitrags aufgrund der Funktion des § 25 Abs. 2 StGB nicht festgestellt werden muss.[215] Wie *Kamm* selbst erwähnt, schlägt sie diese Voraussetzung vor, um typische Kollegialentscheidungsprobleme im Zusammenhang mit der strafrechtlichen Produkthaftung und den verschiedenen Entscheidungen in Gemeinderäten oder Richtergremien zu lösen.[216]

2. *Kritik*

Wenn diese Kriterien auf den „Balkenwurf"-Fall 2 angewendet werden, kann die fahrlässige Mittäterschaft aufgrund des Fehlens der Notwendigkeit des Zusammenwirkens (Kriterium 1) nicht begründet werden. Auch im „Balkenwurf"-Fall 1 könnte fahrlässige Mittäterschaft nur dann berücksichtigt werden, wenn der Balken nicht von einer Person geworfen werden kann.[217] Hierbei bejaht *Kamm* die Annahme fahrlässiger Mittäterschaft mithilfe der Risikoerhöhungstheorie[218] und mit der „Wegdenk-Methode", die wie die Lehre von der hinreichenden Mindestbedingung von *Puppe* erscheint,[219] selbst wenn vier Personen einen

211 Kamm, Die fahrlässige Mittäterschaft, 1999, S. 200 f., 209, 220 f.

212 Kamm, Die fahrlässige Mittäterschaft, 1999, S. 200, 220: Die Umstände rechtfertigen das wechselseitige Abhängigkeitsverhältnis der einzelnen Tatbeiträge.

213 Kamm, Die fahrlässige Mittäterschaft, 1999, S. 204 ff., 209, 220 f.

214 Kamm, Die fahrlässige Mittäterschaft, 1999, S. 209, 220 f.

215 Kamm, Die fahrlässige Mittäterschaft, 1999, S. 60 ff., 212, 220 f.

216 Kamm, Die fahrlässige Mittäterschaft, 1999, S. 212.

217 Vgl. Kamm, Die fahrlässige Mittäterschaft, 1999, S. 189.

218 Kamm, Die fahrlässige Mittäterschaft, 1999, S. 202 f.: Denn eine Risikoerhöhung ergibt sich aus der Notwendigkeit des Zusammenwirkens.

219 Kamm, Die fahrlässige Mittäterschaft, 1999, S. 206, Fn. 93: „[Wenn] man bei der Prüfung der Strafbarkeit des einzelnen die Tatbeiträge jeweils zweier Personen

Balken zusammenwerfen, den zwei Personen werfen könnten. Dieser Ansatz sollte jedoch dafür kritisiert werden, dass er nicht ihrem ersten Kriterium, der „Notwendigkeit des fahrlässigen Zusammenwirkens zur Herbeiführung bzw. Vermeidung des Taterfolgs als unabdingbare Voraussetzung fahrlässiger Mittäterschaft“, entspricht.[220]

Die Verwendung der „Wegdenk-Methode“ scheint auch auf ihre Verworrenheit zurückzuführen zu sein. Zunächst ist auf die willkürliche Anwendung der conditio-Formel hinzuweisen. *Kamm* erwähnt selbst, dass die Fälle auch nach der „Wegdenk-Methode“ unter fahrlässige Mittäterschaft subsumiert werden könnten, obwohl der Tatbeitrag des einzelnen i.S.d conditio–Formel nicht kausal ist.[221] Sie bestimmt die allgemeine Kausalität jedes Beteiligten mit der conditio–Formel, verwendet jedoch auch die Lehre von der hinreichenden Mindestbedingung, um ihr eigenes „Kriterium der Notwendigkeit weniger eng auszulegen“.[222] Sie gelangt zu dem Schluss, dass dieses Merkmal von Bedeutung ist, da es verlangt, dass der Eintritt bzw. die Verhinderung des tatbestandlichen Erfolgs vom Zusammenwirken der Beteiligten abhängen muss; m.a.W., dass „eine Person ohne die Mitwirkung anderer die Tat so nicht hätte begehen können“.[223] Dann könne jeder Mitwirkende, der die geschützten Rechtsgüter beschädigt, ein fahrlässiger Mittäter sein, weil der Schaden wesentlich durch das Zusammenwirken mehrerer Beteiligter verursacht wird. Hier sollte auch darauf hingewiesen werden, dass diese von *Kamm* festgelegte Voraussetzung fahrlässige Mittäterschaft im Hinblick auf die Funktion des Verzichts auf die Feststellung der individuellen Kausalität überflüssig macht. Denn wie *Kamm* selbst annimmt, ist jeder Beitrag jedes am notwendigen Zusammenwirken Beteiligten „ohnehin selbst erfolgskausal“,[224] und daher ist jeder Beteiligte bereits als Täter eingestuft.

Kamm geht von einem Wesensunterschied zwischen vorsätzlichen und fahrlässigen Straftaten aus. Ein Tatentschluss bei vorsätzlicher Mittäterschaft sollte daher durch ein anderes Merkmal bei fahrlässigem Zusammenwirken ersetzt werden. Auf dieser Grundlage stellt *Kamm* wie *Weißer* die Verletzung der objektiven Sorgfaltspflicht als Voraussetzung für fahrlässige Mittäterschaft dar, die

---

[wegdenkt], wäre dessen Tatbeitrag zusammen mit dem verbleibenden Tatbeitrag der anderen Person für den Eintritt des Erfolges unabdingbar gewesen.“

220 Kamm, Die fahrlässige Mittäterschaft, 1999, S. 188 ff.

221 Kamm, Die fahrlässige Mittäterschaft, 1999, S. 191, Fn. 44.

222 Kamm, Die fahrlässige Mittäterschaft, 1999, S. 191, Fn. 44.

223 Kamm, Die fahrlässige Mittäterschaft, 1999, S. 203.

224 Kamm, Die fahrlässige Mittäterschaft, 1999, S. 191, Fn. 44.

ein wesentlicher Tatbestandteil fahrlässiger Straftaten ist. *Kamm* erfasst jedoch fahrlässige Mittäterschaft als abgeleitete Form der (vorsätzlichen) Mittäterschaft. Die Voraussetzung für (vorsätzliche) Mittäterschaft – ein gemeinsamer Tatentschluss und eine Ausführung jedes Beitrags gemäß des Tatentschlusses – könne durch die Notwendigkeit des fahrlässigen Zusammenwirkens ersetzt werden. Basierend auf dem Begriff der Täterschaft müsse jeder Tatbeitrag zur „täterschaftliche[n] Qualität" beitragen.[225]

Hier sollte darauf hingewiesen werden, dass *Kamms* Ansatz nur auf einem objektiven, sachlichen Aspekt der funktionellen Tatherrschaft beruht. *Kamm* meint, dass aufgrund des Unterschieds zu vorsätzlichen Delikten nur der objektive Aspekt berücksichtigt werden muss, und stellt daher auf die Erstellung des gemeinsamen Handlungsprojekts[226] und das Ausführungsstadium der fahrlässig Zusammenwirkenden ab. Der gemeinsame Tatentschluss bei vorsätzlicher Mittäterschaft habe beide Funktionen: „eine solidaritätsbegründende Wirkung" und „[ein] mittäterschaftsbegrenzendes Element".[227] Er könne durch das Merkmal der Notwendigkeit des fahrlässigen Zusammenwirkens in Bezug auf die letztere Funktion ersetzt werden, das sich auf den nach der funktionellen Tatherrschaft geleisteten Einzelbeitrag bezieht. Eine solidaritätsbegründende Wirkung könne jedoch nicht auf fahrlässige Mittäterschaft übertragen werden.[228] Die funktionelle Tatherrschaft setzt jedoch „ein bestimmtes Maß an funktioneller Bedeutung" voraus. D.h. jede objektive Mitwirkung jedes Mittäters muss „in der ihm zugefallenen Rolle als wesentliches Teilstück" (objektives Merkmal) aufgezeigt werden, muss jedoch auf dem gemeinsamen Tatentschluss (subjektives

225 Kamm, Die fahrlässige Mittäterschaft, 1999, S. 219.

226 Kamm misst einer Gemeinschaftbildung keine besondere Bedeutung bei und erwähnt sogar, dass eine Diskussion der Rechtsfolge, dass fahrlässige Mittäterschaft einer kollektiven Zurechnung durch das Gemeinsame des vermeintlichen Zurechnungspotentials als Lösung für die Kausalitätsprobleme dienen kann, eine Abweichung von ihrer Arbeit wäre. Denn sie versucht, diese Probleme mit ihrem Kriterium 3 zu lösen, bei dem die Kausalität des einzelnen Beitrags nicht festgestellt werden muss. (Kamm, Die fahrlässige Mittäterschaft, 1999, S. 171)

227 Kamm, Die fahrlässige Mittäterschaft, 1999, S. 220.

228 Kamm, Die fahrlässige Mittäterschaft, 1999, S. 181: Bei vorsätzlicher Mittäterschaft weist Kamm „auf den psychischen Zustand" hin, in dem der einzelne Beteiligte auf der Grundlage eines gemeinsamen Tatplans eine „gegenseitige psychische Unterstützung" leistet. Aufgrund dieses psychischen Zustands sei die wechselseitige Zurechnung des einzelnen Tatbeitrags bei vorsätzlicher Mittäterschaft gerechtfertigt, aber diese psychische Solidarität könne nicht auf das fahrlässige Zusammenwirken übertragen werden.

Merkmal) beruhen. Dieses Merkmal dient dazu, „die einzelnen Teilstücke zum ganzen" zusammenzufügen.[229] Die Tatherrschaftslehre, ein übergeordnetes Konzept der funktionellen Tatherrschaft, besteht sowohl aus objektiven als auch aus subjektiven Merkmalen.[230]

IV. Zivilrechtsinspirierte Ansätze: Mittäterschaft als Stellvertretung

Eine weitere denkbare Möglichkeit, Gemeinschaftliches zu begründen, verfährt nach zivilrechtlichem Vorbild. Der Inhaber einer Prokura (§ 48 ff. HGB) oder einer Handlungsvollmacht (§ 54 HGB) verpflichtet den Vertretenen unabhängig vom Vorliegen eines gemeinsamen Tatentschlusses. Könnte nicht auch im Strafrecht Vergleichbares postuliert werden? In diesem Sinne äußern sich insb. *Kindhäuser* und *Haas*.

Mit einem zivilrechtsinspirierten Konzept baut *Kindhäuser* die Zurechnungsstruktur für Mittäterschaft auf, um die Straftat eines anderen wie die eigene zuzurechnen.[231] Die mittäterschaftliche *„Haftung"*[232] beruhe auf der wechselseitigen Repräsentanz der Beteiligten. Genauer gesagt, behauptet er „eine zuständigkeitsbegründende Doppelwirkung"[233] jedes Verhaltens. Eine Straftat könne als ein „Geschäft" angesehen werden,[234] und jedes Verhalten könne sowohl als eigenes als auch als fremdes wirken.

Haas übernimmt dieses Konzept und begründet die Mittäterschaft auf der Grundlage eines wechselseitigen Mandats,[235] jeden Tatbeitrag „im fremden Namen zu leisten". Dies basiere auf einem gemeinschaftlichen Tatentschluss,[236] bei dem jeder Beteiligte das Mandat wechselseitig erteilt und dann

229 Vgl. Teil 4 B V: Die gravierende gegenseitige Zurechnung könnte nur auf der Grundlage der funktionellen Tatherrschaft gerechtfertigt werden.

230 Kamm, Die fahrlässige Mittäterschaft, 1999, S. 20; Welzel, Strafrecht, S. 110.

231 Kindhäuser, FS-Hollerbach, 627 (645); ders., AT, § 40, Rn. 2.

232 Kindhäuser, FS-Hollerbach, 627 (645) (Hervorhebung durch Verfasser).

233 Kindhäuser, FS-Hollerbach, 627 (645); ders., AT, § 40, Rn. 2: In Bezug auf die Zuständigkeit.; auch vgl. Jakobs, FS-Lampe, 561 (569 f.): Durch eine Leistung, die jeden Beteiligten mit der Ausführung verbindet, seien alle Beteiligten für die ganze Handlung zuständig.

234 Krit. v.a. Puppe, GA 2013, 514 (522); Greco, JRE Bd. 27 (2019)=GS-Hruschka, 361 (367).

235 Haas, Theorie der Tatherrschaft, 2008, S. 112 ff.; ders., ZStW 119 (2007), 519 (534 f.).

236 Seher kritisiert zu Recht, dass der gemeinsame Tatentschluss „ohne den Tatvorsatz jedes Mitentschließenden nicht auskommt". (Seher, JuS 2009, 1 (5))

„die stellvertretende Geschäftsbesorgung“ eines anderen nach der Willensunterordnung des Tatgenossen allen Mittätern aufgrund ihres eigenen Verhaltens[237] zugerechnet wird.[238] Genauer gesagt, werde die Mittäterschaft einerseits als mittelbarer Täter und andererseits als unmittelbarer Täter gekennzeichnet.[239] Die Begründung der Gemeinsamkeit reiche nur mit der ausdrücklichen oder konkludenten Handlungsverabredung aus, so dass ein fremdes Verhalten als gemeinsames Handeln anzusehen sei. Auf diese Weise vermeidet er die Unmöglichkeit, „gleichzeitig zwei voneinander unabhängigen Herren zu dienen“.

Durch diese Übertragung zivilrechtlicher Lösungen auf die Fahrlässigkeitsdelikte versuchen *Kindhäuser* wie *Haas*, fahrlässige Mittäterschaft ohne Schwierigkeiten zu rechtfertigen. Dennoch sind bereits an dieser Stelle große Zweifel anzumelden. Es könnte sein, dass die zivilrechtlichen Zurechnungsstrukturen engere Beziehungen zu den in diesem Gebiet vorgesehenen Rechtsfolgen aufweisen, die im Strafrecht aber eben andere – empfindlichere – sind. Inwiefern das der Fall ist, wird u. Teil 4 B III noch auszuführen sein.

V. Ergebnis: Kritik

Verschiedene Ansätze, um einen gemeinsamen Tatentschluss in (vorsätzlicher) Mittäterschaft durch ein gemeinsames Handlungsprojekt zu ersetzen, wurden untersucht. Sie gehen von der grundlegenden Strukturverschiedenheit zwischen Vorsatz- und Fahrlässigkeitsdelikten aus und stellen eine andere Gemeinsamkeit, wie die gemeinsame Sorgfaltspflichtverletzung bzw. die Verwirklichung einer gemeinsam geschaffenen Gefahr, für fahrlässige Mittäterschaft dar.[240]

---

237 Haas betont, dass das Unrechtskriterium für die Zurechnung nicht auf dem Handlungsunrecht der anderen Mittäter beruhen sollte, sondern auf dem Unrecht, das der Tatgenosse in Bezug auf sich selbst darstellt. (Haas, Theorie der Tatherrschaft, 2008, S. 113)

238 Haas, Theorie der Tatherrschaft, 2008, S. 113; ders., ZStW 119 (2007), 519 (534 f.).

239 Haas, Theorie der Tatherrschaft, 2008, S. 113.

240 Dencker, Kausalität und Gesamttat, 1996, S. 224 f.; Renzikowski, Restriktiver Täterbegriff, 1997, S. 288 f.; ders., FS-Otto, 423 (435), (439): Er begründet fahrlässige Mittäterschaft mit der unerlaubten riskanten Verwirklichung einer Gesamttat durch ein gemeinsames Handlungsprojekt, dessen Funktion die objektive Darstellung einer „Setzung einer rechtlich missbilligten Gefahr“ ist. Die Gefährlichkeit des Gesamtprojekts müsse jedem Beteiligten bewusst sein.; Kamm, Die fahrlässige Mittäterschaft, 1999, S. 179 f., 188; Knauer, Kollegialentscheidung, 2001, S. 195 f.: Seine unterschiedliche Ansicht geht davon aus, dass die Bestrafung für fahrlässige Alleintäterschaft nur auf der objektiven Zurechnung beruht und dass bei Fahrlässigkeitsdelikten kein

Das gemeinsame Handlungsprojekt diene dazu, mehrere Personen zu einem Gemeinsamen bzw. einem Kollektiv zusammenzufassen. Die Argumente der Befürworter scheinen darauf zu beruhen, dass es möglich ist, die mehreren Beteiligten als Kollektiv zu identifizieren, wenn sie diejenigen Faktoren, die gemäß der ex-post-Feststellung einen Erfolg erbringen, gemeinsam beitragen. Die Beteiligten könnten nachträglich aus der ex-post-Feststellung in eine Gruppe zusammengezogen werden, um die Täter in der Gruppe als Mittäter zu bestrafen. Denn die Bestrafung für Fahrlässigkeitsdelikte beruht auf der nachträglichen Wertung. Hier sollte jedoch darauf hingewiesen werden, dass das gemeinsame Handlungsprojekt eine bestimmte Einschränkungsfunktion für die Kollektivbildung[241] haben muss, so wie ein gemeinsamer Tatentschluss bei (vorsätzlicher) Mittäterschaft an einer Tatbestandsverwirklichung festhält. Der Begriff des Handlungsprojekts ist vieldeutig.[242] Die Auslegung der Frage, welche Handlungsweise zu einem gemeinsamen Handlungsprojekt zusammengefasst werden kann, ist mehrdeutig, so dass fahrlässige Mittäterschaft beliebig bestimmt werden könnte.

V.a. ist darauf hinzuweisen, dass das gemeinsame Handlungsprojekt vor dem Geschehen konstruiert werden muss,[243] da nur dann die Verursachung des Erfolgs durch das gemeinschaftliche Handeln dem Kollektiv zugerechnet und eine das Kollektiv definierende Funktion aktiviert werden könnte.[244] Die Befürworter setzen jedoch bereits das gemeinschaftliche Handeln des Kollektivs

---

subjektiver Tatbestand vorliegt. Bei arbeitsteiliger Gefahrschaffung sei es daher nicht erforderlich, dass sich alle Beteiligten der gemeinsamen Gefahrerhöhung bewusst sind.

241 Die Idee eines kollektiven Subjekts wird grundsätzlich abgelehnt. Hierzu vgl. Teil 3 C I, Teil 4 B III, Teil 4 B V.

242 Becker, Die sogenannte additive Mittäterschaft, 2009, S. 179; Puppe, GA 2004, 129 (133).

243 Näheres hierzu vgl. Teil 4 B VI 1 e): Dies könnte auch gegen den Gleichheitsgrundsatz und das Schuldprinzip verstoßen.; ebenso Böhringer, Fahrlässige Mittäterschaft, 2017, S. 299, 302; Krit. Dencker, Kausalität und Gesamttat, 1996, S. 160: Es beruhe auf einem Missverständnis, dass das Gesamthandlungsprojekt vor der Tat entworfen werden sollte. Das Gesamthandlungsprojekt sei nicht Teil des rein objektiven, gesamttatbestandsmäßigen Sachverhalts. Es geht jedoch in diesen Sachverhalt ein, weil der Gesamtsachverhalt ihm entsprechen muss. (Näheres hierzu Teil 3 C I 1)

244 Kraatz weist darauf hin, dass das Handlungsprojekt für die unbewusst fahrlässige Handlung nicht zustande kommen kann, da der Beteiligte die Möglichkeit der Verletzung nicht „in seine Überlegungen und damit in seinen kommunikativen Beitrag zum gemeinschaftlichen Handlungsentschluss“ einbezieht. (Kraatz, Die fahrlässige Mittäterschaft, 2006, S. 288)

voraus und versuchen, die plausible Konstruktion für die Kollektivbildung mit dem Handlungsprojekt zu erklären, das keinen definierten deliktischen Sinn hat, nämlich keine Erfolgsbezogenheit.[245] Hierbei kritisiert *Greco* zu Recht, dass der Ansatz durch das Handlungsprojekt auf einem Zirkelschluss beruht.[246] Denn das gemeinsame Handlungsprojekt könnte mehrere Einzelbeiträge zusammenfassen, wenn sie bereits zu einem Kollektiv gehören.

Es sollte auch darauf hingewiesen werden, dass es nicht ausreicht, das Bewusstsein aller Beteiligten zu fordern, dass das arbeitsteilige Zusammenwirken eine Gefahr begründet oder erhöht, um die gegenseitige Zurechnung zu rechtfertigen. Dieses Merkmal könnte nicht dazu dienen, an die subjektiven Elemente der am fahrlässigen Zusammenwirken Beteiligten anzuknüpfen, sondern nur jeden Täter sicherer für die fahrlässige Straftat als Nebentäter zu bestrafen. § 29 StGB sieht auch ausdrücklich vor, dass jeder Beteiligte nur für seine eigene Schuld bestraft wird. Die subjektiven Merkmale existieren nur im jeweiligen Individuum, so dass die subjektiven Merkmale eines anderen nicht wie die eigenen über § 25 Abs. 2 StGB zugerechnet werden könnten. D.h., das gemeinsame Handlungsprojekt kann die gegenseitige Zurechnung nicht rechtfertigen. Die gegenseitige Zurechnung über § 25 Abs. 2 StGB ist außerordentlich und eine äußerste Grenze persönlicher Verantwortung. Es ist daher zu beachten, dass diese Zurechnung nicht ohne Rechtfertigung auf der Grundlage des Schuldprinzips erfolgen darf.

Diese nähere, vom Schuldprinzip gebotene Rechtfertigung bieten die untersuchten Ansätze gerade nicht.

C. Verzicht auf die Feststellung der Kausalität des Einzelnen

Der Einzeltäter – ebenso der Nebentäter – muss in eigener Person einen für den Erfolg kausalzurechenbaren Beitrag leisten. Ob sich dies bei der Mittäterschaft anders verhält, ist aber streitig. Es wird vielfach behauptet, dass erst kausale und objektiv zurechenbare Beiträge überhaupt als mittäterschaftsbegründend in

245 Herzberg, TuT, 1977, S. 73; ders., ZStW 99 (1987), 49 (58); Böhringer, Fahrlässige Mittäterschaft, 2017, S. 298; Baumann, JuS 1963, 85 (86); Donatsch, SJZ 1989, 109 (111).

246 Greco, JRE Bd. 27 (2019)= GS-Hruschka, 361 (376 f.); auch Böhringer, Fahrlässige Mittäterschaft, 2017, S. 299: Er kritiseirt auch, dass Weißer bereits das gemeinschaftliche Handeln voraussetzt und nicht die Frage beantwortet, „welche Handlungen zu einer gemeinschaftlichen Handlung zusammengefasst werden können".

Betracht kommen.[247] Hingegen meinen die Befürworter der fahrlässigen Mittäterschaft eine Funktion des § 25 Abs. 2 StGB gerade darin, auf diese Erfordernisse zu verzichten. Die Feststellung der Kausalität des Einzelnen soll durch die Konstruierbarkeit der „anderen Gemeinsamkeit" ersetzt werden.[248] Diese Autoren behaupten, dass die Kausalität des Gemeinsamen (bzw. des Kollektivs) für den Erfolg über § 25 Abs. 2 StGB jedem Beteiligten zugeschrieben werden kann. Sie stellen daher auf die Konstruierbarkeit fahrlässiger Mittäterschaft und die Subsumtion unter § 25 Abs. 2 StGB ab. Hier wird durch die Analyse der mittäterschaftlichen Struktur, insb. bei der sog. additiven Mittäterschaft, untersucht, ob § 25 Abs. 2 StGB eine kausalitätsersetzende Funktion hat. Die kollektiven Ansätze, die das gemeinsame Handeln durch die Kollektivbildung mit dem gemeinsamen Handlungsprojekt bilden, werden kritisch überprüft.

I. Auffassung der Befürworter fahrlässiger Mittäterschaft

Die Befürworter erklären die kausalitätsersetzende Funktion des § 25 Abs. 2 StGB durch die Postulierung einer Gesamttat (so *Dencker*), durch eine Erweiterung des Autonomieprinzips (so *Renzikowski*) oder durch einen kollektivkausal formulierten § 25 Abs. 2 StGB (so *Knauer*).[249] Sie sind im Allgemeinen der Ansicht, dass es außer Frage steht, dass das Kollektiv den Erfolg „in zurechenbarer Weise" verursacht, so dass eine Komponente des Kollektivs als „Zurechnungseinheit" nicht der Feststellung der Kausalität des Einzelnen für den Erfolg unterliegt.[250] Über § 25 Abs. 2 StGB könne die Kausalität des Kollektivs für den Erfolg dem einzelnen Beteiligten, der durch das gemeinsame Handlungsprojekt zum

---

247 Weißer, Kollegialentscheidungen, 1996, S. 155; Rotsch, „Einheitstäterschaft" statt Tatherrschaft, 2009, S. 360 ff.; ders., FS-Puppe, 887 (900 f.); Puppe, ZStW 99 (1987), 595 (599 f.); dies., Jura 1997, 513 (513 ff.); dies., GA 2004, 129 (133 ff.); dies., ZIS 2007, 234 (240); dies., NK-StGB, Vor §§ 13, Rn. 91 ff.; Walther, NStZ 2005, 657 (661), (663).

248 Dencker, Kausalität und Gesamttat, 1996, S. 125 ff, 136 f.; Renzikowski, Restriktiver Täterbegriff, 1997, S. 286 f.; Kamm, Die fahrlässige Mittäterschaft, 1999, S. 162 ff.; Knauer, Kollegialentscheidungen, 2001, S. 133, 168 f.; Schaal, Gremienentscheidungen in Unternehmen, 2001, S. 242 ff.; Kraatz, Die fahrlässige Mittäterschaft, 2006, S. 232 ff., 364; Otto, Jura 1990, 47 (49); ders., FS-Spendel, 271 (282); Pfeiffer, Jura 2004, 519 (522); Hoyer, FS-Puppe, 515 (524 ff.); Heine/Weißer, Sch/Sch-StGB, Vor §§ 25 ff., Rn. 115; Murmann, S/S/W-StGB, § 25, Rn. 34; Kindhäuser, AT, § 38, Rn. 59.

249 Böhringer, Fahrlässige Mittäterschaft, 2017, S. 218 ff.: Er analysiert beide Ansätze getrennt mit der Teilnahme an der Gesamttat bzw. mit der Lehre von der Kollektivperson, bewertet die beiden jedoch nicht unterschiedlich.

250 Weißer, JZ 1998, 230 (234), (238).

Kollektiv gehört, als eigene Kausalität zugerechnet werden. Dies gelte sowohl für (vorsätzliche) Mittäterschaft als auch für fahrlässige Mittäterschaft.

1. Die Gesamttat (Dencker)

Dencker geht davon aus, dass die funktionelle Tatherrschaft keine Mittäterschaft rechtfertigt und dass § 25 Abs. 2 StGB die „konstitutive Funktion“ als „Zurechnungsnorm“ hat.[251] Während bei der Alleintäterschaft der Einzeltäter als „Zentralgestalt des Geschehens“ bestimmt werden kann, sei dies bei Mittäterschaft nicht möglich. Denn das „deliktische Geschehen“ sei eine Verwirklichung „aller“ Tatbestandsmerkmale und daher müsse zumindest „eine notwendige Bedingung für das Zustandekommen eines tatbestandsmäßigen Sachverhalts“ von jedem Beteiligten jeweils eingebracht werden.[252] Aus diesem Grund könne auf die Zurechnungsbegründung jedes einzelnen Tatbeitrags verzichtet werden, und Mittäterschaft sollte sich auf die eine Zurechnung konstituierende Funktion des § 25 Abs. 2 StGB stützen. Diese Vorschrift befasse sich nur mit „eine[r] speziele[n] Ausformung eines allgemeinen Zurechnungsprinzips“,[253] und daher könne „die Zurechnung von Gesamttaten“, d.h. „ein Haftungsprinzip Gesamttat“,[254] auf der Grundlage dieses allgemeinen Zurechnungsprinzips entwickelt werden.[255]

Hierbei erfordere die Gesamttat einen Gesamttatbestand, der nur ein objektiver Tatbestand ist. Jede Handlung der Beteiligten könne nur dann als Gesamttat anerkannt werden, wenn die Handlung an dem Gesamthandlungsprojekt „gemessen insgesamt als dessen Verwirklichung erschein[t]“.[256] Das Gesamthandlungsprojekt sei nicht Teil des rein objektiven, gesamttatbestandsmäßigen Sachverhalts und gehe in diesen ein, da der Gesamtsachverhalt dem Projekt entsprechen müsse,[257] wodurch die Anforderung des § 25 Abs. 2 StGB („gemeinschaftlich“) erfüllt werde. Das Projekt bestehe aus der Form des intellektuellen Entwurfs und könne damit mehrere Einzelhandlungen der Beteiligten koordinieren.[258] In Bezug auf die Gesamttat sollte der Gesamtsachverhalt unter einem

---

251 *Dencker, Kausalität und Gesamttat, 1996,* S. 137 f.

252 *Dencker, Kausalität und Gesamttat, 1996,* S. 136 f.: Er verneint auch die Herrschaft eines Mittäters über die anderen aufgrund ihrer Freiheit.

253 *Dencker, Kausalität und Gesamttat, 1996,* S. 142: Die Mittäterschaft basiere auf einem verallgemeinerungsfähigen Grundgedanken.

254 *Dencker, Kausalität und Gesamttat, 1996,* S. 125.

255 *Dencker, Kausalität und Gesamttat, 1996,* S. 217 f.

256 Dencker, Kausalität und Gesamttat, 1996, S. 160 f.

257 Dencker, Kausalität und Gesamttat, 1996, S. 148 ff., 160.

258 Dencker, Kausalität und Gesamttat, 1996, S. 148 ff., 160.

Gesamttatbestand subsumiert werden, und der Gesamttatbestand sollte eine Analogie zu den Tatbeständen des Besonderen Teils des StGB bilden, die sich mit Individualdelikten befassen.[259] Dies stütze sich auf die eine Zurechnung konstituierende Funktion des § 25 Abs. 2 StGB.

Diese Funktion diene der Ausweitung der „singularischen Formulierung(„wer")" in den Tatbeständen des BT des StGB auf eine pluralische Formulierung für das gemeinschaftliche Begehen.[260] Die Tatbestandsseite des BT („Wer") sollte nämlich durch „Diejenigen, die" über § 25 Abs. 2 StGB ersetzt werden.[261] Anschließend sollte die Rechtsfolgeseite des § 25 Abs. 2 StGB („so wird jeder als Täter bestraft") mit den Worten „so wird jeder wie der Täter eines Individualtatbestandes" umformuliert werden.[262]

Nach *Dencker*s Konzept reicht für jeden Beitrag der individuellen Beteiligten zur Gesamttat die Begehung einer Teiltat aus. Im Gegensatz zum objektiven Tatbestand[263] bei Individualdelikten („Handlung, die für den Erfolg ursächlich ist") sollte eine Teiltat als „(wesentliche) Handlung, die für einen gesamttatbestandmäßigen Sachverhalt ursächlich ist", bestimmt werden.[264] Dann könnten die einen Gesamttatbestand teilweise verwirklichenden Teiltaten durch die conditio-Formel für den Erfolg ursächlich sein, obwohl jede Handlung jedes Beteiligten für sich genommen nicht zum Erfolg führt, „wenn und weil das Gesamtprojekt jede Handlung vorsieht".[265] Auf die Feststellung der individuellen Kausalität könne daher verzichtet werden.[266]

---

259 Dencker, Kausalität und Gesamttat, 1996, S. 145 f.

260 Die eine Zurechnung konstituierende Funktion des § 25 Abs. 2 StGB sei darauf zurückzuführen. Das Wort („als Täter") in der Vorschrift über Individualdelikte sollte i.S.d. Einzellösung verstanden werden, so dass ohne diese Funktion des § 25 Abs. 2 StGB das gemeinschaftliche Handelnde nicht bestraft werden könne. (Dencker, Kausalität und Gesamttat, 1996, S. 144)

261 Dencker, Kausalität und Gesamttat, 1996, S. 146, 148: Bspw. Gesamttatbestand durch Umformulierung der §§ 212, 25 Abs. 2 StGB: „Diejenigen, welche gemeinschaftlich einen Menschen töten."

262 Dencker, Kausalität und Gesamttat, 1996, S. 144.

263 Dencker meint den Gesamttatbestand als objektiver Tatbestand und das Wort „gemeinschaftlich" in § 25 Abs. 2 StGB als völlig objektiv. (Dencker, Kausalität und Gesamttat, 1996, S. 160)

264 Dencker, Kausalität und Gesamttat, 1996, S. 162, 164.

265 Dencker, Kausalität und Gesamttat, 1996, S. 164.

266 Dencker, Kausalität und Gesamttat, 1996, S. 218.

2. *Erweiterung des Autonomieprinzips (Renzikowski)*

Renzikowski ist der Ansicht, dass das Autonomieprinzip[267] und die Regressverbotslehre[268] modifiziert werden müssen, um die Mittäterschaft zu rechtfertigen.[269] In dem typischen Fall der Mittäterschaft, in dem C ein Opfer festhält, damit D es schlagen kann, wird eine Körperverletzung gemeinschaftlich begangen. Wenn die Regressverbotslehre nicht über § 25 Abs. 2 StGB gebrochen wird und das Autonomieprinzip nicht erweitert wird, sei es unmöglich, die Handlung von D dem C zuzurechnen, weil D autonom handelt.[270]

Renzikowski ist der Auffassung, dass § 25 Abs. 2 StGB als besondere Zurechnungsnorm für eine Haftungserweiterung fungiert.[271] Wenn jeder Mittäter die vollständige Tatherrschaft haben muss, sei § 25 Abs. 2 StGB überflüssig· Diese Erweiterung habe zur Folge, dass unter bestimmten Voraussetzungen mehrere Personen als Kollektiv bzw. als Personengemeinschaft angenommen werden und dann „das gemeinsame Werk als Ganzes" dem Kollektiv zugerechnet wird.[272] Hier müsse die „Gesamttat" des Kollektivs objektiv „eine[] rechtlich mißbilligte[] Gefahr" darstellen,[273] und die Beiträge jedes Beteiligten, die das gemeinsame Handlungsprojekt bereits vorgesehen haben, müssten erbracht werden.[274]

---

267 Renzikowski, Restriktiver Täterbegriff, 1997, S. 67 ff.: Er stellt sein Beteiligungssystem basierend auf dem Menschenbild mit Freiheit und Selbstverantwortung des Grundgesetzes dar. Einerseits werde nach der personalen Rechtsgutslehre jedem Individuum die „rechtlich garantierte[] Freiheit" zugewiesen und andererseits trage jeder „die Verantwortung für die Folgen" aus der Wahrnehmung der Freiheit zum gegenseitigen Rechtsgüterschutz. Aufgrund des Inhalts der normativen Verhaltensnormen, die sich mit der Vollziehung der Verantwortung des Rechtsgutsinhabers über „den Bereich der ihm rechtlich garantierten Freiheit" befassen, sollte die Schlussfolgerung bezüglich M.E.Mayers Stellungnahme gezogen werden, dass der Mensch nicht für die Handlung anderer verantwortlich ist, sondern für seine eigene Handlung.

268 Vgl. Renzikowski, Restriktiver Täterbegriff, 1997, S. 73: Das autonome Handeln rechtfertige das Regressverbot. „Notwendige Voraussetzung für die Zurechnung der Tat eines Vordermannes zu einem Hintermann ist, dass der Vordermann nicht autonom gehandelt hat."; auch vgl. Teil 4 B VI 3 b).

269 Renzikowski, Restriktiver Täterbegriff, 1997, S. 100.

270 Renzikowski, Restriktiver Täterbegriff, 1997, S. 100.

271 Renzikowski, Restriktiver Täterbegriff, 1997, S. 100; Basierend auf dem restriktiven Täterbegriff auch bei Fahrlässigekeitsdelikten.; Näheres hierzu vgl. Teil 4 B VI 3.

272 Renzikowski, Restriktiver Täterbegriff, 1997, S. 101.

273 Renzikowski, Restriktiver Täterbegriff, 1997, S. 284.

274 Renzikowski, Restriktiver Täterbegriff, 1997, S. 288 f.

Die „Unrechtsvereinbarung“[275] in dem gemeinsamen Plan sei für die Rechtfertigung und den Umfang der Zurechnung von wesentlicher Bedeutung, weil sich aus der Vereinbarung eine Gesamttat ergeben muss und der Zurechnungsgegenstand aus der Vereinbarung bestimmt werden muss.[276] *Renzikowski* beschreibt diesen Ansatz als „Vertragstheorie“.[277]

Die kausale Verknüpfung zwischen dem individuellen Beitrag jedes Beteiligten und dem Erfolg müsse hier nicht vorausgesetzt werden. Da eine Tatbestandsverwirklichung die Täterschaft darstellt, bleibe das Autonomieprinzip hierbei grundsätzlich gültig.[278] Ein imaginäres Kollektiv könne über § 25 Abs. 2 StGB gestaltet werden, und dann werde eine tatbestandsmäßige Gesamttat behandelt, an der jeder Mittäter beteiligt ist. Damit werde „das autonome Setzen der letzten Ursache“ in Bezug auf das Regressverbot auf das Kollektiv verlagert.[279] Es sei dann nicht mehr notwendig, auf die letzte Handlung abzustellen.[280] Aus diesem Grund führe dieser Ansatz nicht zu einem Verzicht auf das Autonomieprinzip.

Für die fahrlässige Mittäterschaft seien ein gemeinsames Handlungsprojekt und ein Bewusstsein für die Gefährlichkeit des Projekts jedes Beteiligten erforderlich.[281] Wenn das nach dem Projekt gestaltete imaginäre Kollektiv eine einen Tatbestand verwirklichende Gesamttat begeht, entstehe fahrlässige Mittäterschaft, und somit werde der Gesamterfolg des Kollektivs jedem am gemeinsamen Handlungsprojekt Beteiligten zugerechnet.[282] Diese Haftung jedes Beteiligten beruhe nicht auf seinem Teilbeitrag, sondern auf dem Werk des Kollektivs aufgrund seiner Beteiligung am Kollektiv. D.h., der Grad seines Beitrags zum Erfolg spiele keine Rolle.[283]

---

275 Renzikowski, JuS 2013, 481 (486).

276 Renzikowski, JuS 2013, 481 (486).

277 Renzikowski, JuS 2013, 481 (485 f.).

278 Renzikowski, Restriktiver Täterbegriff, 1997, S. 102.

279 Renzikowski, Restriktiver Täterbegriff, 1997, S. 103: Dann werde „die Zurechnung zu jedem, der vorher seinen Beitrag geleistet hat“, versperrt.

280 Renzikowski, Restriktiver Täterbegriff, 1997, S. 103 f.: Ein kollektives Letztverursachen sei auf der Ebene der Tatausführung möglich und „die Autonomie des Letzthandelnden [schließt] nicht mehr jeden anderen Beteiligten von der Zurechnung der Tatbestandsverwirklichung als eigenes Werk aus[]“. Die Abgrenzung zwischen Täterschaft und Teilnahme nach der Tatherrschaft werde daher aufgehoben und nach dem qualitativen Gewicht des jeweiligen Beitrags bestimmt.

281 Renzikowski, Restriktiver Täterbegriff, 1997, S. 288 f.

282 Renzikowski, Restriktiver Täterbegriff, 1997, S. 288 f.

283 Renzikowski, Restriktiver Täterbegriff, 1997, S. 101: Der Tatanteil könne u.U. ganz gering ausfallen.

3. *Die kollektiv-kausale Formulierung von § 25 Abs. 2 StGB (Knauer)*

Knauer meint, dass der Wortlaut des § 25 Abs. 2 StGB, „Begehen mehrere die Straftat gemeinschaftlich“, für die vorsätzliche Mittäterschaft sowohl einen objektiven als auch einen subjektiven Faktor erfordert. Denn für das gemeinschaftliche Begehen sei nicht ein bloßes „Nebeneinander“, sondern ein „Miteinander“ erforderlich. Unter Berücksichtigung der umgangssprachlichen Bedeutung versteht er diesen Wortlaut so, dass mehrere den objektiven Tatbestand „miteinander“ begehen und ihren Willen in Bezug auf den gemeinsamen subjektiven Tatbestand übereinstimmen müssen.[284] Das gemeinschaftliche „Füreinander-Einstehen-Wollens“,[285] ein subjektives Element der funktionellen Tatherrschaft, könne jedoch aufgrund des Unterschieds zwischen Vorsatz- und Fahrlässigkeitsdelikten nicht auf fahrlässige Mittäterschaft übertragen werden.[286] Der gemeinsame Tatplan kann durch das auf „Verständigung über das gemeinsame Handeln“ beruhende gemeinsame Handlungsprojekt als Verbindungselement für fahrlässige Mittäterschaft ersetzt werden. Das Unrecht der Fahrlässigkeitsdelikte wird objektiv bestimmt, und deren Handlungsunrecht liegt in dem erhöhten Risiko aufgrund der gesteigerten Unachtsamkeit, nämlich in der unerlaubten Risikoschaffung. Daher könne nur anhand der Lehre von der objektiven Zurechnung beurteilt werden, ob der Tatbestand der Fahrlässigkeitsdelikte erfüllt ist.[287] Zusammenfassend entsteht fahrlässige Mittäterschaft, wenn der Erfolg durch die unerlaubte Gefahr im Fahrlässigkeitsbereich verursacht wird und diese Gefahr durch die Arbeitsteilung mehrerer erhöht bzw. gemeinschaftlich durch ihre Pflichtverletzungen geschaffen wird.[288] Hierbei sei es nicht erforderlich, dass sich die Beteiligten der „risikobegründende[n] bzw. -erhöhende[n] Faktoren“ bewusst sind, die sich aus der gemeinsamen Gefahrschaffung

---

284 Knauer, Kollegialentscheidung, 2001, S. 148.

285 Knauer, Kollegialentscheidung, 2001, S. 192 f.: „die Subjektivierung bei vorsätzlicher Mittäterschaft“.; jeder Beteiligte will sich bei der Erfolgsverwirklichung mit einem anderen solidarisieren.; auch Ransiek, Unternehmensstrafrecht, 1996, S. 70.

286 Knauer, Kollegialentscheidung, 2001, S. 193, 199: Der Grund für die unterschiedlichen Ansätze zwischen vorsätzlicher und fahrlässiger Mittäterschaft liege nicht in § 25 Abs. 2 StGB, sondern in der „andersartigen Struktur des Fahrlässigkeitsdelikts“.

287 Knauer, Kollegialentscheidung, 2001, S. 194, 198 f.: Das konstituierende Element des fahrlässigen Zusammenwirkens befasst sich mit der gemeinschaftlichen Erfolgsverursachung, nicht mit der Handlung und dem auf Erfolg gerichteten Willen. Da es keinen subjektiven Tatbestand des Fahrlässigkeitsdelikts gibt, kann kein subjektiv verbindendes Element vorliegen.

288 Knauer, Kollegialentscheidung, 2001, S. 195 f.

ergeben.[289] Das „Bewusstsein für das arbeitsteilige Zusammenwirken zwischen den Beteiligten“ reiche als „ein subjektives Pendant [zum] objektiven gemeinschaftlichen Beherrschen der Tat“ aus.[290] Dieses Bewusstsein rechtfertige den Verzicht auf die Feststellung der objektiven Kausalität jedes Beteiligten. *Knauer* bezeichnet dies als „Grundbaustein für die kausalitätsersetzende Funktion“ über § 25 Abs. 2 StGB.[291]

Wenn im „Schmieresteher“-Fall die Feststellung der objektiven Kausalität jedes Beteiligten erforderlich ist, sollte die Mittäterschaft des Schmierestehers immer verneint werden: Wird der Einbruchsdiebstahl bei einem Juwelier vollendet, ist der Tatbeitrag des Schmierestehers aus der ex-post-Sicht nicht objektiv kausal für den Juwelendiebstahl, obwohl dieser Beitrag zum Erfolg gemäß dem gemeinsamen Tatplan im Hinblick auf die funktionelle Tatherrschaft sachlich bedeutend ist. Warnt der Schmieresteher seiner Funktion gemäß vor Entdeckung, wird das Verbrechen nicht vollendet, sondern im Versuchsstadium unterbrochen.[292] *Knauer* ist daher der gleichen Ansicht wie *Roxin*[293], nämlich dass die Mittäterschaft mit der ex-ante-Sichtweise und der Erheblichkeit[294] des einzelnen Beitrags beurteilt werden sollte, diese also der Abgrenzung zwischen Mittäter und Teilnehmer dient.[295] Diese ex-ante-Sichtweise sei auf § 25 Abs. 2 StGB zurückzuführen. Der Wortlaut „gemeinschaftlich“ erzwinge keine „objektive ex-post-Sicht“, sondern die Relevanz des einzelnen Beitrags „aus Sicht des Gesamtplans“.[296] Der gemeinsame Tatplan müsse hier aus ex-ante-Sicht beurteilt werden.

Knauer baut ebenso wie *Renzikowski* das Beteiligungssystem auf dem restriktiven Täterbegriff auf. Durch „die Ausdehnung des Täterbegriffs“ könne eine

---

289 Knauer, Kollegialentscheidung, 2001, S. 198; Mit diesem Kriterium könnten die Probleme bei der Kollegialentscheidung („Brunnen“-Fall) einfach gelöst werden.

290 Knauer, Kollegialentscheidung, 2001, S. 147 f., 149.

291 Knauer, Kollegialentscheidung, 2001, S. 149.

292 Knauer, Kollegialentscheidung, 2001, S. 149.

293 Die Terminologie von Roxin hat sich von „Notwendigkeit“ (Roxin, LK-StGB, § 25, Rn. 154) zu „Entbehrlichkeit“ (ders., AT II, § 25, Rn. 212) geändert.

294 Roxin, Täterschaft und Teilnahme, 2015, S. 766; ders., AT II, § 25, Rn. 189.

295 Knauer, Kollegialentscheidung, 2001, S. 149 ff.; Krit. an dieser Ansicht, vgl. Rotsch, „Einheitstäterschaft“ statt Tatherrschaft, 2009, S. 360 ff.; ders., FS-Puppe, 887 (898): Er kritisiert die Vermischung von Kausalitätsfeststellung aus einer ex-post-Perspektive und Wesentlichkeit. Während die erste als Mindestvoraussetzung für die strafrechtliche Haftung diene und somit auch für Mittäterschaft gelte, stelle die zweite die Haftung als Mittäter dar.

296 Knauer, Kollegialentscheidung, 2001, S. 151 f.

gemeinschaftliche Verwirklichung des Tatbestands für Mittäterschaft erfasst werden.[297] *Knauer* kommt zu dem Schluss, dass § 25 Abs. 2 StGB eine „kollektivkausal formulierte Norm" ist, indem er die Regelungen für die anderen Beteiligungsformen auslegt und mit § 25 Abs. 2 StGB vergleicht: Das Wort „wer" in den Vorschriften – §§ 25 Abs. 1, 26 Abs. 1, 27 Abs. 1 und die meisten Vorschriften im BT des StGB – steht für Alleintäterschaft, bei der die individualkausalistische Formulierung erforderlich ist. § 212 StGB (Totschlag) ist erfüllt, wenn „ein" Täter den Erfolg verursacht. § 25 Abs. 2 StGB schreibt jedoch nur den Wortlaut „Begehen mehrere die Tat gemeinschaftlich" als Voraussetzung vor, so dass nur „eine Kollektivkausalität" zwischen der Gemeinschaftstat des Kollektivs und dem Erfolg für Mittäterschaft erforderlich ist. D.h., aufgrund dieser anderen Regelungsformen könne auf die Feststellung der individuellen Kausalität bei Mittäterschaft verzichtet werden.

In Bezug auf den Hinweis, dass für Beihilfe die individuelle Kausalität erforderlich ist, antwortet *Knauer*, dass dieser Einwand auf das Missverständnis des Verhältnisses zwischen Mittäterschaft und Beihilfe zurückzuführen sei. Dieser begründet das Kausalitätserfordernis nach dem Erst-Recht-Schluss, indem er das Verhältnis zwischen den beiden Beteiligungsformen als Subsidiarität betrachtet.[298] *Knauer* hingegen erkennt, dass die beiden in einem aliud-Verhältnis stehen. Sie sind nämlich ungleichartig und werden unabhängig getrennt geregelt, um einen restriktiven Täterbegriff zu erweitern.

4. *Zwischenfazit; zugleich Kritik*

Die kollektiven Ansätze versuchen, auf die Kritik[299] am Handlungsprojekt zu reagieren und die mittäterschaftliche Struktur[300] so zu erklären, dass § 25 Abs. 2 StGB[301] selbst die gegenseitige Zurechnung rechtfertigen kann. Die

297 Knauer, Kollegialentscheidung, 2001, S. 151; Roxin, LK-StGB, Vor § 25, Rn. 12.

298 Knauer, Kollegialentscheidung, 2001, S. 169.

299 Siehe o. Teil 3 B V.

300 Ihre Meinungen unterscheiden sich jedoch darin, ob sie Mittäterschaft auf der Grundlage der funktionellen Tatherrschaft rechtfertigen, [Im Gegensatz zu Dencker und Renzikowski glaubt Knauer, dass (vorsätzliche) Mittäterschaft auf der funktionellen Tatherrschaft beruht.], und ob sie den subjektiven Anknüpfungsfaktor bei fahrlässigem Zusammenwirken berücksichtigen. [Renzikowski verlangt dies.]

301 Sie betrachten § 25 Abs. 2 StGB als besondere Zurechnungsnorm. Er selbst habe eine konstitutive Funktion (*Dencker, Kausalität und Gesamttat, 1996,* S. 137 f.) bzw. eine Haftungserweiterungsfunktion (Renzikowski, Restriktiver Täterbegriff, 1997, S. 100),

kollektive Kausalität zwischen der Gemeinschaftstat des Kollektivs und dem Erfolg ergebe sich aus dem im Unterschied zur Alleintäterschaft formulierten § 25 Abs. 2 StGB. Auf die Feststellung der individuellen Kausalität könne damit verzichtet werden. Die Mitherrschaft über das Gesamtgeschehen könne ohne weiteres auf der Grundlage der funktionellen Tatherrschaft begründet werden. Denn alle Tatbeiträge der Beteiligten könnten der Haftungsgemeinschaft – d.h., der Kollektivperson[302] oder der kollektiven Sinneinheit[303] –, die sich aus den am gemeinsamen Handlungsprojekt Beteiligten zusammensetzt, zugerechnet werden.

In Bezug auf die „Idee eines höchstpersönlichen Schuldprinzips" sind gegen diese Ansätze erste Zweifel anzumelden.[304] Wenn die Mitherrschaft über das Gesamtgeschehen in den Händen mehrerer liegt und die Herrschaft somit nur vom Kollektiv erfüllt wird, kommt die Herrschaft „gerade nicht dem einzelnen (Mit-)Täter, sondern allein dem Kollektiv als solchem" zu.[305] Diese Struktur kann also nur schwer erklären, warum und wie die Straftat durch das Kollektiv vollständig dem einzelnen Beteiligten zuzurechnen ist.[306] Insb. ermangelt es an einer tiefgründigen Thematisierung der Verträglichkeit der beschworenen Kollektivperson mit dem Gedanken individueller Schuld; das muss u. Teil 4 B III nachgeholt werden.

Es sollte auch auf das Erfordernis eines subjektiv verbindenden Moments hingewiesen werden. Insb. ist anzumerken, dass der Ansatz von *Knauer* einen Widerspruch aufweist. Er begründet den Verzicht auf eine individuelle Kausalitätsfeststellung bei Mittäterschaft durch die kausalitätsersetzende Funktion

---

oder es sei eine kollektivkausal formulierte Norm. (Knauer, Kollegialentscheidung, 2001, S. 151 f.)

302 Joerden, Verantwortlichkeitsbegriff, 1988, S. 79.

303 Lesch, Das Problem der sukzessiven Beihilfe, 1992, S. 122 f.; ders., ZStW 105 (1993), 271 (274 ff.); ders., JA 2000, 73 (76 f.); Jakobs, FS-Miyazawa, 419 (421); ders., FS-Lampe, 561 (561 ff.); Maurach/Gössel/Zipf-Renzikowski, AT II, § 49, Rn. 11: „eine persona moralis".

304 V.a., Greco, JRE Bd. 27 (2019)=GS-Hruschka, 361 (376), (370 f.): Er weist zu Recht darauf hin, dass der kollektive Ansatz nur für die Bestrafung des Kollektivs überzeugend sein könne.; ebenso Schild, NK-StGB, § 25, Rn. 126: Jeder der Mittäter sei „nur für sein eigenes Handeln strafrechtlich verantwortlich", als „selbst Zentralgestalt", „Herr des Gesamtwerkes".

305 Lesch, Das Problem der subjektiven Beihilfe, 1992, S. 122; ders., JA 2000, 73 (76).

306 Kraatz, Die fahrlässige Mittäterschaft, 2006, S. 294; Böhringer, Fahrlässige Mittäterschaft, 2017, S. 224 f., 254 f.; Greco, JRE Bd. 27 (2019)=GS-Hruschka, 361 (370 f.).

des § 25 Abs. 2 StGB. Er fordert jedoch zu Recht ein subjektives Kriterium, das mehrere miteinander verbindet, um die Mittäterschaft zu rechtfertigen. Für das gemeinschaftliche Begehen ist nicht ein bloßes „Nebeneinander", sondern ein „Miteinander" erforderlich. Im Fahrlässigkeitsbereich fordert er jedoch kein Bewusstsein der Beteiligten aufgrund des objektiv definierten Handlungsunrechts der fahrlässigen Straftaten. Abgesehen davon, dass die Rechtfertigung fahrlässiger Mittäterschaft ohne die Anknüpfung an den subjektiven Faktor überhaupt nicht korrekt ist,[307] ist fraglich, ob eine Arbeitsteilung ohne Bewusstsein des arbeitsteiligen Zusammenwirkens erfolgen könnte, d.h. nur durch eine objektive Beteiligung.[308] *Knauer* selbst nimmt an, dass die Arbeitsteilung ein wesentliches Element der Solidarität[309] ist und daher nur dann möglich ist, wenn die Verantwortung für die Handlung „auf den Schultern aller Beteiligten" liegt.[310]

II. Annahme der additiven Mittäterschaft

In der Diskussion über die Erforderlichkeit einer Kausalität jedes einzelnen mittäterschaftsbegründenden Tatbeitrags spielt die Figur der additiven Mittäterschaft eine nicht unbeträchtliche argumentative Rolle. Diese Figur geht auf *Herzberg* zurück, der sich ein Beispiel vorstellt, in dem 20 Verschwörer abredegemäß das Opfer gleichzeitig erschießen, um die Erfolgswahrscheinlichkeit zu erhöhen, und dabei einige Kugeln ihr Ziel treffen, andere es verfehlen. Es kann nicht bestimmt werden, wer die tödlichen Kugeln abgefeuert hat („Erschießungskommando"-Fall).[311] Während es im Allgemeinen „das Ineinandergreifen korrelativer Tatanteile"[312] bei Mittäterschaft gibt, treten bei dieser Konstellation additive Tatbeiträge auf, weil jeder von mehreren gleichartigen Tatbeiträgen für sich allein zum Erfolg führen kann (sog. additive Mittäterschaft[313]). Dieselbe

---

307 Ebenso Kraatz, Die fahrlässige Mittäterschaft, 2006, S. 121.

308 Näheres hierzu Teil 4 B V 2 c) cc).

309 Knauer, Kollegialentscheidung, 2001, S. 195.

310 Vgl. Knauer, Kollegialentscheidung, 2001, S. 195; Schünemann, LK-StGB, § 25, Rn. 173; Jescheck/Weigend, AT, § 63 II 1, S. 678; Kühl, AT, § 20, Rn. 104: „Einverständnis zwischen den Mittätern", „Kommunikationsakt"; Maurach/Gössel/Zipf-Renzikowski, AT II, § 49, Rn. 47; Welzel, Strafrecht, S. 107.

311 Herzberg, TuT, 1977, S. 56.

312 Roxin, LK-StGB, § 25, Rn. 159; ders., AT II, § 25, Rn. 230.

313 Bejahend: Herzberg, TuT, 1977, S. 58, 60 f.; ders., ZStW 99 (1987), 49 (55): Er bejaht dies jedoch aus einem anderen Grund, der auf der Gleichrangigkeit der Tatbeiträge und dem Wortlaut des § 25 Abs. 2 StGB beruht.; Seelmann, JuS 1980, 571 (574);

„Kollektivtat“ wäre daher höchst wahrscheinlich geschehen, selbst wenn ein Beteiligter seinen Tatbeitrag nicht erbracht hätte.[314] Es wird darauf hingewiesen, dass kein Mittäter eine funktionelle Mitherrschaft hat, da der Beitrag des Einzelnen nicht entscheidend für den Erfolg ist.[315] *Roxin* widerlegt dies jedoch damit, dass dies nur ein typischer Fall ist, da jeder Mittäter nach dem Tatentschlusss eine wesentliche Funktion ausübt, solange der Erfolg von jedem Mittäter abhängt und jeder Beitrag das Gelingen aus einer ex-ante-Perspektive wahrscheinlicher macht.[316]

Hier behauptet *Becker*, dass die Kausalität aus einer ex-post-Perspektive festgestellt werden muss und die Mittäterschaft durch die „*korrelative*“ gemeinschaftliche Tatbestandsverwirklichung erfolgt.[317] Im „Erschießungskommando“-Fall könne dies nicht erfüllt werden, weil aus der ex-post-Perspektive nur einige Kugeln ihr Ziel getroffen haben.[318] Wenn in diesem Fall keine Mittäterschaft anerkannt wird, könnten die Beteiligten nur für das versuchte Tötungsdelikt bestraft werden,[319] auch wenn nur einer von ihnen sein Ziel verfehlt. Dieses Ergebnis ist jedoch nicht zu akzeptieren.

Die Konstellationen der sog. additiven Mittäterschaft könnten durch die funktionelle Tatherrschaft als Mittäterschaft abgedeckt werden. Es sollte

---

Puppe, GA 2004, 129 (136); dies., ZIS 2007, 234 (241); Murmann, S/S/W-StGB, § 25, Rn. 42; Kühl, AT, § 20, Rn. 109; Maurach/Gössel/Zipf-Renzikowski, AT, § 49, Rn. 71 f.; Wessels/Beulke/Satzger, AT, § 16 III 2, Rn. 840; ablehnend: Stein, Die strafrechtliche Beteiligungsformenlehre, 1988, S. 327 f.; Becker, Die sogenannte additive Mittäterschaft, 2009, S. 167 f.; Schild, NK-StGB, § 25, Rn. 139; Einige nehmen die Möglichkeit des Zustandekommens der Beihilfe an.: Jakobs, AT, 21/55; Schmidhäuser, StuB AT, 10/62.

314 Herzberg, TuT, 1977, S. 58.

315 Herzberg, JuS 1974, 719 (720).

316 Roxin, Täterschaft und Tatherrschaft, S. 767; ders., LK-StGB, § 25, Rn. 159; ders., AT II, § 25, Rn. 230: Er weist auch darauf hin, dass die Mittäter gewusst haben, dass jeder einzelne Schuss fehlgehen könnte.; vgl. auch Bloy, Beteiligungsform, 1985, S. 372 ff; ders., GA 1996, 424 (428); Dencker, Kausalität und Gesamttat, 1996, S. 224 f.; Knauer, Kollegialentscheidung, 2001, S. 139 ff., 157 f.; Rodriguez Montañes, FS-Roxin 70, 307 (321); Joecks, MüKo-StGB, § 25, Rn. 224; Kindhäuser, AT, § 40, Rn. 5.

317 Becker, Die sogenannte additive Mittäterschaft, 2009, S. 182 (Hervorhebung durch Verfasser).

318 Becker, Die sogenannte additive Mittäterschaft, 2009, S. 167 f.

319 Stein, Die strafrechtliche Beteiligungsformenlehre, 1988, S. 327 f.: Er will nur jemanden für die Vollendung des Tötungsdelikts bestrafen, der das Signal gegeben hat, das Feuer zu eröffnen.

hervorgehoben werden, dass diese Fälle dramatisch darstellen, dass die individuelle Kausalität bei Mittäterschaft nicht festgestellt werden muss.[320] Der Meinung von *Puppe*, die die additive Mittäterschaft als Ausnahme annimmt,[321] kann nicht zugestimmt werden, da dies den Verzicht auf die individuelle Kausalität ausnahmsweise ohne angemessene Begründung rechtfertigt. Es muss immer erklärt werden, wie dieser Verzicht gerechtfertigt werden kann.

III. Ergebnis

1. Kein Erfordernis der Kausalität jedes einzelnen Beitrags zum Enderfolg bei Mittäterschaft

Die bisherige Diskussion zeigt, dass das Erfordernis der Kausalität jedes einzelnen Beitrags zum Enderfolg bei Mittäterschaft von der Bedeutung der Kausalitätsbestimmung im Strafrechtssystem abhängt. Jede Position verhält sich wie folgt: 1) Die strafrechtliche Haftung für Erfolgsdelikte muss grundsätzlich auf der Kausalität jedes einzelnen Beitrags zum Enderfolg beruhen, und dies muss auch für Mittäterschaft gelten.[322] 2) Ausgehend davon, dass die Feststellung der Kausalität bei Mittäterschaft nur ein Grobfilter vor der objektiven Zurechnung ist,[323] ist der Verzicht auf die individuelle Kausalität für den Enderfolg gerechtfertigt. Letztere erkennt auch die Kausalität als Mindestvoraussetzung für die strafrechtliche Haftung an.[324] Dies gelte jedoch nicht für Mittäterschaft.[325] Denn wenn nach einem gemeinsamen Tatentschluss mehrere Ereignisse gleichzeitig auftreten, sei die Abgrenzung zwischen „Ursache“ und „Wirkung“ nicht möglich.[326] Die Grundlage der funktionellen

320 Greco, ZIS 2011, 674 (687); ders., JRE Bd. 27 (2019)=GS-Hruschka, 361 (366), (374 f.).

321 Puppe, GA 2004, 129 (131), (136); dies., ZIS 2007, 234 (241).

322 Becker, Die sogenannte additive Mittäterschaft, 2009, S. 167 f., 181 ff.; Böhringer, Fahrlässige Mittäterschaft, 2017, S. 225 ff.; Puppe, JR 1992, 28 (32); dies., GA 2004, 129 (131), (135 ff.); dies., ZIS 2007, 234 (240); Rotsch, FS-Puppe, 887 (892 ff.), (898).

323 Hoyer, SK-StGB, § 25, Rn. 8, 154: Bei Mittäterschaft sei es nicht entscheidend, wessen Beitrag den Erfolg verursacht, da auf der objektiven Zurechnungsebene die Tatbeiträge „einander ohnehin gegenseitig zugerechnet werden“ könnten.

324 Beulke/Baumann, JuS 1992, 737 (743): Sie geben zu, dass dieser Verzicht eine Umgehung der „reine[n]“ Kausalitätsfrage ist.; Hoyer, SK-StGB, § 25, Rn. 125; dagegen vgl. Rotsch, FS-Puppe, 887 (897): die Bedeutung der Kausalität als Mindestvoraussetzung.

325 Beulke/Baumann, JuS 1992, 737 (743); Hoyer, SK-StGB, § 25, Rn. 125.

326 Hoyer, SK-StGB, § 25, Rn. 125: „Eine rückwirkende Zurechnung bei der sukzessiven Mittäterschaft“ sei auch der Fall. Nur die Mitwirkenden am Zustandekommen des Ursachenereignisses könnten ein Wirkungsereignis beherrschen.

Tatherrschaft[327], bei der jeder an dem gemeinsamen Tatentschluss mitwirkt und zumindest seine wesentliche rollenbedingte Funktion leistet, könne den Verzicht auf die Kausalität jedes einzelnen Beitrags rechtfertigen.[328] Diese Struktur besteht auch bei der sog. additiven Mittäterschaft.

Einige versuchen, die Begründung für den Verzicht zu liefern, indem sie die Mittäterschaft mit anderen Beteiligungsformen vergleichen. Sie weisen darauf hin, dass auch bei den anderen Beteiligungsformen – bei mittelbarer Täterschaft (§ 25 Abs. 1 StGB) und Anstiftung (§ 26 StGB) [329] – keine individuelle Kausalität für den Erfolgseintritt erforderlich ist.[330] Diese Argumentation ist jedoch weniger überzeugend, weil die Kausalität zwischen Gehilfenbeitrag und Haupttaterfolg bei Beihilfe erforderlich ist.[331][332]

Renzikowski[333] versucht, den Verzicht beim Bankraub-Fall im Vergleich zur Anstiftung zu erklären. Nach dem gemeinsamen Tatentschluss hält A die Leute in der Bank mit einer Waffe in Schach und B nimmt Geld aus der Kasse. Hier

---

327 Vgl. Teil 4 B V.

328 Dencker, Kausalität und Gesamttat, 1996, S. 137 f.; Knauer, Kollegialentscheidung, 2001, S. 83 ff., 142 ff., 158 f.; Häring, Die Mittäterschaft beim Fahrlässigkeitsdelikt, 2005, S. 140 ff., 277 ff.; Kraatz, Die fahrlässige Mittäterschaft, 2006, S. 217, 235 f.; Roxin, JA 1979, 519 (522 ff.); ders., LK-StGB, § 25, Rn. 189; ders., AT II, § 25, Rn. 213; Herzberg, ZStW 99 (1987), 49 (54 f.); ders., JZ 1991, 856 (859 ff.); Beulke/Bachmann, JuS 1992, 737 (743): Dies sei „eine der wichtigsten Funktionen" der Mittäterschaft.; Hilgendorf, NStZ 1994, 561 (563); Renzikowski, FS-Otto, 423 (427); Greco, ZIS 2011, 674 (687); Hoyer, FS-Puppe, 515 (524 f.): Er bezeichnet dies als „Einfachkausalität jedes Mittäters für die Tatausführung".; ders., SK-StGB, § 25, Rn. 154.

329 Renzikowski, FS-Otto, 423 (427): Er erklärt, dass die gegenseitige Anstiftung bei der gemeinsamen Tatausführung nach dem gemeinsamen Tatentschluss erfolgt und die Anstiftung somit zur Mittäterschaft aufrückt.

330 Hoyer, FS-Puppe, 515 (525).

331 Hoyer, SK-StGB, § 27, Rn. 3 ff.; Roxin, LK-StGB, § 27, Rn. 2; ders., AT II, § 26, Rn. 184 ff., 197 ff., 215; Jakobs, AT, 22/34; Jescheck/Weigend, § 64 III 2 c), S. 694; Kühl, AT, § 20, Rn. 214 ff.; dagegen i.S.v. sog. Verstärker– oder Förderkausalität: Frister, AT, 28/32 f., 28/36; Wessels/Beulke/Satzger, AT, § 16 IV 3, Rn. 902; BGHSt 46, 107 (109); BGH NJW 2007, 384 (388).

332 In diesem Zusammenhang könnte die Ansicht von Rotsch widerlegt werden. Er fordert auch bei Mittäterschaft die individuelle Kausalität als Mindestvoraussetzung für strafrechtliche Haftung und bestimmt das Verhältnis zwischen Kausalität und Wesentlichkeit wie folgt: Wenn der Beitrag kausal ist, ist er für die Tatbestandsverwirklichung wesentlich. Dieses Verhältnis – nicht umgekehrt – diene insb. der Abgrenzung zur Beihilfe. (Vgl. ders., FS-Puppe, 887 (898 f.))

333 Renzikowski, FS-Otto, 423 (427).

stellt *Renzikowski* auf den Kausalzusammenhang zwischen den Beteiligten ab. Er weist darauf hin, dass die Gewaltanwendung des A für die Wegnahme des B kausal ist, das Gegenteil jedoch nicht. Jeder Tatbeitrag sei „immer in Richtung auf den anderen Tatbeitrag" für die gegenseitige Zurechnung in derselben Struktur wie Anstiftung erforderlich.[334] Er nimmt den Verzicht auf individuelle Kausalität an, da sie auch im typischen Fall der Mittäterschaft nicht festgestellt werden kann.[335] Bei der Mittäterschaft kommt es jedoch im Gegensatz zur Anstiftung nicht auf den Kausalzusammenhang zwischen den Beteiligten an. Die gemeinschaftliche Zuständigkeit für die Tatbestandsverwirklichung sollte überprüft werden.[336] M.a.W., es reicht aus, dass jede individuelle Kausalität für den Enderfolg „insgesamt"[337] festgestellt wird.

2. *Verzicht auf die Feststellung der individuellen Kausalität und Schuldprinzip*

Wie bereits betont, ist es bei fahrlässigem Zusammenwirken von großer Bedeutung, ob auf die individuelle Kausalität verzichtet wird. Die am Handlungsprojekt geübte Kritik[338] wird durch diesen Verzicht verstärkt. D.h., da das bestimmte Kollektiv und das gemeinsame Handeln nicht vor dem Geschehen bei fahrlässigem Zusammenwirken konstruiert werden können, muss dieser Verzicht zu dem Schluss führen, dass fahrlässige Mittäterschaft grundsätzlich unzulässig ist. Wenn fahrlässige Mittäterschaft angenommen wird, könnte dieser Verzicht leicht die Kausalität von Personen aus einem äußerst umfangreichen Kreis – sogar von Unbeteiligten[339].

Bei (vorsätzlicher) Mittäterschaft tritt diese Irrationalität aufgrund der auf der funktionellen Tatherrschaft basierenden mittäterschaftlichen Struktur nicht auf. Bei fahrlässigem Zusammenwirken muss jedoch auf die Möglichkeit dieser Irrationalität hingewiesen werden,[340] da die den Verzicht begründende

---

334 Hoyer, SK-StGB, § 25, Rn. 115.

335 Ebenso Rotsch, FS-Puppe, 887 (894 f.): Der Argumentation liegt freilich ein Irrtum zugrunde.; Hoyer, SK-StGB, § 25, Rn. 115 ff.

336 Rotsch, FS-Puppe, 887 (897); Roxin, LK-StGB, § 25, Rn. 154.

337 Roxin, LK-StGB, § 25, Rn. 154; ders., AT II, § 25, Rn. 213.

338 Vgl. Teil 3 B V: keine Konstruierbarkeit vor dem Geschehen, keine bestimmte Einschränkungsfunktion für die Kollektivbildung, Vieldeutigkeit des Handlungsprojektsbegriffs.

339 Beulke/Baumann, JuS 1992, 737 (743).

340 Roxin, AT II, § 25, Rn. 239: „kein gemeinsamer Erfolg" wird erstrebt.

mittäterschaftliche Struktur nicht vorliegt.[341] Die Rechtsfigur fahrlässiger Mittäterschaft könnte einfach herangezogen werden, wenn die Kausalität des Einzelnen nicht für den Enderfolg nachgewiesen werden kann, um die Bestrafung des Täters zu ermöglichen. Sie könnte daher den Umfang der Mittäterschaft erweitern und damit „unabsehbare Konsequenzen" nach sich ziehen.[342] Dies gilt umso mehr, als die Voraussetzungen für fahrlässige Mittäterschaft nicht eindeutig festgelegt sind.[343] Dies könnte dazu führen, dass der Verzicht auf individuelle Kausalität durch diese Rechtsfigur die Annahme der Bestrafung leichter macht als bei Alleintäterschaft, obwohl die Bestrafung bei fahrlässigem Zusammenwirken stärker ist.

Insb. ist hervorzuheben, dass im Hinblick auf das Schuldprinzip grundsätzlich abgelehnt werden muss, dass sich die Rechtfertigung für diesen Verzicht nur auf die zurechnungserweiternde Funktion des § 25 Abs. 2 StGB stützt.[344] M.a.W., die Zugänglichkeit des fahrlässigen Zusammenwirkens in § 25 Abs. 2 StGB und der Verzicht auf individuelle Kausalität sollten dogmatisch unabhängig sein.[345] Aufgrund der Voraussetzungen für (vorsätzliche) Mitäterschaft, die den Verzicht begründen und es ermöglichen, die Handlung eines anderen als eigene gegenseitig zuzurechnen, muss nicht jeder Mittäter erfolgsursächlich sein. Wenn bei fahrlässigem Zusammenwirken – wie bei (vorsätzlicher) Mittäterschaft – auf der Grundlage des höchstpersönlichen Schuldprinzips die angemessene Rechtfertigung für die gegenseitige Zurechnung nicht gegeben werden könnte, muss fahrlässige Mittäterschaft abgelehnt werden. Der Verzicht auf individuelle Kausalität

341 Umgehung durch den kollektiven Ansatz wurde auch bereits kritisiert. (Vgl. Teil 3 C 4, auch Teil 4 B III)

342 Böhringer, Fahrlässige Mittäterschaft, 2017, S. 220: Er weist zu Recht darauf hin, dass dies den Anwendungsbereich der Mittäterschaft „über einen extensiven Täterbegriff hinaus" erweitern kann.; Puppe, GA 2004, 129 (146); Puppe und Böhringer sind der Ansicht, dass auf individuelle Kausalität aus diesem Grund nicht verzichtet werden sollte. Hier ist jedoch auf eine Umkehrung des Grund-Folge-Verhältnisses hinzuweisen. Zunächst sollte bestimmt werden, ob Mittäterschaft den Verzicht rechtfertigen könnte.

343 Vgl. Teil 3 B.

344 Herzberg, TuT, 1977, S. 57: Es sei gerade die Funktion der Mittäterschaft, die mangelnde bzw. nicht sicher feststellbare Kausalität des Einzelbeitrags durch die Zurechnung über § 25 Abs. 2 StGB überbrücken zu können.; Renzikowski, Restriktiver Täterbegriff, 1997, S. 286 f.: § 25 Abs. 2 StGB sei entbehrlich, wenn der individuelle Beitrag zum Erfolg kausal sein muss.

345 Auch Becker, Die sogenannte additive Mittäerschaft, 2009, S. 172.

verstößt auch ohne diese Struktur gegen das Schuldprinzip.[346] Dies kann nicht nur mit der Konstruierbarkeit der Rechtsfigur und der Anwendbarkeit des § 25 Abs. 2 StGB gerechtfertigt werden.

D. Zwischenfazit

Aus dem Gesagten lässt sich ein bündiges Fazit ziehen. Die untersuchten Konzepte einer fahrlässigen Mittäterschaft leiden entweder an internen Schwächen (so verhält es sich bei denjenigen, die nach einer Gemeinsamkeit jenseits des gemeinsamen Tatentschlusses suchen, o. B.), oder lassen wichtige Fragen unbeantwortet (so insb. die Konzepte, die durch die Beschwörung einer Kollektivperson die Kausalität der Einzelbeteiligten für entbehrlich erachten wollen, o. C.).

Ein überzeugendes Konzept fahrlässiger Mittäterschaft findet sich soweit ersichtlich also nicht. Dieses wichtige, rein negative Zwischenfazit gilt es, hier festzuhalten.

346 Kraatz, Die fahrlässige Mittäterschaft, 2006, S. 341 f. weist zu Recht darauf hin, dass das Schuldprinzip sowohl die Kausalität als auch die Bedeutung der Erfolgsbedingung nach rechtlicher Beurteilung verlangt.

Teil 4 Kritik an der fehlenden Rechtfertigung für fahrlässige Mittäterschaft

Die Untersuchung der Legitimierbarkeit des dogmatischen Instituts „fahrlässige Mitäterschaft“ kann sich aber nicht mit dem gerade gezogenen negativen Zwischenfazit begnügen, dass die untersuchten Modelle nicht überzeugen. Sie muss vielmehr *positiv* untersuchen, ob hinter diesem festgestellten Scheitern nicht weitere Gründe oder dogmatische Strukturen existieren, die einer fahrlässigen Mittäterschaft letztlich doch entgegenstehen mögen. Zwei solcher Hindernisse kommen in Betracht: das Gesetzlichkeitsprinzip, insb. in der Gestalt des Analogieverbots (u. A); und das Schuldprinzip (u. B). Ersteres wird sich relativ schnell als nicht unüberwindbar erweisen lassen; Letzteres wird einer ausführlichen Erörterung, auch unter Berücksichtigung der Details der Dogmatik der Mittäterschaft (B. V) und des Fahrlässigkeitsdelikts (B. VI), unterzogen werden müssen. Im Anschluss soll eine eigene Lösung vorgelegt werden, die von der Fahrlässigkeitsdogmatik ausgeht und sich mit dem Schuldprinzip vereinbaren lässt (C).

A. Art. 103 II GG als Hindernis einer fahrlässigen Mittäterschaft?

I. Einleitung

Wie bereits erwähnt,[347] weisen die Befürworter fahrlässiger Mittäterschaft darauf hin, dass die Anwendung des § 25 Abs. 2 StGB auf Fahrlässigkeitstaten nicht gegen das Analogieverbot gem. Art. 103 Abs. 2 GG verstößt.[348] Der Wortlaut des § 25 Abs. 2 StGB »Begehen(...) die Straftat(...)« sei nicht ausdrücklich auf Vorsatztaten beschränkt. Einige versuchen, diese Auslegung durch die systematische Stellung des § 25 Abs. 2 StGB zu rechtfertigen. Im Gegensatz zu „rechtswidrige[r]

347 Siehe o. Teil 1 A.

348 Dencker, Kausalität und Gesamttat, 1996, S. 179; Weißer, Kollegialentscheidungen, 1996, S. 148; Kamm, Die fahrlässige Mittäterschaft, 1999, S. 175; Knauer, Kollegialentscheidung, 2001, S. 191; Haas, Theorie der Tatherrschaft, 2008, S. 141; Schumann, StV 1994, 106 (110 f.); Renzikowski, FS-Otto, 423 (437 f.); Maurach/Gössel/Zipf-Renzikowski, AT II, § 49, Rn. 118; Roxin, AT II, § 25, Rn. 242.

Tat" in § 11 Abs. 1 Nr. 5 StGB sei „Straftat" die tatbestandsmäßige, rechtswidrige und schuldhafte Tat und hänge daher nicht von der Begehungsweise ab.[349] § 15 StGB gelte nicht für § 25 StGB,[350] weil § 15 StGB den Allgemeinen Teil des StGB nicht betreffe. Im Zusammenhang mit § 25 StGB schreibe er lediglich vor, dass die fahrlässige Handlung gesondert als Straftat aufgeführt werden muss. Er habe keine Auswirkung auf die Zurechnung.[351] Aus diesen Gründen sei das Argument nicht überzeugend, dass § 25 wie §§ 26, 27 StGB[352] auf Vorsatztaten beschränkt sein sollte.[353]

Dank dieser Bemühungen der Befürworter wird darauf hingewiesen, dass die traditionellen Ansichten[354], dass die Anwendung des § 25 Abs. 2 StGB auf Fahrlässigkeitstaten einen Verstoß gegen Art. 103 Abs. 2 GG darstellt, schon einen großen Teil ihrer Überzeugungskraft verloren hat. *Bottke*, der zu den prominenteren Vertretern dieser traditionellen Ansicht gehört, beruft sich auf den Unterschied zwischen vorsätzlicher (bzw. vorgesetzter) Straftatbewirkung und Fahrlässigkeit sowie auf den Alltagssprachgebrauch.

Für *Bottke* verwendet das Gesetz für den fahrlässig Handelnden mit Bedacht die Worte »verursacht«; es gibt also nur den Straftaterwirker, den „Straftatverursacher", der kein Täter i.S.d § 25 StGB ist.[355] Die Bedeutung von „Begehen" sei ein vorgesetztes(vorsätzliches) Tun aufgrund des Präfixes „be-", so dass „begehen eine (Un)Tat" bedeute, dass jemand eine „(Un)Tat mit dem Mittel seines Tuns bewirkt".[356] Über § 15 StGB werde „das Sich-Vorsetzen" als Vorsatz

---

349 Knauer, Kollegialentscheidung, 2001, S. 191 f.; Renzikowski, FS-Otto, 423 (437): Er weist jedoch darauf hin, dass § 11 Abs. 1 Nr. 5 StGB auch nicht auf vorsätzliche Straftaten beschränkt ist.

350 Kraatz, Die fahrlässige Mittäterschaft, 2006, S. 99: Er meint, dass sich § 15 StGB auf das Verfassungsrecht stützt und sich auf die einzelnen Tatbestände bezieht, einschließlich Versuch, Beteiligung und Versuch der Beteiligung. Doch kommt er zum gleichen Schluss, da die Handlungsweise mittäterschaftlicher Unterlassung als „Begehen" anzusehen ist und die Vorschriften des AT vor die Klammer gezogen werden.

351 Dencker, Kausalität und Gesamttat, 1996, S. 177; Weißer, Kollegialentscheidungen, 1996, S. 149; Knauer, *Kollegialentscheidung, 2001,* S. 190; Renzikowski, FS-Otto, 423 (438); auch Kraatz, Die fahrlässige Mittäterschaft, 2006, S. 99.

352 Näheres hierzu vgl. Teil 4 B VI 3 a).

353 Vgl. Cramer/Heine, Sch/Sch-StGB, Vor §§ 25 ff., Rn. 112; Kindhäuser AT, § 38, Rn. 56.

354 Bottke, GA 2001, 463 (473 ff.); Cramer/Heine, Sch/Sch-StGB, Vor §§ 25 ff., Rn. 116; Duttge, MüKo-StGB, § 15, Rn. 211; Schild, NK-StGB, Vor § 25, Rn. 2; Tröndle/Fischer, StGB, § 25, Rn. 11; Krey/Esser, AT, § 50, Rn. 1342.

355 Bottke, GA 2001, 463 (467): Nur vorsätzlich handelnde Straftatbewirker seien Täter.

356 Bottke, GA 2001, 463 (468).

umgeschrieben, und daher könne nur „Straftat-bewirker“ (vorsätzlich Handelnde) die Straftat täterschaftlich begehen.[357] Bei fahrlässigem Zusammenwirken gebe es keine gemeinschaftliche Straftatbegehung, da kein gemeinsamer Entschluss vorliegt und ohne diesen die Mitbewirkung der Straftat unmöglich ist.[358]

Sein Ansatz hat jedoch das Problem, dass der Sprachgebrauch des Gesetzes keineswegs einheitlich ist. Er erkennt dies selbst an.[359] Das Wort »Verursachen« des § 325a Abs. 1 StGB bezieht sich auch auf die vorsätzliche Handlung[360] und die Formulierung »Handelt der Täter fahrlässig« des § 324 Abs. 3 StGB[361] nur auf die Handlungsbeschreibung.[362] In Bezug auf „Begehen“ ist an § 163 StGB („Handlungen aus Fahrlässigkeit begangen worden ist“), §§ 316 Abs. 2, 317 Abs. 3 StGB („wer die Tat fahrlässig begeht“) zu erinnern. Auch die bekannte Tatsache, dass der Gesetzgeber der Großen Strafrechtsreform nur vorsätzliche Handlungen nach dem Begriff der Tatherrschaft in § 25 StGB aufnehmen wollte, könnte nicht entscheidend sein. Denn der Wille des historischen Gesetzgebers könnte durch dogmatische Erkenntnisfortschritte innerhalb der Auslegungsgrenzen überwunden werden,[363] und die Auslegung sollte sich an den „sich wandelnden Rechtsbedürfnisse[n]“ orientieren.[364] In diesem Zusammenhang erklärt *Radbruch* dies metaphorisch: „wie ein Schiff bei der Ausfahrt vom Lotsen auf vorgeschriebenem Wege durch die Hafengewässer gesteuert wird, dann aber unter der Führung des Kapitäns auf freier See den eigenen Kurs sucht.“ Diese Ansicht verdient umfassende Unterstützung angesichts der Art der Auslegung, die *Radbruch* als praktisch, schöpferisch, produktiv und überwissenschaftlich bezeichnet.[365]

---

357 Bottke, GA 2001, 463 (468), (474 f.).

358 Bottke, GA 2001, 463 (474).

359 Bottke, GA 2001, 463 (467): „von Ausnahmen abgesehen“ von Verursachen.

360 Kraatz, Die fahrlässige Mittäterschaft, 2006, S. 93: Er weist auch darauf hin, dass nur die drei Straftaten (§§ 222, 229 und § 340 Abs. 2) im StGB reine Verursachungstatbestände haben. Aus diesem Grund sei „Verursachen“ bei Fahrlässigkeit nicht aussagekräftig.; auch Renzikowski, FS-Otto, 423 (437).

361 Auch §§ 324a Abs. 3, 325 Abs. 3, 325a Abs. 3, 326 Abs. 5, 327 Abs. 3, 328 Abs. 5, 329 Abs. 4.

362 Renzikowski, FS-Otto, 423 (437).

363 Renzikowski, Restriktiver Täterbegriff, 1997, S. 278; ders., FS-Otto, 423 (438 f.); Becker, Die sogenannte additive Mittäterschaft, 2009, S. 173.

364 Radbruch, Rechtsphilosophie, 2011, S. 108.

365 Radbruch, Rechtsphilosophie, 2011, S. 108.

II. Fahrlässige Mittäterschaft und die erfolgsqualifizierten Delikte

In Bezug auf die systematische Stellung des § 25 Abs. 2 StGB weisen die Vertreter der fahrlässigen Mittäterschaft auch darauf hin, dass die Zurechnungsstruktur bei erfolgsqualifizierten Delikten (§ 18 StGB) fahrlässige Mittäterschaft voraussetzt.[366] Wenn in den Fällen des § 18 StGB dem Mittäter wenigstens Fahrlässigkeit hinsichtlich der besonderen Folge zur Last gelegt wird, obwohl der gemeinsame Tatentschluss die besondere Folge nicht enthält, verweise dies auf die Situation fahrlässiger Mittäterschaft.[367] Da die mittäterschaftliche Zurechnung der fahrlässigen Folge hierbei möglich ist, sei fahrlässige Mittäterschaft „nicht grundsätzlich undenkbar".[368]

Die Struktur der erfolgsqualifizierten Delikte sollte jedoch auf der Grundlage des bereits begründeten Handlungsunrechts analysiert werden.[369] In Bezug auf die Vermeidung der besonderen Folge umfasst die vorsätzliche Tat die Sorgfaltspflichtverletzung, so dass die objektive Zurechnung der besonderen Folge durch die Vorhersehbarkeit[370] bestimmt werden sollte. Nur durch diese Einschränkung durch Vorhersehbarkeit[371] könnten die erfolgsqualifizierten Delikte dem Schuldprinzip entsprechen. Es wird jedoch darauf hingewiesen, dass das Schuldprinzip nicht nur mit dem Erfordernis der vorsätzlichen Beteiligung am Grunddelikt und der Fahrlässigkeit hinsichtlich der schweren Folge für die erfolgsqualifizierten Delikte erfüllt wird, weil die Bestrafung der erfolgsqualifizierten Delikte für die Kombination von Vorsatz und Fahrlässigkeit zu schwer ist.

Deswegen argumentieren einige Autoren, dass die erfolgsqualifizierten Delikte abgeschafft werden sollten und dass der Täter über die Tateinheit mit

366 Dencker, Kausalität und Gesamttat, 1996, S. 178, Fn. 148; Renzikowski, Restriktiver Täterbegriff, 1997, S. 294 ff; Schaal, Gremienentscheidungen in Unternehmen, 2001, S. 231, 235 ff.; Seebald, GA 1964, 161 (161 ff.); Küpper, GA 1998, 519 (527); Weißer, JZ 1998, 230 (233); Maurach/Gössel/Zipf-Renzikowski, AT II, § 49, Rn. 118.

367 Weißer, JZ 1998, 230 (233).

368 Schaal, Gremienentscheidungen in Unternehmen, 2001, S. 231.

369 Ebenso Kraatz, Die fahrlässige Mittäterschaft, 2006, S. 293.

370 Ransiek, JA 2017, 912 (914 f.); Jescheck/Weigend, AT, § 26 II, S. 261 f., § 54 III 2, S. 572.

371 Neben dieser Vorhersehbarkeit sollte auch die „Erkennbarkeit des tatbestandsspezifischen Gefahrzusammenhangs" gefordert werden. Die im Grunddelikt angelegte spezifische Gefahr sollte „unmittelbar" den Eintritt des besonderen Erfolgs bewirken. (Vgl. Rengier, Erfolgsqualifizierte Delikte, 1986, S. 151; Wolter, JuS 1981, 168 (170 ff.); ders., GA 1984, 443 (443 ff.); Hirsch, FS-Oehler, 111 (111 ff.); Kühl, Jura 2002, 810 (814); Wessels/Beulke/Satzger, AT, § 18 IV, Rn. 1148)

dem vorsätzlichen Grunddelikt und dem folgenden fahrlässigen Delikt bestraft werden sollte.[372] Dies dürfte jedoch nicht anzunehmen sein. Denn das erheblich erhöhte Unrecht der erfolgsqualifizierten Delikte kann wohl durch die Lösung über die Tateinheit nicht ausgeglichen werden. Das erheblich erhöhte Unrecht stützt sich darauf, dass der besondere Erfolg aus der typischen Gefahr resultiert.

Aus dem gleichen Grund wird auch behauptet, dass das Zustandekommen der erfolgsqualifizierten Delikte nur auf Fälle bewusster Fahrlässigkeit beschränkt sein sollte.[373] Diese Ansicht kann auch nur schwer akzeptiert werden, da das StGB nicht zwischen bewusster und unbewusster Fahrlässigkeit unterscheidet. Die Unmittelbarkeit des Zusammenhangs zwischen der Gefahr und dem Erfolgseintritt sollte daher gefordert werden.

Kraatz, einer der Gegner fahrlässiger Mittäterschaft,[374] erklärt die Struktur der erfolgsqualifizierten Delikte dahingehend, dass die erfolgsqualifizierten Delikte nur aus „einer (vorsätzlichen) Mittäterschaft" des Grunddelikts bestehen,[375] da die Täterschaft nur auf „der das Geschehen beeinflussenden Handlung" beruht.[376] Bei erfolgsqualifizierten Delikten liegt im Gegensatz zum bloßen fahrlässigen Zusammenwirken das bereits begründete Handlungsunrecht vor, das sich aus der vorsätzlichen Mittäterschaft des Grunddelikts ergibt. Dieses Handlungsunrecht erhöhe sich dann wegen der fahrlässigen besonderen Folge.[377]

Die allgemeine Erklärung der fahrlässige Mittäterschaft ablehnenden Meinung zur Struktur der erfolgsqualifizierten Delikte entspricht jedoch noch mehr dem Schuldprinzip: Die erfolgsqualifizierten Delikte befassen sich mit (vorsätzlicher) Mittäterschaft und fahrlässiger Nebentäterschaft.[378]

---

372 Schubarth, ZStW 85 (1973), 754 (775 f.); Lorenzen, Zur Rechtsnatur und verfassungsrechtlichen Problematik der erfolgsqualifizierten Delikte, 1981, S. 87 ff., 164 ff.

373 Arth. Kaufmann, Das Schuldprinzip, 1976, S. 154, 244.

374 Sein Hauptgrund für die Ablehnung fahrlässiger Mittäterschaft ist, dass die Vorhersehbarkeit bei unbewusster Fahrlässigkeit nicht mit dem gemeinschaftlichen Tatentschluss verbunden werden kann, die das Handlungsunrecht der fahrlässigen Straftaten begründet.; Krit. an dieser unterschiedlichen Behandlung zwischen bewusster und unbewusster Fahrlässigkeit, vgl. Teil 4 B VI 2.

375 Kraatz, Die fahrlässige Mittäterschaft, 2006, S. 293: Die Kombination von Vorsatz–Fahrlässigkeit müsse als „Sinneinheit mit einem vorsätzlichen Kern" erfasst werden.; auch Lackner/Kühl, StGB, § 18, Rn. 4.

376 Kraatz meint, dass § 11 Abs. 2 StGB nur den „handlungstheoretisch zwingend[en]" Gehalt behandelt. (Kraatz, Die fahrlässige Mittäterschaft, 2006, S. 293)

377 Kraatz, Die fahrlässige Mittäterschaft, 2006, S. 293 f.

378 Sowada, Jura 1995, 644 (647); Küpper, GA 1998, 519 (527); Geppert, Jura 2011, 30 (32); Paeffgen, NK-StGB, § 18, Rn. 132; Rudolphi, SK-StGB, § 18, Rn. 6; Schröder,

Bei Mittäterschaft sind der gemeinsame Plan und die gemeinsame Ausführung in Bezug auf das Grunddelikt erforderlich, und bei fahrlässiger Nebentäterschaft muss jeder einzelne Mittäter separat fahrlässig handeln.[379] Nur jeder der Mittäter, der die Gefahr eines schweren Erfolgseintritts aus dem gemeinsamen Tatentschluss[380] im Grunddelikt nach seinen persönlichen Fähigkeiten vorhersehen könnte, haftet daher für die erfolgsqualifizierten Delikte.[381] Der Grundtatbestand bei erfolgsqualifizierten Delikten setzt eine vorsätzliche Tat von selbst voraus. Deswegen kann der Täter selbstständig bestraft werden.[382] Nach diesem Gesichtspunkt ist § 11 Abs. 2 StGB als selbstverständliche Regelung anzuerkennen.

III. Eigene Meinung

Was *Bottke* jedoch im Zusammenhang mit dem Verstoß gegen Art. 103 Abs. 2 GG betont, sollte umfassend und eingehend identifiziert werden. Er betont die strafbegründende Funktion des § 25 StGB als Täterstrafe gegen vorsätzliche aktiv Handelnde.[383] Deswegen könnten fahrlässige Handelnde die Voraussetzungen des § 25 StGB ohne Sondernorm nicht erfüllen, so dass eine direkte Anwendung des § 25 Abs. 2 StGB ausgeschlossen sei. Der Versuch, § 25 StGB auf fahrlässiges Zusammenwirken anzuwenden, ergebe sich aus der Gesetzesanalogie.[384]

Bei jeder Gesetzesauslegung – insb. der strafbarkeitserweiternden Vorschriften des Allgemeinen Teils des StGB[385] – muss die auf Art. 103 Abs. 2 GG basierende Auslegungsgrenze eingehalten werden. Die Frage, wie die Auslegungsgrenze der strafbarkeitserweiternden Vorschriften festzulegen ist, ist darüber hinaus kein theoretisches, sondern ein praktisches Problem, das das Ausmaß der vom Staat

LK-StGB, § 18, Rn. 36; Tröndle/Fischer, StGB, § 18, Rn. 3; Jescheck/Weigend, AT, § 63 II 3, S. 679; Krit. Kraatz, Die fahrlässige Mittäterschaft, 2006, S. 292: Er kritisiert, dass dies nur eine „Scheinlösung" ist und vielmehr die Fälle kriminalpolitischer Notwendigkeit für fahrlässige Mittäterschaft zeigt.

379 Roxin, AT II, § 25, Rn. 197.

380 Geppert, Jura 2011, 30 (32): Er weist darauf hin, dass „auch die tatbestandstypische besonders gefahrträchtige Basishandlung" von dem gemeinsamen Tatentschluss erfasst werden muss.

381 Roxin, AT II, § 25, Rn. 197.

382 Jescheck/Weigend, AT, § 54 III 2, S. 572.

383 Bottke, GA 2001, 463 (475).

384 Bottke, GA 2001, 463 (475).

385 Ebenso Knauer, *Kollegialentscheidung, 2001,* S. 145; Roxin/Greco, AT I, § 5, Rn. 41: „bei Versuch, Mittäterschaft und Teilnahme".

angedrohten Strafe bestimmt. Kriterium ist hier der mögliche Wortsinn, dessen Grenzen im Prinzip nach der *Alltagssprache* festgelegt werden müssen.[386]

Beim besten Willen lässt sich aber nicht behaupten, dass das Wort „gemeinschaftlich" (§ 25 Abs. 2 StGB) nicht mehr fahrlässiges Verhalten zu erfassen vermag. Von den zwei Freunden, die die Steine herunter gerollt haben, zu sagen, sie hätten gemeinschaftlich gehandelt, liegt nicht so fern wie die Behauptung, Elektrizität sei eine „Sache" (§ 242 Abs. 1 StGB), seit RGSt 29, 111 ein Musterbeispiel für eine Überschreitung der Wortlautgrenze.

Zusammenfassend steht der Wortlaut des § 25 Abs. 2 StGB – und somit Art. 103 Abs. 2 GG – einer fahrlässigen Mittäterschaft nicht per se entgegen. Das heißt nicht, dass die Figur nicht aus anderen Gründen problematisch sein kann.

B. Das Schuldprinzip als Hindernis einer fahrlässigen Mittäterschaft?

I. Allgemeines

Das allgemein[387] anerkannte Schuldprinzip[388] als verfassungsrechtlicher Grundsatz – basierend auf der Menschenwürde des Art. 1 Abs. 1 GG – bildet die Grundlage des gesamten Strafrechtssystems. Dieser Grundsatz wird als »nullum crimen, nulla poena sine culpa«[389] formuliert, d.h., „Schuld und Strafe müssen einander entsprechen" oder „Strafe setzt Schuld voraus". Dies muss gewährleisten, dass der Einzelne wegen des zufälligen Erfolgseintritts[390] nicht mit einer beliebigen staatlichen Strafe bestraft wird, sondern dass eine „schuldangemesse" gerechte Strafe verhängt wird,[391] die das Maß der Schuld nicht übersteigt.[392]

386 Ausf. m. w. Nachw. Roxin/Greco AT I, § 5, Rn. 28, 32a ff.

387 Kreuzberg, Täterschaft und Teilnahme als Handlungsunrechtstypen, 2019, S. 155: Schuldprinzip als Axiom.; Jescheck/Weigend, AT, § 4 I 2, S. 23: Dies wird fast ohne Ausnahme anerkannt.; Roxin/Greco, AT I, § 3, Rn. 52.

388 Wessels/Beulke/Satzger, AT, § 13 I 1, Rn. 620: Das Rechtsstaatsprinzip wird hier auch als Grundlage des Schuldprinzips bezeichnet.

389 „Kein Verbrechen, keine Strafe ohne Schuld."; Jescheck/Weigend, AT, § 4 I 2, S. 23; Wessels/Beulke/Satzger, AT, § 13 I 1, Rn. 620; BVerfGE 20, 323 (331); 28, 386 (391); 45, 187 (228); 50, 125 (133); 96, 245 (249); BGHSt 2, 194 (200); 10, 259 (262 f.); 18, 87 (94).

390 Hassemer, Alternativen zum Schuldprinzip, S. 95.

391 Börchers, Schuldprinzip und Fahrlässigkeit, 2009, S. 5 f.; Hassemer, Alternativen zum Schuldprinzip, S. 92.

392 Jescheck/Weigend, AT, § 4 I 1, S. 23; Wessels/Beulke/Satzger, AT, § 13 I 1, Rn. 620.

Die staatliche Bestrafung kann nur dann gerechtfertigt werden, wenn ein Täter, obwohl er die gesetzlichen Anforderungen hätte erfüllen können, diese nicht erfüllt und somit persönlich beschuldigt wird.[393] Wenn er schuldhaft einen Unrechtstatbestand verwirklicht,[394] ist dies ihm subjektiv zuzurechnen.[395]

Die strafbarkeitseinschränkende Schuldfunktion, auf die nicht verzichtet werden darf, kann wie folgt zusammengefasst und organisiert werden[396]: 1) Ermöglichung der subjektiven Zurechnung: Es geht um die Verbindung zwischen dem unrechten Geschehen und demjenigen, der es durch seine Handlung in der Außenwelt bewirkt. Er sollte es steuern und der Urheber von Ereignissen sein können. 2) Ausschluss der Haftung für Zufall, m.a.W., das „Dafür-Können" für bewirktes Unrecht: *Hassemer* weist darauf hin, dass eine Zufallshaftung gegen das Menschenbild des Grundgesetzes und die Gerechtigkeit verstößt.[397] Das Schuldprinzip fordert, dass der unrecht Handelnde nur dann schuldig sein kann, wenn er zumindest den Kausalverlauf hätte steuern können. 3) Unterscheidung von Stufen der inneren Beteiligung am Unrecht: Diese psychische Beziehung des Täters ermöglicht es, das Verhältnismäßigkeitsprinzip zu konkretisieren, und führt zu den verhältnismäßigen Strafrechtsfolgen.[398] 4) Sicherung verhältnismäßiger Strafrechtsfolgen: Es geht um die gleichmäßige und gerechte Strafzumessung einer Strafrechtsfolge, die dem Straftäter subjekitv zugerechnet wird.[399] 5) Vorwerfbarkeit: Die Schuld kann nur dann anerkennt werden, wenn dem Straftäter „die zum Tatentschluss führende Willensbildung"[400] vorgeworfen werden kann.

Um das Schuldprinzip genauer zu verstehen, muss die strafrechtliche Haftung[401] klar von der Schuld getrennt werden. Während sich die Schuld auf „das normwidrige Verhalten" bezieht, hängt die Haftung vom „Aufkommen" eines

---

393 Jescheck/Weigend, AT, § 4 I 1, S. 23: „Tatschuld".; Wessels/Beulke/Satzger, AT, § 13 I 2, Rn. 621.

394 Wessels/Beulke/Satzger, AT, § 13 I 1, Rn. 620: „Unrecht und Schuld sind aufeinander bezogen."

395 Wessels/Beulke/Satzger, AT, § 13 I 2, Rn. 621.

396 Vgl. Arth. Kaufmann, FS-Lange, 27 (33 f.); Hassemer, Alternativen zum Schuldprinzip, S. 93 ff., 107.

397 Hassemer, Alternativen zum Schuldprinzip, S. 95.

398 Hassemer, Alternativen zum Schuldprinzip, S. 99 f.

399 Hassemer, Alternativen zum Schuldprinzip, S. 99.

400 Hassemer, Alternativen zum Schuldprinzip, S. 100 f.

401 Vgl. Hirsch, FS-Lenckner, 119 (131): Dies sei eine Erkenntnis der allgemeinen Rechtslehre.; BGH NStZ 1997, 272 (272).

Erfolgs ab, ohne das Verschulden notwendigerweise zu berücksichtigen.[402] *Hirsch* weist zu Recht darauf hin, dass die Haftung im zivilrechtlichen Bereich „durch Zuschreibung aufgrund von Risikosphären oder personellen Beziehungen zu Dritten“ ohne Verschulden übernommen werden kann. Im Bereich des Strafrechts handelt es sich dagegen um den schuldhaften Verstoß „gegen ein Verbot oder Gebot und deren erfolgsbezogenen Inhalt“ in den Verhaltensnormen.[403]

II. Verhältnis zwischen Strafrechtsdogmatik und Kriminalpolitik

Die obige Diskussion kann in den Zusammenhang des Verhältnisses zwischen Strafrechtsdogmatik und Kriminalpolitik gestellt werden. Dieses hat sich von einem traditionellen antagonistischen Verhältnis, wie es noch von *v. Liszt* konzipiert wurde,[404] zum Streben nach einer Synthese gewandelt.[405] Dies ist darauf zurückzuführen, dass sich die Rolle des Staates von einer Bedrohung der Freiheit zu einer Sicherheitsgarantie gewandelt hat und die Forderung nach Sicherheit vor Verbrechen in den heutigen komplexen modernen Gesellschaften, der sog. „Risikogesellschaft“[406], zugenommen hat.[407] Problematisch hieran ist aber, dass Sicherheitsinteressen Kontrollbedürfnisse entstehen lassen, was zu einem Zusammenbruch der Rechtsstaatlichkeit führen kann.[408] Dieses Verhältnis könnte daher auch als Spannung zwischen Schuld und Prävention,[409] zwischen Freiheitswahrung und Sicherheit (oder Verbrechensbekämpfung) umformuliert werden.[410]

Strafrechtsdogmatik und Kriminalpolitik beeinflussen sich wechselseitig.[411] Der Leitgedanke des Strafrechts »nullum crimen, nulla poena sine

---

402 Hirsch, FS-Lenckner, 119 (131).

403 Hirsch, FS-Lenckner, 119 (131).

404 v.Liszt, Strafrechtliche Vorträge und Aufsätze II, 1905, S. 80: „Das Strafrecht ist die unübersteigbare Schranke der Kriminalpolitik.“

405 Grdl. Roxin, Kriminalpolitik und Strafrechtssystem, 2. Aufl. 1973.

406 Hassemer, Strafrecht. Sein Selbstverständnis, seine Welt, 2008, S. 234.

407 Hassemer, Strafrecht. Sein Selbstverständnis, seine Welt, 2008, S. 229; Roxin/Greco, AT I, § 7, Rn. 75.

408 Hassemer nennt es „ein[en] Umbau des Rechtsstaats“. (Hassemer, Strafrecht. Sein Selbstverständnis, seine Welt, 2008, S. 230 ff.)

409 Hassemer, Strafrecht. Sein Selbstverständnis, seine Welt, 2008, S. 231 f.

410 Hassemer, Strafrecht. Sein Selbstverständnis, seine Welt, 2008, S. 229 f.; Roxin/Greco, AT I, § 7, Rn. 75.

411 Roxin, FS-Bockelmann, 279 (296); Annäherung von Strafrechtsdogmatik und Kriminalpolitik: vgl. Greco, ZIS 2016, 416 (416 f.); Roxin/Greco, AT I, § 7, Rn. 76 ff.

lege« dient sowohl als „Magna Charta des Verbrechers" als auch als Mittel zur erfolgreichen Verbrechensbekämpfung bzw. zur Generalprävention im Hinblick auf rechtsstaatliche Anforderungen. Die Kriminalpolitik wirkt sich auf die Dogmatik bei der Systematisierung der gesetzgeberischen Ziele aus (sog. teleologisch-kriminalpolitische Auslegung).[412] M.a.W., die Dogmatik dient im Zusammenhang mit kriminalpolitischen Gesichtspunkten als Maßstab für die Interpretation, um Interessenkonflikte bezüglich sozialer Nützlichkeit oder Schädlichkeit zu lösen sowie Rechtswidrigkeit und Grundsätze unabhängig von den „persönlichen Wertvorstellungen des Interpreten" zu entscheiden. Die Dogmatik sollte den Bestrafungsbedarf aufgrund des Gefühlsurteils nicht berücksichtigen, ohne dass eine ausreichende Begründung auf der Grundlage des Strafrechtssystems vorliegt.[413] Hiermit kann Schuld den Missbrauch kriminalpolitisch noch zweckmäßiger Bestrafung verhindern.[414] Die Dogmatik darf hier nicht gegen die Zielvorstellungen[415] der Kriminalpolitik verstoßen, und umgekehrt kann diese nur innerhalb der Auslegungsgrenzen eingesetzt werden.[416] Auf diese Weise könnte die Synthese[417] als sich gegenseitig einschränkendes Verhältnis rechtsstaatlich eine stärkere Einschränkung der Bestrafung gewährleisten.[418]

Zusammenfassend muss die Kriminalpolitik – eine effektive Prävention bzw. ein verbreitetes Sicherheitsbedürfnis – durch die auf Grundrecht basierende Rechtsstaatlichkeit (Art. 28 Abs. 1 GG) eingeschränkt werden, die nicht überschritten werden darf.[419] Dies stützt sich darauf, dass das Strafrecht als „ultima ratio" einen fragmentarischen und subsidiären Charakter hat. I.d.S. muss der Bestrafungsbedarf immer durch die rechtsstaatlichen Bedingungen – insb. das Schuldprinzip – geregelt werden, die nicht nur vom Gesetzgeber, sondern auch vom Rechtsanwender zu berücksichtigen sind.

---

412 Roxin/Greco, AT I, § 7, Rn. 76.

413 Greco, JRE Bd. 27 (2019)=GS-Hruschka, 361 (377).

414 Roxin, FS-Bockelmann, 279 (296).

415 Diese Ziele könnten aus den Entschuldigungsgründen sowohl im Hinblick auf das positive Gesetz als auch auf die überformenden verfassungsrechtlichen Aspekte erreicht werden. (Roxin/Greco, AT I, § 7, Rn. 78, 80 f. (mit Beispielen))

416 Roxin/Greco, AT I, § 7, Rn. 77.

417 Dies verletzt nicht die Bedeutung der Schuld im Strafrechtssystem. (Roxin, FS-Bockelmann, 279 (285))

418 Roxin, FS-Bockelmann, 279 (296).

419 Ebenso Hassemer, Strafrecht. Sein Selbstverständnis, seine Welt, 2008, S. 230 f., 240; Jescheck/Weigend, AT, § 4 II, S. 26; Roxin/Greco, AT I, § 7, Rn. 77 ff.

III. Wesensverschiedenheit von Straf- und Zivilrecht; Höchstpersönliche Natur der Strafe und der Schuld

Bei der Auseinandersetzung mit den „zivilrechtsinspirierten" Ansätzen, die die Mittäterschaft auf die Figur der Stellvertretung zurückführten (o. Teil 3 B IV), haben wir Zweifel darüber angemeldet, ob die Importierung der strafrechtsfremden Zurechnungsstruktur ohne weiteres möglich sei. Viel scheint dafür zu sprechen, dass hiergegen ein tieferer Grund spricht: nämlich, dass Straf- und Zivilrecht „wesensverschieden" sind.[420] Sie befassen sich mit divergierenden Gegenständen bzw. Zielen und verwenden unterschiedliche Ansichten, die der jeweiligen Natur der Sache entsprechen müssen.[421]

Im Bereich des Zivilrechts ist es möglich, dass das Rechtsgeschäft des Vertreters „unmittelbar für und gegen den Vertretenen" wirkt (§ 164 Abs. 1 BGB). Diese Vertretungsstruktur gilt jedoch nicht für das Strafrecht, weil seine Sanktion die Rechte aus der angeborenen,[422] höchstpersönlichen Natur des Menschen betrifft – insb. die Fortbewegungsfreiheit.[423] Diese angeborenen Rechte haben keinen Preis. Wenn sie den Bedürfnissen anderer entprechend beschränkt oder ganz genommen werden, besteht kein Unterschied zur Behandlung des Menschen als Instrument.[424] Die strafrechtliche Bestrafung hängt daher nicht von einem wirtschaftlichen Schaden ab, während die zivilrechtliche Betrachtung auf Schadensersatzansprüche unter Berücksichtigung einer materiellen Wertminderung abstellt.[425] Das strafrechtliche Unrecht muss auf der „Stigmatisierung als sozial unerträgliches Fehlverhalten" beruhen, nicht auf der „Abwägung zwischen den Interessen der beteiligten Privatpersonen".[426]

420 Vgl. Greco, Strafprozesstheorie und materielle Rechtskraft, 2015, S. 653 ff.; ders., GA 2015, 503 (512 ff.); ders., JRE Bd. 27 (2019)=GS-Hruschka, 361 (369); Roxin, ZStW 74 (1962), 411 (430); Hirsch, FS-Lampe, 515 (526).

421 Roxin, FS-Honig, 133 (138).

422 Hingegen befasst sich das Zivilrecht mit erworbenen Rechten, die eine äußere Schicht der Persönlichkeit betreffen. Sie könnten „erst im Laufe seines Lebens" genommen und wieder verloren werden. (Greco, Strafprozesstheorie und materielle Rechtskraft, 2015, S. 654, 656 f.; ders., JRE Bd. 27 (2019)=GS-Hruschka, 361 (367))

423 Roxin, ZStW 74 (1962), 411 (430); Greco, JRE Bd. 27 (2019)=GS-Hruschka, 361 (367).

424 Greco, Strafprozesstheorie und materielle Rechtskraft, 2015, S. 658.

425 Roxin, ZStW 74 (1962), 411 (430); Greco, Strafprozesstheorie und materielle Rechtskraft, 2015, S. 659.

426 Hirsch, FS-Lampe, 515 (526).

In diesem Zusammenhang betont *Greco* insb. die Höchstpersönlichkeit der Straftat und argumentiert klar, dass die Einhaltung des Schuldprinzips das Hauptmaß für die Mittäterschaft sein sollte.[427] Er stellt auf das Verhältnis zwischen den höchstpersönlichen Rechten und dem höchstpersönlichen Fehlverhalten ab.[428] Die angeborenen Rechte[429] – wie Leben, Leib und Freiheit – gehören jedem „kraft seiner Menschheit“[430], die „einer tieferen Schicht“ der Persönlichkeit innewohnen.[431] Sie seien daher höchstpersönlich. Wegen des Fehlverhaltens könne Strafe in diese höchstpersönlichen Rechte eingreifen. Ein Eingriff durch Strafe müsse hier besonders gerechtfertigt werden, weil er die angeborenen Rechte antastet.[432] Das Fehlverhalten müsse daher ebenso in dem Sinne höchstpersönlich sein,[433] als dass ein Täter sein freies Verhalten begeht und damit Schuld auf sich nimmt. Nur dann könnten ihm diese höchstpersönlichen Rechte entzogen werden. D.h., sie müssten von ihm selbst verwirkt werden.[434] Die Strafe entziehe hierbei angeborene Rechte als objektive Reaktion auf Fehlverhalten.[435] Sie müsse daher wiederum ebenfalls höchstpersönlicher Natur sein und von höchstpersönlicher Schuld[436] ausgehen.

---

427 Greco, JRE Bd. 27 (2019)=GS-Hruschka, 361 (367 ff.): „Die Straftat ist kein Rechtsgeschäft.“

428 Greco, Strafprozesstheorie und materielle Rechtskraft, 2015, S. 653 ff.; ders., GA 2015, 503 (514); ders., JRE Bd. 27 (2019)=GS-Hruschka, 361 (367).

429 Näheres hierzu nach Vertragstheorie vgl. Greco, Strafprozesstheorie und materielle Rechtskraft, 2015, S. 657, 659 f.

430 Greco, Strafprozesstheorie und materielle Rechtskraft, 2015, S. 654.

431 Greco, Strafprozesstheorie und materielle Rechtskraft, 2015, S. 656.

432 Greco, Strafprozesstheorie und materielle Rechtskraft, 2015, S. 657.

433 Greco, GA 2015, 503 (516).

434 Greco, Strafprozesstheorie und materielle Rechtskraft, 2015, S. 658; ders., GA 2015, 503 (512).

435 Greco, Strafprozesstheorie und materielle Rechtskraft, 2015, S. 659; „eine Strafe im engeren Sinn, eine Kriminalstrafe“.; ders., GA 2015, 503 (514); ebenso Schünemann, FS-Neumann, 701 (703): Er stimmt diesem Begriff der Kriminalstrafe zu und beschreibt ihn als „ein besonders schweres Übel durch Eingriff in die angeborenen Rechte“.

436 Nach h.M.(Schünemann, Positive Generalprävention, 1998, S. 109, 114 f.; Erber-Schropp, Schuld und Strafe, 2016, S. 181 ff.; Roxin/Greco, AT I, § 3, Rn. 51 ff.) beruht die Legitimierung der Bestrafung auf Schuld. Näheres zu dieser Diskussion vgl. Hörnle, FS-Neumann, 593 (603).

Das ist auch der tiefere Grund, weshalb eine Begründung der Mittäterschaft über die Beschwörung einer Kollektivperson (Teil 3 C) misslingen muss. Ein Fehler der Kollektivperson könnte allenfalls eine Bestrafung der Kollektivperson rechtfertigen. Darum geht es aber nicht, sondern um die Bestrafung der Einzelnen, die hinter der postulierten neuen Person stehen.

Zusammenfassend muss die Strafe der „Idee eines höchstpersönlichen Schuldprinzips“[437] zugrunde liegen. Die höchstpersönlichen Rechte können nur durch die höchstpersönliche Straftat mit eigenem freien Verhalten des Täters verloren gehen,[438] welche die Bestrafung legitimieren kann.[439] „Niemand kann sich entscheiden, einen anderen strafbar zu machen.“[440]

IV. Die Herausforderung: Lässt sich die auf Fahrlässigkeit beruhende gegenseitige Zurechnung mit den Anforderungen des Schuldprinzips vereinbaren?

Es ist im Folgenden zu untersuchen, ob die gegenseitige Zurechnung bei Mittäterschaft mit dem Schuldprinzip vereinbar ist. Der Schwerpunkt der Untersuchung liegt selbstverständlich auf der funktionellen Tatherrschaft als derjenigen Komponente der Tatherrschaft, welche von *Roxin* umfassend ausgearbeitet wird und von der Abgrenzung zwischen Täterschaft und Teilnahme ausgeht. Es wird sich herausstellen, dass die funktionelle Tatherrschaft am überzeugendsten die Zurechnungsstruktur der Mittäterschaft auch in ihrem Verhältnis zum Schuldprinzip erklären kann. Es soll daher mit der funktionellen Tatherrschaft begonnen werden (u. V 1, 2); in einem weiteren Schritt wird geprüft, ob sich diese Struktur auch auf das fahrlässige Zusammenwirken übertragen lässt (u. V 3).

---

437 Greco, GA 2015, 503 (514).
438 Greco, GA 2015, 503 (514), (516).
439 Greco, Strafprozesstheorie und materielle Rechtskraft, 2015, S. 659.
440 Greco, Strafprozesstheorie und materielle Rechtskraft, 2015, S. 658.

V. Die funktionelle Tatherrschaft

1. Die Idee der Tatherrschaft; zugleich Diskussion der dagegen gerichteten Einwände

a) Synthese einer objektiven und subjektiven Theorie

Der Idee der Tatherrschaft folgt fast die gesamte Literatur,[441] die *Täterschaft und Teilnahme* durch die *Synthese*[442] *einer rein objektiven und subjektiven Theorie abgrenzt. Demnach kann jemand Täter nur dann sein, wenn er den* tatbestandsmäßigen Geschehensablauf in seinen Händen hält,[443] was *vom Vorsatz erfasst wird;* m.a.W., wenn er als „Zentralgestalt" bei tatbestandsmäßiger Ausführung das Geschehen „nach seinem Willen hemmen oder ablaufen lassen kann".[444] Der Zentralgestaltsbegriff könne Täterschaft und Teilnahme nicht konkret abgrenzen, sondern diene als *Leitprinzip.*[445] Im StGB gibt es die Täterschaft in drei Formen: die unmittelbare Täterschaft (§ 25 Abs. 1 StGB) mit der Handlungsherrschaft als Zentralgestalt, die mittelbare Täterschaft (§ 25 Abs. 1 StGB) mit der Willensherrschaft und die Mittäterschaft (§ 25 Abs. 2 StGB) mit der funktionellen Tatherrschaft.

b) Einwand aus der formal-objektiven Theorie

Es wird jedoch darauf hingewiesen, dass die Tatherrschaftslehre die Tatbestandsbezogenheit nicht überzeugend in die einzelnen Deliktstatbestände einordnen

---

441 Roxin, Täterschaft und Tatherrschaft, S. 674 ff.; ders., AT II, § 25, Rn. 27 ff.; auch Herzberg, TuT, 1977, S. 8; Jescheck, SchwZStR 71 (1956), 225 (234); Sax, ZStW 69 (1957), 412 (432 ff.); Rudolphi, FS-Bockelmann, 369 (372 ff.); Heine/Weißer, Sch/Sch-StGB, Vor §§ 25 ff., Rn. 72 ff.; Hoyer, SK-StGB, § 25, Rn. 10 ff.; Joecks, MüKo-StGB, § 25, Rn. 34; Murmann, S/S/W-StGB, Vor §§ 25 ff., Rn. 7 f.; Schünemann, LK-StGB, § 25, Rn. 32 ff.; Gropp, AT, § 10, Rn. 79 ff.; Jakobs, AT, 21/35 ff.; Jescheck/Weigend, AT, § 61 V, S. 651 ff.; Kühl, AT, § 20, Rn. 27; Maurach/Gössel/Zipf-Renzikowski, AT II, § 47, Rn. 85 ff.; Otto, AT, S. 259 f.; Welzel, Strafrecht, S. 100; Wessels/Beulke/Satzger, AT, § 16 II 2, Rn. 807.

442 Roxin, AT II, § 25, Rn. 30; Jescheck/Weigend, AT, § 61 V 1, S. 652: Die tatbestandsmäßige Handlung sollte als objektiv-subjektive Sinneinheit verstanden werden.

443 Maurach/Gössel/Zipf-Renzikowski, AT II, § 47, Rn. 85 ff.; Wessels/Beulke/Satzger, AT, § 16 II 2, Rn. 807.

444 Roxin, AT II, § 25 I, Rn. 10: Er bezeichnet den Teilnehmer als eine „Randfigur".; Wessels/Beulke/Satzger, AT, § 16 II 2, Rn. 807.

445 Roxin, AT II, § 25 I, Rn. 12 f.; Dies dient als „ein wertender Differenzierungsmaßstab" und kann schrittweise mit den realen Gegebenheiten konkretisiert werden.

kann.[446] Wenn die Tatherrschaftslehre verwendet wird, wird ein Paradebeispiel für die Entfernung von der Tatbestandsbezogenheit genannt, bei dem der Schmierestehende aufgrund der Erheblichkeit des Tatbeitrags im Ausführungsstadium Mittäter werden kann, obwohl er sich abseits aller tatbeständlichen Ausführungshandlungen hält. Dann werde die Erheblichkeit eines Mittäters für Mittäterschaft von anderen Mittätern eingestuft, und somit stelle die Tatherrschaftslehre keine sachlichen Kriterien in Bezug auf die Erheblichkeit dar.[447]

In diesem Zusammenhang kritisiert *Freund* insb. die Tatherrschaftslehre „als ein wenig hilfreiches Kriterium"[448] und stellt sein Kriterium für „je spezifische tatbestandsmäßige Verhalten"[449] im Anschluss an die formal-objektive Theorie dar, die die Täterschaft nach dem gänzlichen oder teilweisen „Selbst-Vornehmen" der tatbestandlichen Ausführungshandlung bestimmt. Diese wird heute kaum unterstützt,[450] da sie Schwierigkeiten hat, die mittelbare Täterschaft zu erklären und den im Hintergrund bleibenden Bandenchef als Mittäter zu erfassen.[451] Insb. kann sie die gegenseitige Zurechnungsstruktur bei Mittäterschaft nicht zutreffend erklären, weil die Bestimmung ohne das subjektive Merkmal nicht erklären kann, inwieweit eine Handlung, die ein Mittäter objektiv allein beherrscht, dem anderen zugerechnet werden kann.[452] *Freund* weist jedoch darauf hin, dass die Tatherrschaftslehre nicht ohne die Bestimmung hilfreich ist, „was genau die Tat ist", die der zu beherrschende Gegenstand ist.[453] Wird die Tatbestandsmäßigkeit einer Tat i.S.v. § 25 Abs. 2 StGB in Verbindung mit dem Tatbestand des BT bestimmt, müsse die Herrschaft für die Tatbestände nicht mehr zusätzlich verlangt werden,[454] weil diese eine Täterschaft erfassen.[455] *Freund* versucht, die Beteiligungsformen durch Auslegung des Wortlauts und

---

446 Haas, ZStW 119 (2007), 519 (526); Seher, JuS 2009, 1 (4); Freund, AT, § 10, Rn. 45.

447 Seher, JuS 2009, 1 (4 f.).

448 Freund, AT, § 10, Rn. 155.

449 Freund, AT, § 10, Rn. 51.

450 Seher, JuS 2009, 1 (5): „die einhellig der Rechtsgeschichte zugeordnete" Theorie.; hingegen Freund, AT, § 10, Rn. 35: Es sei „ganz zu Unrecht", dass die formal-objektive Lehre als überholt angesehen wird.

451 Vgl. Kühl, AT, § 20, Rn. 24; Wessels/Beulke/Satzger, AT, § 16 II 1, Rn. 805; auch Freund, AT, § 10, Rn. 35.

452 Wessels/Beulke/Satzger, AT, § 16 II 4, Rn. 809.

453 Freund, AT, § 10, Rn. 47, 155: Ohne diese Bestimmung sei die Tatherrschaft ein „Zauberhut".

454 Freund, AT, § 10, Rn. 155.

455 Freund, AT, § 10, Rn. 47; auch Haas, ZStW 119 (2007), 519 (526).

der Ratio der Einzeltatbestände abzugrenzen, nicht durch einen einheitlichen Maßstab.

Zunächst ist darauf hinzuweisen, dass sich die Einzeltatbestände nur auf den unmittelbaren Täter beziehen, so dass sie insb. die Mittäterschaft nicht bestimmen können.[456] *Freund* erklärt die mittäterschaftliche Verantwortlichkeit des Schmierestehendes mit dem „qualitativen Sprung", der verlangt, dass sein Schmierestehen die Wegnahme „überhaupt erst ermöglicht" und dies sogar „durch eine entsprechende Aufforderung im Vorfeld" veranlasst.[457] Es ist jedoch nicht anzunehmen, dass eine Beihilfe aufgrund einer Anstiftung zur Mittäterschaft führen kann,[458] weil die Formen gesetzlich seperat vorgesehen sind. Zweitens ist auch der Übergang der Kriterien vom AT zum BT,[459] mit den sich das StGB im AT eindeutig befasst, schwer anzunehmen.[460]

c) Einwand aus der subjektiven Theorie

Umgekehrt stellt die Rspr. seit 1871 auf die innere „Willensrichtung" ab und fragt, ob man die Tat als eigene (Täter) oder als fremde (Teilnahme) will (subjektive Theorie).[461] Demnach wird der Täter durch „Täterwillen" (animus auctoris) identifiziert, der Teilnehmer indes durch „Teilnehmerwillen" (animus socii). Welcher Täterbegriff verfolgt wird, wirkt sich auf die Kriterien für Täterschaft aus,[462] da die Täterschaft nur dann nach subjektiven Kriterien festgestellt werden sollte, wenn der extensive Täterbegriff verfolgt wird, nach dem jeder Tatbeitrag zum Erfolg gleichermaßen kausal sind.[463] Die Vertreter der subjektiven Theorie weisen auf die Irrationalität der Tatherrschaftslehre hin, dass Schuld als Täter „durch irgendwelche Zufälle" beigemessen werden könnte, obwohl der

---

456 Seher, JuS 2009, 1 (5); Roxin, AT II, § 25, Rn. 260: Dies verursacht „Rechtsunsicherheit".; Rn. 37, 259: Er weist darauf hin, dass dieser Ansatz nicht auf der Eigenhändigkeit der formal-objektiven Theorie basiert, sondern auf einem materiellen Sinne, so dass dieser Ansatz nur bei Mittäterschaft wesentlich von der Tatherrschaftslehre abweicht.

457 Freund, AT, § 10, Rn. 168 f.: Dies sei eine materielle Betrachtung des Tatbestands des mittäterschaftlichen Delikts.; Krit.: Roxin, AT II, § 25, Rn. 262: Dies sei nicht nachvollziehbar.

458 Roxin, AT II, § 25, Rn. 262: Im Übrigen sei die Erklärung nur ein Gefühlsurteil.

459 Freund, AT, § 10, Rn. 164.

460 Roxin, AT II, § 25, Rn. 259.

461 Roxin, AT II, § 25, Rn. 17; Wessels/Beulke/Satzger, AT, § 16 II 1, Rn. 806.

462 V.a., Hoyer, SK-StGB, § 25, Rn. 4 ff.

463 Vgl. Baumann, JuS 1963, 51 (59); Baumann/Weber/Mitsch/Eisele, AT, § 28, Rn. 31 ff.

Beteiligte nur eine fremde Straftat fördern will.[464] Umgekehrt gehen ihre Vertreter auch davon aus, dass diese Theorie aufgrund der gleichberechtigten Berücksichtigung des Tatinteresses dazu führen könnte, dass der Beteiligte als Täter bestraft wird, obwohl er keine objektive Tatherrschaft besitzt oder ohne den Tatherrschaftswillen handelt.[465] V.a. eine rein subjektive Betrachtung wird wegen fehlender gesetzlichen Grundlage kritisiert. § 25 StGB ordnet an, dass die Täterschaft objektiv durch die „Tatbestandsgebundenheit" bestimmt wird.[466] Nach dieser Betrachtung könnte ein Beteiligter aufgrund mangelnden Täterwillens als Teilnehmer klassifiziert werden, obwohl er selbst sämtliche Tatbestandsmerkmale erfüllt.[467] Die „Äquivalenz aller Erfolgsbedingungen" durch den extensiven Täterbegriff könnte kein Grund sein, die subjektive Theorie zu akzeptieren, weil der objektive Aspekt einer Straftat nicht auf die Kausalität beschränkt werden kann.[468] Die neuere Rspr. wendet das Kriterium der Willensrichtung auf eine „wertende Gesamtbetrachtung" an, was eine zunehmende Annäherung an die Tatherrschaftslehre zeigt.[469]

d) Einwand von Stein nach der Dringlichkeit der Verhaltensnormen

Stein grenzt Täterschaft und Teilnahme nicht nach Tatherrschaft, sondern nach seinem eigenen Kriterium – Dringlichkeit der Verhaltensnormen –[470] auf der Grundlage der auf dem Handlungswert basierenden Unrechtslehre ab: Die Pflicht des Vordermannes, das Rechtsgut nicht zu verletzen, errichtet einen

---

464 Baumann/Weber/Mitsch/Eisele, AT, § 28, Rn. 59.

465 Baumann/Weber/Mitsch/Eisele, AT, § 28 Rn. 63.

466 Hoyer, SK-StGB, § 25, Rn. 7; Roxin, LK-StGB, § 25, Rn. 33: § 25 Abs. 2 StGB sollte daher „Beteiligen sich mehrere mit Täterwillen an einer Tat" lauten, um die subjektiven Kriterien anzuwenden.; Wessels/Beulke/Satzger, AT, § 16 II 4, Rn. 809.

467 Hoyer, SK-StGB, § 25, Rn. 5; Roxin, LK-StGB, § 25, Rn. 33.

468 Roxin, LK-StGB, § 25, Rn. 30: Die Schuld kann nicht auf „die psychische Beziehung des Täters zum Erfolg" beschränkt werden, weshalb objektive wie subjektive Elemente gleichermaßen verwendet werden sollten.; auch Hoyer, SK-StGB, § 25, Rn. 8: Es gibt keinen Grund, nach der Kausalitätsfeststellung, da diese als ein Grobfilter dient, nur subjektive Faktoren auf der Ebene der objektiven Zurechnung zu berücksichtigen.

469 Roxin, Täterschaft und Tatherrschaft, S. 663; ders., AT II, § 25, Rn. 17 ff.; Baumann/Weber/Mitsch/Eisele, AT, § 29, Rn. 61: Umgekehrt erklären sie als Vertreter der subjektiven Theorie, dass „die Tatherrschaftslehre zunehmend auch subjektive Momente berücksichtigt".

470 Stein, Die strafrechtliche Beteiligungsformenlehre, 1988, S. 238 ff.; Krit. Küper, ZStW 105 (1993), 445 (445 ff.); Roxin, LK-StGB, § 25, Rn. 13, 36, 160.

„Schutzwall“ für das Rechtsgutsobjekt, so dass die Dringlichkeit der Teilnehmerverhaltensnorm prinzipiell geringer ist als die der Täterverhaltensnorm.[471] Der Anstiftung wird die gleiche Dringlichkeit wie der Täterverhaltensnorm verliehen, weil der Anstifter den Schutzwall durchlöchert, indem er die Motivationskraft des Vordermanns beeinträchtigt, sich pflichtgemäß zu verhalten.[472] Bei der Mittäterschaft befassen sich die Verhaltensnormen mit der Gefährlichkeitsvermittlung „durch das künftige Verhalten eines anderen“, der „eine vollwertige Verhaltenspflicht“ auf sich nimmt und „die ungeschmälerte Pflichtbefolgungsfähigkeit“ hat. Die Bestimmungswirkung der Pflicht kann sich nicht praktisch entfalten, da der Motivationsprozess bereits „in Richtung auf die Pflichtverletzung“ fortgeschritten ist und „das geplante pflichtwidrige Verhalten“ nahe bevorsteht. Dann kann vom Vordermann nicht mehr erwartet werden, dass er die Pflicht erfüllt, so dass die Dringlichkeit der Pflicht des Hintermannes nicht vermindert wird.[473] Auf diese Weise erklärt *Stein* die größere Dringlichkeit der Verhaltensnorm für Mittäterschaft als für Beihilfe.

Zunächst wird auf den Ausgangspunkt seiner Lehre verwiesen, dass nämlich der Unrechtsgehalt der Straftat – Tatbestand und Beteiligungsformen – sowohl durch den Handlungsunwert als auch durch den Erfolgsunwert bestimmt wird.[474] Die Verhaltensnormensabstufung der Dringlichkeit ist ebenfalls schwer zu akzeptieren, weil jede Verhaltensnorm dieselbe Dringlichkeit hat, solange es sich nicht um Grade der Verbotenheit oder Gebotenheit handelt, sondern nur um die Normverletzung. Dies beeinflusst darüber hinaus nur die unterschiedlichen Strafgrößen.[475] Damit könnte der Verstoß gegen eine Verhaltensnorm Täterschaft und Teilnahme nicht abgrenzen. Nach *Stein*s Strukturierung der Mittäterschaft durch das Verhältnis von „Hintermann“ zu „Vordermann“ könnte nur der Hintermann Mittäter sein. Wenn die Beteiligten gleichzeitig handeln,

---

471 Stein, Die strafrechtliche Beteiligungsformenlehre, 1988, S. 241 f.: Der Anstifter soll daher gleich dem Täter bestraft werden.

472 Stein, Die strafrechtliche Beteiligungsformenlehre, 1988, S. 242 f.

473 Stein, Die strafrechtliche Beteiligungsformenlehre, 1988, S. 330.

474 Roxin, Täterschaft und Tatherrschaft, S. 680; ders., LK-StGB, § 25, Rn. 13; ders., AT II, § 25, Rn. 36: Unterschiede des Verhaltens können die „Beteiligungsform“ nur insoweit beeinflussen, als sie sich auf den tatbestandsmäßigen Erfolg auswirken.; Roxin beschreibt dies als eine vom Erfolg gelöste frei schwebende „Verhaltensnormlehre“.; Wessels/Beulke/Satzger, AT, § 1 I 6, Rn. 29.

475 Roxin, Täterschaft und Tatherrschaft, S. 680: Denn unrechtmäßiges Verhalten ist nicht mehr oder weniger, sondern schlechthin verboten.; ders., LK-StGB, § 25, Rn. 13; Roxin, AT II, § 25, Rn. 36.

sind sie alle Hintermänner. Wenn die Handlungen nicht gleichzeitig stattfinden, ist der als letzter Handelnde der unmittelbare Täter.[476] Neben der Künstlichkeit[477] sollte darauf hingewiesen, dass es nicht im Einklang mit dem Schuldprinzip für die Zurechnung steht, sich auf die Wirkung als Hintermann des anderen zu stützen, aber nicht auf seine eigene Handlung.

2. *Die Idee der funktionellen Tatherrschaft; zugleich Diskussion der dagegen gerichteten Einwände*

a) *Die Idee der funktionellen Tatherrschaft*

Roxin definiert die funktionelle Tatherrschaft[478], bei der der Mittäter das Gesamtgeschehen beim Zusammenwirken mit den anderen beherrscht. Hierbei ist zu beachten, dass jeder Mittäter nur seinen eigenen Tatanteil beherrscht. Keiner hat die gesamte Tatherrschaft für sich, aber sie liegt in den Händen aller Beteiligten. *Schröder* meint in diesem Zusammenhang, dass die mittäterschaftliche Zurechnungsstruktur nicht durch die Tatherrschaftslehre erklärt werden kann. Mittäterschaft sollte daher als wechselseitige mittelbare Täterschaft verstanden werden, um die Beherrschung der Tatbeiträge der anderen Mittäter zu erklären.[479] *Roxin* widerlegt diese Ansicht eindeutig, weil sie nicht dem Schuldprinzip entspricht.[480] Die mittäterschaftliche Struktur sollte auf der Grundlage des Schuldprinzips erklärt werden. Kein Mittäter darf für etwas bestraft werden, was der andere getan hat.[481] Jeder sollte nach der Tatherrschaftslehre auch bei Mittäterschaft eine Zentralgestalt sein. Sein eigenes Tun muss in der Lage sein, seine eigene Mitherrschaft über die Gesamttat zu begründen, ohne ihm das Verhalten des anderen zuzurechnen.[482] Dies kann nicht durch die Rechtsfigur

---

476 Stein, Die strafrechtliche Beteiligungsformenlehre, 1988, S. 330.

477 Roxin, AT II, § 25, Rn. 247.

478 Roxin, Täterschaft und Tatherrschaft, S. 275 ff.; Hoyer, SK-StGB, § 25, Rn. 13, 108; Schünemann, LK-StGB, § 25, Rn. 156; Rudolphi, FS-Bockelmann, 369 (374); Seelmann, JuS 1980, 571 (574); Valdágua, ZStW 98 (1986), 839 (861); Bottke, GA 2001, 463 (471); Geppert, Jura 2011, 30 (30 ff.); Gropp, AT, § 10, Rn. 168 ff.; Herzog, AT, S. 239; Jescheck/Weigend, AT, § 63 III, S. 679; Kühl, AT, § 20, Rn. 99.

479 Schröder, JR 1958, 427; ders., Sch/Sch-StGB, § 47, Rn. 43; auch Lange, Der moderne Täterbegriff, 1935, S. 55 ff.; Sax, ZStW 69 (1957), 412 (434 ff.); Baumann, JuS 1963, 51 (85); Haas, ZStW 119 (2007), 519 (534 f.).

480 Roxin, Täterschaft und Tatherrschaft, S. 277; Valdágua, ZStW 98 (1986), 839 (852 ff.), (860); Schild, NK-StGB, § 25, Rn. 126.

481 Roxin, Täterschaft und Tatherrschaft, S. 287.

482 Roxin, AT II, § 25, Rn. 257.

der mittelbaren Täterschaft erklärt werden.[483] Die mittelbare Täterschaft ist dadurch gekennzeichnet, dass ein Hintermann den Defekt des Tatmittlers ausnutzt und der Defekt zu einem Strafbarkeitsdefizit des Tatmittlers führt; was bei Mittäterschaft fehlt.[484] Bei mittelbarer Täterschaft kommt es auf das Einwirken des Hintermanns auf den Tatmittler als Werkzeug an, nicht auf die gegenseitige Zurechnung.[485]

Puppe versucht die Mittäterschaft durch wechselseitige Anstiftung[486] zu rechtfertigen. Dies basiert auf ihrer Lehre vom Unrechtspakt: Die mittäterschaftliche Zurechnungsstruktur besteht darin, die freiverantwortliche Straftat eines anderen wie das eigene Unrecht zuzurechnen.[487] Im Vergleich zum Unwert der Alleintäterschaft und der mittelbaren Täterschaft ist der Unwert der Mittäterschaft geringer, da Mittäterschaft nur dann zustande kommt, wenn mehrere gemeinschaftlich gemäß ihrem Tatplan aus ihrer eigenen freien Entscheidung die Tat begehen. Der Mittäter wird jedoch genauso bestraft wie der Alleintäter. Der Grund dafür kann durch die Struktur der wechselseitigen Anstiftung des Mittäters erklärt werden. Da es eine Verbindung zu einer Tatgemeinschaft und einen Abschluss eines Unrechtspakts auch bei Anstiftung gibt,[488] kann die mittäterschaftliche Zurechnungsstruktur dahingehend erklärt werden, dass „die Mittäter sich im Tatentschluss in einer Art Unrechtspakt gegenseitig“ anstiften.[489]

---

483 Gropp, AT, § 10, Rn. 174: „wegen des Exklusivitätsverhältnisses zwischen Mittäterschaft und mittelbarer Täterschaft“.

484 Rudolphi betont, dass „die mehreren Mittäter einander völlig gleichberechtigt gegenüberstehen“, weil sie als Gleichrangige einstimmig den Tatentschluss treffen und den Tatbeitrag nach diesem Entschluss selbständig in voller eigener Verantwortung leisten. (Rudolphi, FS-Bockelmann, 369 (373))

485 Roxin, Täterschaft und Tatherrschaft, S. 276; Puppe, GA 1984, 101 (112); Greco, JRE Bd. 27 (2019)=GS-Hruschka, 361 (368).

486 Puppe, GA 1984, 101 (112), (119); dies., ZIS 2007, 234 (234 ff.); dies., GA 2013, 514 (521 f.); auch Hoyer, SK-StGB, § 25, Rn. 133.

487 Puppe, ZIS 2007, 234 (246); dies., GA 2013, 514 (522): „Die Tatbeiträge ihrer Komplizen werden ihnen aus genau dem gleichen Grund und in genau dem gleichen Sinn zugerechnet wie dem Anstifter die Tat des Täters, also nicht ‚wie eigenes Handeln‘.“

488 Puppe, ZIS 2007, 234 (246): Sie stellen Mittäterschaft, Anstiftung und Beihilfe in einem zueinander stehenden Wertverhältnis zusammen. Da der Anstifter die Tat nicht selbst begeht und nicht bestimmen kann, ob und wie sie erfolgt, stellt die Anstiftung ein geringeres Unrecht dar.

489 Auch Gropp, AT, § 10, Rn. 171.

Zuerst sollte dieser Ansatz kritisiert werden, weil er nur wechselseitige „Teilnahme“ rechtfertigen könnte.[490] Zweitens ist darauf hinzuweisen, dass er nicht dem Wortlaut des § 25 Abs. 2 StGB entspricht, der anordnet, „gemeinschaftlich“ zu „begehen“.[491] Seine Überforderung für Anstiftung[492] gegenüber dem Gesetz (§ 26 StGB) ist ebenfalls nicht zu akzeptieren.[493] Es ist darüber hinaus zu beachten, dass *Puppe*s Ansatz dazu führen könnte, dass die Teilnahmehandlungen in Täterschaft umgewandelt werden.[494]

Auf dieser Grundlage erklärt *Roxin* zu Recht die mittäterschaftliche Struktur ohne Zurechnung des Fremdverhaltens mit einer Herrschaft nur über seinen im eigentlichen Sinne eigenen Anteil: Jeder einzelne Mittäter hat die Mitherrschaft, die sich „aus seiner Funktion im Rahmen des Gesamtplans notwendig ergibt“,[495] hat also „das Schicksal der Gesamttat in der Hand“,[496] weshalb der Tatplan nur dann funktioniert, wenn alle Beteiligten mitmachen. Keiner der Beteiligten kann dies alleine ausrichten. Jedoch kann jeder den Tatplan durch das Verweigern seines Tatbeitrags zum Scheitern bringen.[497] Hierzu ist „die Willensübereinstimmung der Beteiligten im Hinblick auf die Durchführung der Tat und die Verwirklichung ihrer Folgen“ unabdingbar.[498]

---

490 Haas, ZStW 119 (2007), 519 (534, Fn. 53); Seher, JuS 2009, 1 (4); Renzikowski, JuS 2013, 481 (485); Greco, JRE Bd. 27 (2019)=GS-Hruschka, 361 (369 f.): Er schätzt jedoch ihren Ansatz insofern positiv ein, als dieser keine zivilrechtliche Lösung „nach strafrechtsinternen Anknüpfungspunkten“ sucht.

491 Roxin, AT II, § 25, Rn. 258.

492 Puppe, GA 1984, 101 (114): „Anstiftung liegt dann vor, wenn der Täter die Tat ebenfalls aufgegeben hätte, sofern der Anstifter von der gemeinsamen Unrechtsabrede zurückgetreten wäre“.; Der Anstifter werde wie ein Täter bestraft, weil dieser seinen Tatentschluss abhängig vom Anstifter stellt.

493 Roxin, AT II, § 25, Rn. 258: Das Gesetz verlangt nur „Bestimmen“ zur Tat.

494 Haas, ZStW 119 (2007), 519 (534, Fn. 53): kein Grund für „die Metamorphose von wechselseitiger Teilnahme zu Täterschaft“.; Seher, JuS 2009, 1 (5).

495 Roxin, Täterschaft und Tatherrschaft, S. 280; ders., AT II, § 25, Rn. 257.

496 Roxin, Täterschaft und Tatherrschaft, S. 277, 280.

497 Roxin, Täterschaft und Tatherrschaft, S. 280: „mit dessen funktionsgerechtem Verhalten das ganze Unternehmen steht oder fällt.“; Rudolphi, FS-Bockelmann, 369 (373 f.): „durch Leisten seines Tatbeitrages ablaufen lassen und durch dessen Nichterbringen hemmen kann.“; Valdágua, ZStW 98 (1986), 839 (860), (870 f.); Hoyer, SK-StGB, § 25, Rn. 13.

498 Roxin, Täterschaft und Tatherrschaft, S. 285; Rudolphi, FS-Bockelmann, 369 (373): „Die Qualität seines nach dem gemeinsamen Tatplan zu leistenden Tatbeitrages“ begründet die Mitherrschaft.

b) Voraussetzungen für Mittäterschaft nach der funktionellen Tatherrschaft

Die Voraussetzung für Mittäterschaft ist ein „gemeinschaftliches Begehen" (§ 25 Abs. 2 StGB), d.h. ein gemeinsamer Tatplan und ein wesentlicher Beitrag[499] zur funktionellen Rollenverteilung.[500] Ein gemeinsamer Tatplan wird sowohl vom Gesetz als auch von der Arbeitsteilung gefordert. Die Arbeitsteilung setzt Handlungen nach dem gemeinsamen Plan voraus und weist somit jedem Mittäter „seine Funktion im Gesamtgeschehen" zu.[501] Insb. ist die Funktion des gemeinsamen Tatentschlusses hervorzuheben, die die „Umfang und Reichweite" der Mittäterschaft, m.a.W., die mittäterschaftliche Zurechnung begründet und gleichzeitig begrenzt.[502] Die Versuche, die mittäterschaftliche Zurechnungsstruktur mit der Lehre von der objektiven Zurechnung ohne Berücksichtigung des gemeinsamen Tatentschlusses zu erklären,[503] sollten zurückgewiesen werden. Denn die Handlung des Gegenstandes der Zurechnung sollte auf der Grundlage des gemeinsamen Tatentschlusses beurteilt werden.[504]

Küpper stellt das folgende Beispiel vor, in dem einer von zwei Beteiligten das Opfer verletzt, der andere es tötet. Es sei hier zweifelhaft, dass der Todeserfolg dem ersten zugerechnet werden kann, wenn die Feststellung nur mit dem tatsächlichen Ablauf ohne einen gemeinsamen Tatentschluss getroffen wird.[505] In diesem Zusammenhang versucht *Lesch*, dies durch eine Auslegung „auf etwaige

499 Roxin, Täterschaft und Tatherrschaft, S. 284: Die Wesentlichkeit selbst hat keinen greifbaren Inhalt, sondern bedeutet, dass der Richter nach dem „materiellen Leitgedanken der funktionsbedingten Abhängigkeit" urteilen muss.

500 Roxin, AT II, § 25, Rn. 189 f.

501 Roxin, AT II, § 25, Rn. 190.

502 Küpper, ZStW 105, 1993, 295 (302); auch Seelmann, JuS 1980, 571 (572); Ingelfinger JZ 1995, 704 (708); Seher, JuS 2009, 1 (6); Wessels/Beulke/Satzger, AT, § 16 III 2, Rn. 827; hingegen weist Lesch darauf hin, dass diese Begrenzungsfunktion keine Begründung hat. (Lesch, JA 2000, 73 (77))

503 Stein, Die strafrechtliche Beteiligungsformenlehre, 1988, S. 326; Derksen, GA 1993, 163 (163 ff.); Lesch, ZStW 105 (1993), 271 (271 ff.).

504 Daneben stellt Küpper die eigene Funktion der subjektiven Willenskomponente dar, die nicht durch die objektive Zurechnung ersezt wird. Nach der sog. Gesamtlösung (h.M.) dient sie zu der Beurteilung eines Mittäterexzesses, der Begründung für sukzessive Mittäterschaft und der alleinigen Zurechnungsgrundlage für die Verbrechensverabredung (§ 30 Abs. 2 StGB). (Küpper, ZStW 105 (1993), 295 (302 ff.); auch Ingelfinger, JZ 1995, 704 (708))

505 Küpper, ZStW 105 (1993), 295 (302).

vorherige Interaktionen zwischen den Akteuren" zu umgehen. Wenn jemand ein Opfer niederschlägt und dann den Ort verlässt, aber ein Dritter die Tasche des ohnmächtigen Opfers mitnimmt, könne „ein objektivierter Wirkungs- und Zweckbezug" der jeweiligen Handlungen nicht bestimmt werden. Unter Berücksichtigung der Umstände, ob sie „gemeinsam den Tatort aufgesucht und dadurch ihr Verhalten zuvor aufeinander abgestimmt haben", sei die Bestimmung möglich. Vielmehr stellt seine Aussage an sich jedoch dar, dass die bereits begrenzten Handlungen in die mittäterschaftliche objektive Zurechnung eingesetzt werden könnten. Soweit die subjektive Willenskomponente aus der tatsächlichen Manifestation des objektiven Verhaltens gefolgert werden könnte, unterscheidet sich das von *Lesch* angegebene Kriterium nicht vom Vorliegen des gemeinsamen Tatnentschlusses.[506] Wenn die Begrenzung durchaus erforderlich ist und die Intensität und der Umfang der Bestrafung der Beteiligten dadurch bestimmt werden, sollte das Kriterium so klar und streng wie möglich dargestellt werden.

Im Ausführungsstadium müssen eine arbeitsteilige Mitwirkung und die Erheblichkeit des Tatbeitrags zur Mitherrschaft des Geschehens festgestellt werden.[507] Es wird hervorgehoben, dass die Erheblichkeit aus einer ex-ante-Perspektive beurteilt werden muss.[508] *Roxin* ist gegen den kausalen Ansatz nach der Notwendigkeitstheorie[509] und die Beurteilung aus einer ex-post-Perspektive, nach der die Erheblichkeit danach bestimmt wird, ob ein Tatbeitrag „eine ausschlaggebende Bedingung" für den Erfolg darstellt. Denn alle solchen Bedingungen sind für den Erfolgseintritt gleichermaßen notwendig,[510] und die „rückschauend-psychologische Betrachtung" basiert auf der hypothetischen und bedingten Wertung.[511]

---

506 Ingelfinger, JZ 1995, 704 (708): Er beschreibt dies als „den unfruchtbaren Umweg einer objektiven Zweckbestimmung".

507 Roxin, AT II, § 25, Rn. 189, 198, 211 f.

508 Roxin, AT II, § 25, Rn. 212.

509 Vgl. Roxin, Täterschaft und Tatherrschaft, S. 38 ff.

510 Roxin, Täterschaft und Tatherrschaft, S. 283, 767.

511 Roxin, Täterschaft und Tatherrschaft, S. 283; dagegen Lesch, JA 2000, 73 (76): „nicht nach der ex post festgestellten Kausalität, sondern nach dem hypothetischen Urteil".

c) Zum gemeinsamen Tatentschluss insbesondere

aa) Einordnung des gemeinsamen Tatentschlusses im Tatbestand

Der gemeinsame Tatentschluss wird überwiegend als subjektive Voraussetzung für Mittäterschaft erfasst.[512] Einige erfassen dies jedoch als objektives Element, weil die Willensübereinstimmung objektive Außenweltvorgänge, „Kommunikationsakte", erfordert.[513] Die subjektive Tatbestandsmäßigkeit bezieht sich auf die inneren Vorgänge des Subjekts, d.h. auf „die subjektsinternen Sachverhalte". Es wird jedoch darauf hingewiesen, dass der gemeinsame Tatentschluss durch „intersubjektive, d.h. subjektsexterne Vorgänge" zwischen den Beteiligten gekennzeichnet ist.[514] Unter Berücksichtigung der Tatsache, dass die Kommunikationsakte auf der Manifestation des übereinstimmenden subjektiven Willens basiert, wird auch darauf hingewiesen, dass der gemeinsame Tatentschluss als „gemischtsubjektiv-*objektiv*es Kriterium"[515] anzusehen ist. Das äußerlich erkennbare objektive Element, „eine Vereinbarung zum gemeinsamen Handeln", könne fahrlässige Mittäterschaft begründen. Der Unterschied zwischen vorsätzlicher und fahrlässiger Mittäterschaft bestehe nur im Gegenstand der Verabredung. Aufgrund der Besonderheit der Fahrlässigkeitsdelikte sei die Verabredung nur „zu einem gemeinsamen sorgfaltswidrigen Verhalten", nicht aber zur Begehung einer Straftat für fahrlässige Mittäterschaft erforderlich.[516]

In diesem Zusammenhang behauptet *Seher*, dass der Tatbestand der Mittäterschaft nicht in objektive und subjektive Teile getrennt werden kann.[517] Er weist auf den Umstand des Dilemmas hin. Nach der üblichen Prüfung der Tatbestandsmäßigkeit wird zuerst der objektive Tatbestand und dann der subjektive

---

512 Roxin, LK-StGB, § 25, Rn. 173; Jescheck/Weigend, AT, § 63 II, S. 678: notwendige subjektive Komponente.; Kindhäuser, AT, § 40, Rn. 3.

513 Dencker, Kausalität und Gesamttat, 1996, S. 149; Rönnau, JuS 2007, 514 (515): Der gemeinsame Tatentschluss sei das objektive Tatbestandsmerkmal, „auf das sich der Vorsatz jedes Mittäters beziehen muss".; Hoyer, SK-StGB, § 25, Rn. 130.

514 Dencker, Kausalität und Gesamttat, 1996, S. 149: also „gemeinsamer Tatbeschluss(statt -entschluss)".

515 Rotsch, „Einheitstäterschaft" statt Tatherrschaft, 2009, S. 468; ders., FS-Puppe, 2011, 887 (891 f.): Der gemeinsame Tatentschluss enthält zwei Elemente: den Tatentschluss zur gemeinschaftlichen Tatbegehung und die Gemeinsamkeit des Tatentschlusses. In Bezug auf Letztere müsse dies „ein Kommunikationsvorgang" sein, aber hier sei auch eine konkludente Willensübereinstimmung(hierzu Puppe, ZIS 2007, 234 (238 f.)) möglich.

516 Rotsch, FS-Puppe, 887 (903).

517 Seher, JuS 2009, 1 (6 f.).

Tatbestand geprüft.[518] Das objektive Tatbestandsmerkmal der Mittäterschaft, d.h. die arbeitsteilige gemeinschaftliche Tatbestandsverwirklichung, kann jedoch nicht ohne die Bestimmung der Mittäterschaft festgestellt werden. Basierend auf dem Begriff der Tatherrschaft, die sich auf „das vom Vorsatz umfasste In-den-Händen-Halten des tatbestandsmäßigen Geschehensablaufs“[519] stützt, sollte die Bestimmung des Vorsatzes der Feststellung der dem objektiven Tatbestand zugewiesenen Tatherrschaft vorausgehen. Das Problem tritt auch dann auf, wenn zuerst das subjektive Tatbestandsmerkmal geprüft wird, da die vollständige subjektive Tatbestandsmäßigkeit „jedes (möglichen) Mittäters“ vor der Mittäterschaftsprüfung bestimmt werden muss.[520] In diesem Dilemma beschließt er, die Systemwidrigkeit zu übernehmen, die den gemeinsamen Tatentschluss nicht als objektiv oder subjektiv einordnet. Er meint, dass es keinen sachlichen Grund für die übliche Prüfungsweise gibt.[521] Dazu beruft er sich auf die kritischen Ansichten von *Jakobs* und *Frisch* gegen die Üblichkeit[522] und auf die vielen Tatbestände (§§ 179, 246, 292 StGB), die eine Handlungsweise vorschreiben, die mit bestimmten subjektiven Elementen verknüpft werden muss. Aus diesen Gründen schlägt er keine formale willkürliche Trennung des „einheitlichen objektiv-subjektiven Gepräges“ bei mittäterschaftlichen Delikten vor.[523]

Zusammenfassend kommt es nicht auf die völlige Trennung von subjektivem und objektivem Tatbestand an. Wenn man auf das objektive Merkmal des gemeinsamen Tatentschlusses abstellt, könnte dies zur Konstruierbarkeit fahrlässiger Mittäterschaft führen. Hingegen stützt sich die grundsätzliche Negation fahrlässiger Mittäterschaft auf das subjektive Merkmal des gemeinsamen

518 V.a. Puppe, FS-Otto, 389 (401 f.).

519 Wessels/Beulke/Satzger, AT, § 16 II 2, Rn. 807; auch Cramer/Heine, Sch/Sch-StGB, Vor §§ 25 ff., Rn. 62; Maurach/Gössel/Zipf-Renzikowski, AT II, § 47, Rn. 84 ff.

520 Seher, JuS 2009, 1 (6).

521 Ausf. vgl. Seher, JuS 2009, 1 (6 f.): Zwischen Systemwidrigkeit und Unschlüssigkeit des Prüfungsschemas wählt er die erstere.

522 Frisch, Tatbestandsmäßiges Verhalten und Zurechnung des Erfolges, 1988, S. 27, Fn. 104; ders., FS-Roxin 70, 213 (231): Er meint, dass die Trennung in einen Unrechtstypus nicht geeignet ist.; Jakobs, FS-Hirsch, 45 (60 ff.): Er stellt die Fälle dar, in denen die subjektiven Elemente den objektiven Tatbestand vorausgehen sollten, weil man ohne sie nicht wissen kann, „in welchem Zusammenhang das Geschehen zu beurteilen ist“.; auch Welzel, ZStW 51 (1931), 703 (720): Bei der finalen Handlungsstruktur sei eine völlige Trennung unmöglich. Es solle viele Wechselwirkungen zwischen subjektiven und objektiven Elementen geben.; Seher, JuS 2009, 1 (6 f.).

523 Seher, JuS 2009, 1 (7).

Tatentschlusses, d.h. auf das Einverständnis zur gemeinschaftlichen Begehung einer „Straftat“[524] als Gleichberechtigte durch arbeitsteilige Handlung. Dies ist das traditionelle und wohl bekannteste Hauptargument für die Ablehnung fahrlässiger Mittäterschaft. Schließlich sollte der Schwerpunkt auf der Funktion des gemeinsamen Tatentschlusses in Bezug auf die subjektive Anknüpfung zwischen den Beteiligten liegen. Für die gegenseitige Zurechnung ist es entscheidend, dass der von den Beteiligten gefasste Tatentschluss bei der Ausführung fortbesteht.[525] Diese subjektive Anknüpfung dient dazu, die mittäterschaftliche Zurechnung zu begründen und zu begrenzen. Ohne dies könnte die Mittäterschaft nicht anerkannt werden. Es muss noch einmal betont werden, dass dies auf das Erfordernis des § 25 Abs. 2 StGB und die Natur der Arbeitsteilung zurückzuführen ist.[526]

bb) Verhältnis zwischen gemeinsamem Tatentschluss und Vorsatz

Es könnte darauf hingewiesen werden, dass ein gemeinsamer Tatentschluss keine Funktion hat, die Beteiligten subjektiv zu verknüpfen, da dieser Entschluss „mit dem bloßen Vorsatz jedes Mittäters gleichgesetzt wird“, wenn eine gemeinschaftliche Begehung nur in einem rein objektiven Sinne bestimmt wird.[527] Dies beruht auf der Ansicht, dass ein gemeinsamer Tatentschluss, nämlich die Gegenseitigkeit des Vorsatzes der Beteiligten,[528] immer dann entsteht, wenn alle Beteiligten den Vorsatz zur objektiv gemeinschaftlichen Tatbestandsverwirklichung haben.[529] *Becker* erklärt dies wie folgt: „Wenn der objektive Tatbestand durch das insoweit korrelative Verhalten mehrerer verwirklicht wurde, dann muss der einzelne Beteiligte, »*um Täter sein zu können*«, dieses korrelative Zusammenwirken der Tatbeiträge in seinen Vorsatz aufgenommen haben, sonst kann er keinen Vorsatz bezüglich der gesamten Tatbestandsverwirklichung in ihrer konkreten Form haben.“[530]

Abgesehen davon, dass sein Ansatz nicht zutreffend ist, da die Zusammensetzung der Mittäterschaft durch die objektiv gemeinschaftliche

524 Seher, JuS 2009, 1 (6): „Das beliebige naturalistische Geschehen ohne strafrechtliche Relevanz“ sollte daher ausgeschlossen werden.; Ebert, AT, S. 201.

525 Auch Seher, JuS 2009, 1 (6): Er bezeichnet dies als „die Verfeinerungen des Tatplans“, die vom allseitigen Vorsatz umfasst werden.

526 Siehe o. Teil 3 C I 4.

527 Becker, Die sogenannte additive Mittäterschaft, 2009, S. 176.

528 Becker, Die sogenannte additive Mittäterschaft, 2009, S. 159, Fn. 530.

529 Becker, Die sogenannte additive Mittäterschaft, 2009, S. 157, 159, Fn. 530.

530 Becker, Die sogenannte additive Mittäterschaft, 2009, S. 157(Hervorhebung durch Verfasser).

Tatbestandsverwirklichung durch korrelatives Verhalten mehrerer gar nicht erklären kann, warum die gegenseitige Zurechnung gerechtfertigt ist, ist auf eine Umkehrung des Grund-Folge-Verhältnisses hinzuweisen. Vorsatz ist der auf den Erfolg gerichtete Wille, und daher liegt das Unrecht bei vorsätzlichen Erfolgsdelikten in der verbotswidrigen Handlung, die den Erfolg verwirklicht.[531] Wegen der Willensübereinstimmung zwischen den Beteiligten sollte der Mittäter genauso, als hätte er allein alle Merkmale des Straftatbestandes erfüllt, die gleiche und gravierende Rechtsfolge wie ein Alleintäter erleiden. Es ist unzulässig, dass die Bestimmung des Vorsatzes vom Erfolg abhängt, da Vorsatz vor dem Erfolgseintritt bestehen muss. Vorsatz ist ein internes Element und kann daher nur aus den objektiven Vorgängen gefolgert werden.[532] Nach *Becker*s Ansatz wird Vorsatz zur gemeinschaftlichen Tatbestandsverwirklichung immer dann angenommen, wenn ein Erfolg aus der objektiv gemeinschaftlichen, korrelativen Tatbestandsverwirklichung resultiert. Dann könnte derjenige, der tatsächlich nicht die Absicht zur gemeinschaftlichen Verwirklichung hatte, als Mittäter bestraft werden. D.h., die Annahme, dass die Beteiligten eine solche Absicht bei der Ausführung hätten, verstößt gegen das Schuldprinzip, wonach „die Strafe [] das Maß der Schuld nicht übersteigen [darf]".[533]

cc) Einwand gegen die Notwendigkeit eines gemeinsamen Tatentschlusses

(1) Ansätze nur durch die objektive Zurechnung

Derksen und *Lesch* sehen den Zweck der Strafe darin, durch Bestätigung der Geltung der Norm und Stabilisierung des allgemeinen Vertrauens in ihre strafrechtliche Verbindlichkeit den Normbruch zu neutralisieren.[534] Die Normen sind die „generalisierten symbolischen Strukturen", und das Strafunrecht bezieht sich auf die „Bedeutung des kausalen Außenweltgeschehens für die Geltung der Norm", nicht auf den „äußeren Kausalverlauf", so dass Strafe nur von der kommunikativen Bedeutung der Tat abhängen sollte.[535]

---

531 Hirsch, FS-Lampe, 515 (536).

532 Vgl. Kraatz, Die fahrlässige Mittäterschaft, 2006, S. 286 f.

533 Vgl. Frisch, NStZ 2013, 249 (249 ff.).

534 Derksen, GA 1993, 163 (171 ff.); Lesch, ZStW 105 (1993), 271 (273 f.).

535 Lesch, ZStW 105 (1993), 271 (274), (281); Vgl. auch Derksen, GA 1993, 163 (171 ff.): Die Bedeutung der Tat ergebe sich aus der „Zuschreibung von Rationalität", nicht aus der „subjektiven Sinngebung des Täters", so dass sie objektiv festzustellen sei. Er versteht die Tat als „Einpassung in einen (natur)gesetzlich beschreibbaren Kontext" und „Einpassung in einen durch Fremdplanung bestimmten Kontext".

Der „besondere Wille" ist – anders als der Tatvorsatz[536] und „ein individualpsychischer Befund" – „die in der Handlung objektivierte Desavouierung der Norm", und seine „objektiv-sozialschädliche Bedeutung" liegt „auf der Ebene der sozialen Geltungsbedingungen des Rechts".[537] Dies gilt für den „Gesamtwillen", also den „kollektiven besonderen Willen". Es sollte daher für Mittäterschaft auf einen kollektiven Normwiderspruch „durch eine kommunikativ relevante Verbindung der Organisationsakte"[538] und auf den gemeinsamen Zweck – nicht auf den gemeinsamen Tatentschluss[539] – abgestellt werden. Die Mittäterschaft erfordert keine psychische Gemeinsamkeit, sondern eine objektive Gemeinsamkeit[540] und wird somit nach der „normativ-sozialen(kommunikativen) Bedeutung als Normwiderspruch",[541] nämlich nach der objektiven Zurechnung bestimmt.[542]

(2) Annahme eines einseitigen Einpassungswillens

Wie bereits oben untersucht, ist *Lesch* gegen die Idee der funktionellen Tatherrschaft und bestimmt die Mittäterschaft nur nach der objektiven Zurechnung. Genauer gesagt, die „objektive Verhaltensabstimmung" – nicht die „subjektive Willensidentität" – begründe ein unerlaubtes Risiko und durch diese objektivunerlaubte Organisation sodann „die Mitzuständigkeit [eines jeden] für das Ganze". Hierbei reiche ein einseitiger Einpassungswille für Mittäterschaft aus,[543] weil dafür nicht mehrere Mittäter, sondern nur mehrere Täter erforderlich seien.[544] Mit *Jakobs'* Beispiel[545] stellt er die Mittäterschaft eines einseitigen

536 Lesch, ZStW 105 (1993), 271 (281): „die bloßen Produkte des Verbrechens".

537 Lesch, ZStW 105 (1993), 271 (280 f.).

538 Lesch, ZStW 105 (1993), 271 (281 f.).

539 Auch Stein, Die strafrechtliche Beteiligungsformenlehre, 1988, S. 324, 330.

540 Lesch, ZStW 105 (1993), 271 (281).

541 Lesch, ZStW 105 (1993), 271 (292 f.): Er stellt die beiden Formen der normativen Gemeinsamkeit für Mittäterschaft dar, die organisatorisch- normative Gemeinsamkeit (282 ff.) und die nur-normative Gemeinsamkeit (286 ff.).

542 Lesch, ZStW 105(1993), 271 (292).

543 Lesch, ZStW 105(1993), 271 (284 f.); ders., JA 2000, 73 (77): Er übernimmt Jakobs' Auffassung(Jakobs, AT, 21/43 f.), die auf einem bloßen Einpassungsentschluss basiert, wonach „der nicht unmittelbar ausführende, aber gestaltend mitwirkende Beteiligte seinen Beitrag mit dem Tun des Ausführenden verbindet"; dagegen Seher, JuS 2009, 1 (5 f.): Er beschreibt diesen Versuch als „radikale Konsequenz der Objektivierung".

544 Lesch, JA 2000, 73 (77); dagegen weist Roxin darauf hin, dass § 25 Abs. 2 StGB von mehreren Mittätern ausgeht. (Roxin, AT II, § 25, Rn. 247, 251)

545 Jakobs, AT, 21/43.

Einpassungswillens dar[546]: „A gibt dem Opfer, das im Schlaf erschlagen werden soll, ohne Verabredung mit dem Ausführenden B ein Schlafmittel, öffnet diesem zudem die Tür, stellt ferner ein geeignetes und dann auch von B benutztes Tatwerkzeug bereit und verhindert schließlich vor der Ausführung den Hinzutritt störender dritter Personen." Während der Tatbeitrag von A zu B nur ein Zufall und daher keine gemeinsame Ausführung sei, könnte der Beitrag von B zu A „ein kollektives Werk" sein, wenn B die Ausführung für beide übernimmt. Dann könne B als Mittäter, mit dem Alleintäter A, bestraft werden.

Diese Ansicht ist jedoch nicht zu akzeptieren.[547] Die funktionelle Tatherrschaft geht von der Verteilung der Funktion aus, die nur im gegenseitigen Einvernehmen erfolgen kann.[548] Auch auf die Funktion des gemeinsamen Tatentschlusses könnte sich die Ablehnung eines einseitigen Einpassungswillens stützen.[549] Die Mittäterschaft sollte so klar und streng wie möglich anerkannt werden, da sie besonders streng bestraft wird.[550] Es sollte auch darauf hingewiesen werden, dass die Voraussetzung für die gemeinschaftliche Begehung des § 25 Abs. 2 StGB zumindestens von der Kenntnis[551] der Arbeitsteilung der

546 Becker, Die sogenannte additive Mittäterschaft, 2009, S. 158 f.: Sein Kriterium für die Mittäterschaft liegt in einer gemeinschaftlichen Tatbestandsverwirklichung im formal-objektiven Sinne, weshalb er einen sog. Einpassungsentschluss zur Begründung für die Mittäterschaft fordert. Im angeführten Fall sollen die Beteiligten jedoch nicht als Mittäter bestraft werden. Ein Beispiel, das sein Kriterium erfüllt, ist: „Angenommen A und B beabsichtigen, den C zu vergiften, wobei sie ihn jedoch nicht töten wollen, sondern ihm lediglich eine schmerzhafte, aber nicht lethale Dosis zuzufügen beabsichtigen. Hiervon erfährt der D, der seinerseits den C töten will. Er dosiert seine Giftmenge nunmehr so, dass diese in Kumulation mit den von A und B beigebrachten Mengen zum Tode des C führt."

547 Ebenso Woelk, Täterschaft bei zweiaktigen Delikten, 1994, S. 55 f.; Renzikowski, Restriktiver Täterbegriff, 1997, S. 102; Küpper, ZStW 105 (1993), 295 (301 f.); Ingelfinger, JZ 1995, 704 (708); Bloy, GA 1996, 424 (431); Zopfs, Jura 1996, 19 (23); Hoyer, SK-StGB, § 25, Rn. 127; Kühl, AT, § 20, Rn. 106; Maurach/Gössel/Zipf-Renzikowski, AT II, § 49, Rn. 56.

548 Küpper, ZStW 105 (1993), 295 (302).

549 Kraatz, Die fahrlässige Mittäterschaft, 2006, S. 364.

550 I.S.d Begrenzungsfunktion des gemeinsamen Tatnentschlusses, Küpper, ZStW 105 (1993), 295 (301 ff.); Ingelfinger, JZ 1995, 704 (708); Abgrenzung der Mittäterschaft von der Nebentäterschaft: Roxin, AT II, § 25, Rn. 251; I.S.d praktischen Verschiebung der Grenze zur Beihilfe: Köhler, AT, S. 515, Fn. 71.

551 Dies sollte nicht kontrovers sein. Wie bereits untersucht (vgl. Teil 3 C I 4), geht die gemeinschaftliche Begehung von der „bewussten und gewollten" Arbeitsteilung zur Ausführung des Tatbestandes aus.

Beteiligten ausgeht. In diesem Zusammenhang könnte diese Ansicht zum Verstoß gegen das Analogieverbot des § 25 Abs. 2 StGB führen.[552]

d) Einwand hinsichtlich der negativen Tatherrschaft

Ein weiterer Einwand gegen die Tatherrschaftslehre besteht jedoch darin, dass eine Hemmungsmacht – die negative funktionelle Tatherrschaft – auch ein Gehilfe innehaben könnte.[553] Die Abgrenzung zwischen Mittäterschaft und Beihilfe ist nicht einfach, da die Beihilfe auch dann zustande kommen könnte, wenn jemand „ein Merkmal eines Straftatbestandes verwirklicht".[554] Die Gehilfenhandlung ist auch dann unbeschränkt anzuerkennen, wenn es sich um die vorsätzliche physische oder psychische Unterstützung[555] der vorsätzlichen Haupttat handelt. Insb. wird auch darauf hingewiesen, dass der Gehilfe auch aus ex-ante-Perspektive wesentlich zum Erfolgseintritt beitragen könnte.[556] Nach dem gegen die Tatherrschaftslehre vorgetragenen Standpunkt sind die beiden daher nicht qualitativ, sondern nur quantitativ unterschieden,[557] so dass dieselbe Haftung der beiden nicht auf psychischen Fakten beruhen sollte, sondern auf normativen Kriterien.[558]

Einige[559] betonen die negative Komponente der mittäterschaftlichen Tatherrschaft – „negative Tatherrschaft" –, um die Mitherrschaft des gesamten Geschehensablaufs über den eigenen Anteil klarer zu analysieren: Dass ein Mittäter den Tatplan zum Scheitern bringen kann, ermöglicht es, den Beitrag des anderen

552 Küpper, ZStW 105 (1993), 295 (302); Seher, JuS 2009, 1 (5 f.): „zu keiner Zeit eine Tatgemeinschaft mit A".; Maurach/Gössel/Zipf-Renzikowski, AT II, § 49, Rn. 56; Roxin, AT II, § 25, Rn. 251.

553 Seelmann, JuS 1980, 571 (574); Kindhäuser, FS-Hollerbach, 627 (632); Haas, ZStW 119 (2007), 519 (533 f.); Seher, JuS 2009, 1 (5); Renzikowski, JuS 2013, 481 (485); Greco, JRE Bd. 27 (2019)=GS-Hruschka, 361 (373).

554 Jescheck/Weigend, AT, § 64 III 2, S. 692: Es kommt auf einen gemeinsamen Tatentschluss an.; § 61 V 3 b), S. 654: mit Beispiel.

555 Jescheck/Weigend, AT § 64 III 2, S. 692; Wessels/Beulke/Satzger, AT, § 16 IV 3, Rn. 900.

556 Köhler, AT, S. 515: „im Sinne einer funktionellen Abhängigkeit".

557 Lesch, Das Problem der sukzessiven Beihilfe, 1992, S. 195 ff.; ders., JA 2000, 73 (77).

558 Lesch, ZStW 105 (1993), 271 (278 ff.); ders., JA 2000, 73 (77): durch eine zweistufige Prüfung: erst wenn die Haftung für das Ganze festgestellt wird, sollte ermittelt werden, „in welchem Rang" seine Haftung liegt.; Jakobs, GA 1996, 253 (258).

559 V.a. Küper, JZ 1979, 775 (786): „Hemmungsmacht".; Valdágua, ZStW 98 (1986), 839 (862), (870 f.).

Mittäters ihm zuzurechnen, wenn er seinen eigenen Beitrag im positiven Sinne leistet.[560] Nur mit der positiven Tatherrschaft kann die Herrschaft über das Ganze jedoch nicht durch den eigenen Anteil erklärt werden, weil die Herrschaft bei Rollenteilung auch geteilt wird und somit jeder Mittäter nur die auf seinen eigenen Beitrag beschränkte Herrschaft („Teilherrschaft“[561]) haben kann.[562] Z.B. beim Raub kann ein Mittäter, der die Wegnahmehandlung ausführt, den Tatbeitrag des anderen Mittäters, die Gewalthandlung, nicht beherrschen.[563] Er beherrscht immer nur seinen eigenen Tatbeitrag. Aus diesem Grund ist die Konstruktion der Mittäterschaft zweifelhaft, die die Tatherrschaft jedes Mittäters über die Gesamttat begründet.[564]

Im Gegensatz dazu betonen *Luzón Peña/Díaz y García*, dass Mittäterschaft mit der negativen Tatherrschaft nicht ausreichend begründet ist.[565] *Díaz* liefert ein Beispiel: Ein Täter ersticht ein Opfer, während ein anderer es festhält. Der Festhaltende verwirklicht den Tatbestand nicht und übt nur eine negative Tatherrschaft aus. Er tötet das Opfer nicht im positiven Sinne, aber der Zustechende tötet es. Die Bewertung der Tatanteile zwischen beiden sei daher unterschiedlich.[566] *Roxin* weist darauf hin, dass die beiden Handlungen als positiver Beitrag zum Erfolgseintritt gleich wichtig sind, weil der Zustechende das Opfer nicht töten könnte, wenn der Festhaltende es nicht festhielte.[567] *Roxin* sieht keinen Sinn darin, zwischen positiver und negativer Tatherrschaft zu unterscheiden, da diese negative Komponente der mittäterschaftlichen Tatherrschaft nur die

560 Roxin weist darauf hin, dass die Annahme der Mittäterschaft nur mit dieser negativen Komponente festgestellt werden kann. Es sei ein Missverständnis, dass Mittäter nur dann anerkannt werden kann, wenn die Nichterbringung seines Tatbeitrags zum Scheitern des Erfolgseintritts führen kann. (Roxin, Täterschaft und Tatherrschaft, S. 283)

561 Roxin nennt „Teilherrschaft“ zur Bezeichnung der negativen Tatherrschaft. (Roxin, FS-Frisch, 613 (630 f.))

562 Küper, JZ 1979, 775 (786): Ein Mittäter sei auf Mitwirkung des anderen Mittäters angewiesen.; Roxin, FS-Frisch, 613 (630): „in keinem Stadium des Geschehens die Herrschaft über die Gesamttat“.

563 Seher, JuS 2009, 1 (5).

564 Lesch, JA 2000, 73 (76 f.); Seher, JuS 2009, 1 (5): „durch welchen Kunstgriff“.

565 Luzón Peña/Díaz y García, FS-Roxin 70, 575 (593 ff.).

566 Luzón Peña/Díaz y García, FS-Roxin 70, 575 (594, Fn. 66); Rodriguez Montañes, FS-Roxin 70, 307 (322); Schild, NK-StGB, § 25, Rn. 139.

567 Roxin, Täterschaft und Tatherrschaft, S. 756; ders., AT II, § 25, Rn. 256: Der Umstand sei nicht anders als in dem Fall, in dem der Festhaltende selbst einen weiteren Stich führt.

„Kehrseite der positiven Mitherrschaft“ ist.[568] Die Teilherrschaft – in dem positiven Sinne, dass der Beteiligte immer nur seinen eigenen Tatbeitrag beherrschen kann – sei daher aufgrund der negativen Komponente eine Mitherrschaft über die Gesamttat.[569] Er erklärt die Mitherrschaft dadurch, dass sie durch Teilherrschaft erlangt wird. Diese Mitherrschaft werde daher als Täterschaft bestraft.[570] Die Erklärung, dass § 25 Abs. 2 StGB die wechselseitige Zurechnung der Tatbeiträge anordnet,[571] sei unrecht, da § 25 die Täterschaft eindeutig anordnet, und auch auf dieser Grundlage unnötig.[572]

e) Einwand hinsichtlich der Erheblichkeit jedes Tatbeitrags

Wie bereits erwähnt, weisen einige darauf hin, dass die Tatherrschaftslehre den Fall der additiven Mittäterschaft nicht zutreffend erklären kann, weil in diesem

---

568 Roxin, Täterschaft und Tatherrschaft, S. 756; ders., AT II, § 25, Rn. 255.

569 Roxin, Täterschaft und Tatherrschaft, S. 756.

570 Roxin, Täterschaft und Tatherrschaft, S. 756: auch „wegen der besonderen Gefährlichkeit eines von mehreren“.; ders., FS-Frisch, 613 (631).

571 Vgl. Küper, Versuchsbeginn und Mittäterschaft, 1978, S. 60: Er meint, dass die Hemmungsmacht die sog. Einzellösung od. die sog. strenge Tatherrschaftslehre nicht erzwingt, und er behauptet die sog. Gesamtlösung (h.M.) auf der Grundlage der Lehre von der Tätigkeitsanrechnung, die er als unentbehrliche Grundlage für die mittäterschaftliche Struktur annimmt. Auch wenn der Mittäter auf der Grundlage des gemeinsamen Tatentschlusses beginnt, eine bloße Vorbereitungshandlung zur Tatbestandsverwirklichung vorzunehmen (vgl. § 22 StGB), wird dies unmittelbar allen Mitttätern zugerechnet. (auch vgl. ders., JZ 1979, 775 (785 f.); Jescheck/Weigend, AT, § 63 IV 1, S. 681; Wessels/Beulke/Satzger, AT, § 16 III 2, Rn. 823);
Hingegen weist Roxin darauf hin, dass diese Ansicht auf einer „akzessorische[n] Sonderform der Teilnahme“ beruht und dies die Mittäterschaft grenzenlos erweitern kann. (Roxin, Täterschaft und Tatherrschaft, S. 757; ders., FS-Frisch, 613 (629));
Über die Einzellösung, die im Ausführungsstadium davon ausgeht, dass jeder Mittäter die Verwirklichung „eines wesentlichen Teilstückes des Gesamtplans“ ansetzt, vgl. Schilling, Verbrechensversuch, 1975, S. 104; Bloy, Beteiligungsform, 1985, S. 265 ff.; ders., GA 1996, 424 (424 ff.); Becker, Die sogenannte additive Mittäterschaft, 2008, S. 54; Rudolphi, FS-Bockelmann, 369 (384 ff.); Valdágua, ZStW 98 (1986), 839 (839 ff.); Zieschang, ZStW 107 (1995), 361 (361 ff.); Erb, JuS 1992, 197 (197 ff.); Rönnau, JuS 2007, 514 (515); Puppe, GA 2013, 514 (522); Roxin, FS-Frisch, 613 (625 ff.); ders., LK-StGB, § 25, Rn. 199; Schild, NK-StGB, § 25, Rn. 139; Schünemann, LK-StGB, § 25, Rn. 182; Gropp, AT, § 10, Rn. 178; Maurach/Gössel/Zipf-Renzikowski, AT II, § 49, Rn. 40 ff.

572 Roxin, Täterschaft und Tatherrschaft, S. 757; ders., FS-Frisch, 613 (629), (631).

Fall jeder Beitrag als unwesentlich angesehen werden könnte.[573] Im „Erschießungskommando"-Fall von *Herzberg* bestehe keine funktionelle Mitherrschaft jedes Handelnden, weil es höchst wahrscheinlich ist, dass das Geschehen gleich geblieben wäre, selbst wenn ein Verschwörer seinen Beitrag nicht erbracht hätte.[574]

Auf diesen Einwand antworten die Vertreter der funktionellen Tatherrschaft mit der Erheblichkeit jedes Beitrags aus einer ex-ante-Perspektive.[575] Da jeder Beitrag das Gelingen aus einer ex-ante-Perspektive sicherer garantiert, sei er nach dem Tatentschluss wesentlich für den Erfolgseintritt. Insb. weist *Roxin* auf die Möglichkeit hin, dass es eine andere Tat gewesen wäre und dass jeder Beitrag insoweit wesentlich wäre.[576] Durch die mittäterschaftliche Struktur, in der die wesentliche Funktion für das Gelingen des Tatplans durch jeden Beteiligten im Ausführungsstadium ausgeübt wird, sei „einer auf den anderen angewiesen"[577], so dass der Mittäter gleichzeitig die Gesamttat durch seinen funktionsgerechten Beitrag beherrschen könne: Das Gelingen könne nur durch das Zusammenwirken der Mittäter erreicht werden, und das Scheitern könne durch das Verweigern eines Mittäters verursacht werden.[578]

3. *Funktionelle Tatherrschaft und Fahrlässigkeitsdelikt*

Bisher wurde die Rechtfertigung der gegenseitigen Zurechnung durch die funktionelle Tatherrschaft untersucht. Die verschiedenen Einwände gegen die Grundlage und logische Entwicklung der funktionellen Tatherrschaft sowie die neuen Ansätze zur mittäterschaftlichen Struktur wurden ebenfalls analysiert. Hier kommt es darauf an, ob die mittäterschaftliche Struktur durch die Herrschaft

573 Herzberg, TuT, 1977, S. 58, 61; ders., JuS 1974, 719 (720); Seelmann, JuS 1980, 571 (574): Die Fälle der sog. additiven Mittäterschaft könnten daher nicht mit der Figur der funktionellen Mittäterschaft gelöst werden.

574 Herzberg, TuT, 1977, S. 58.

575 Roxin, Täterschaft und Tatherrschaft, S. 768.

576 Roxin, Täterschaft und Tatherrschaft, S. 283, 768; Krit. Lesch, JA 2000, 73 (76 f.): basierend auf dem Vokabular der Notwendigkeitstheorie: Er weist darauf hin, dass es nicht generalisierend festgelegt ist, was eine andere Tat ist, und dass jeder Kausalbeitrag laut Roxin wesentlich ist.; auch Greco, JRE Bd. 27 (2019)=GS-Hruschka, 361 (372): Dies sei „zirkelverdächtig". Wenn die Auflistung aller angeblichen Mittäter immer in der „Tat" enthalten ist, dann sei es eine Tautologie, dass der Wegfall einer von ihnen dazu führt, dass die so beschriebene Tat scheitert.

577 Roxin, Täterschaft und Tatherrschaft, S. 283.

578 Roxin, LK-StGB, § 25, Rn. 154.

nur über den eigenen Anteil – ohne Zurechnung des Fremdverhaltens – erklärt werden kann. Mit dieser Ansicht wurden die Gegenmeinungen hinreichend und erfolgreich widerlegt, und es wird der Schluss gezogen, dass die funktionelle Tatherrschaft die mittäterschaftliche Struktur auf der Grundlage des Schuldprinzips am überzeugendsten erklären könnte.

Dies muss auch im Fahrlässigkeitsbereich gültig bleiben, weil die Fahrlässigkeitsdelikte ebenfalls eindeutig dem Schuldprinzip unterliegen. D.h., der Schwerpunkt sollte darauf gelegt werden, ob diese Struktur der funktionellen Tatherrschaft auch im Bereich der Fahrlässigkeitsdelikte angewendet werden kann und muss.

Es gibt jedoch keine subjektiven Anknüpfungselemente bei fahrlässigem Zusammenwirken, es sei denn, die in dieser Arbeit stark kritisierte Idee eines kollektiven Subjekts wird verwendet. Damit kann man festhalten, dass die beste Erklärung für die Mittäterschaft – die funktionelle Tatherrschaft – sich gerade nicht auf Fahrlässigkeitsdelikte übertragen lässt. Damit entbehrt die fahrlässige Mittäterschaft bereits aus diesem Grund jeglicher Grundlage.

VI. Wesen des Fahrlässigkeitsdelikts und Schuldprinzip

Der Umweg über die Beteiligungslehre hat sich also als Sackgasse erwiesen; die Tatherrschaftslehre führt gerade nicht zu einer fahrlässigen Mittäterschaft. Denkbar erschiene es deshalb, anders anzusetzen, nämlich bei der Fahrlässigkeitsdogmatik. Womöglich ergeben bereits die Prinzipien der Fahrlässigkeitslehre die Gemeinschaftlichkeit, die es gestattet, die gegenseitige Zurechnung in den vorliegenden Fällen mit dem Schuldprinzip für vereinbar zu erklären. Dabei wird es zunächst erforderlich sein, sich in den Tatbestand des Fahrlässigkeitsdelikts zu vertiefen (u. 1); an zweiter Stelle wird auf die Unterscheidung von bewusster und unbewusster Fahrlässigkeit einzugehen sein (u. 2). Zuletzt untersuchen wir das Verhältnis von Fahrlässigkeit und Einheitstäterschaft (u. 3).

1. Tatbestandsmerkmale der Fahrlässigkeitsdelikte

a) Allgemeines

aa) Tatbestand der fahrlässigen Erfolgsdelikte

Das fahrlässige und das vorsätzliche Erfolgsdelikt werden folgendermaßen unterschieden: Ersteres betrifft eine Risikohandlung, die sich auf die Rechtsgutsverletzung auswirkt, während letzteres eine konkrete Tatbestandsverwirklichungshandlung betrifft, wobei der Wille auf die bestimmte Rechtsgutsverletzung gerichtet ist und den Kausalverlauf in den wesentlichen Grundzügen herbeiführt.

Der Unterschied in den Tatbestandsmerkmalen ist darauf zurückzuführen.[579] Konkreter gesagt: Die Risikohandlung bei Fahrlässigkeitsdelikten richtet sich nicht auf den konkreten tatbestandlichen Erfolg, so dass die Sorgfaltswidrigkeit der Risikohandlung erst dann nachträglich festgestellt wird, wenn sie zu einer Rechtsgutsverletzung führt. Der Unrechtstatbestand der fahrlässigen Straftaten sollte durch die Überprüfung anderer Merkmale als derjengen für vorsätzliche Straftaten begründet werden.[580]

Im Allgemeinen wird davon ausgegangen, dass sich der Tatbestand der fahrlässigen Erfolgsdelikte aus drei Elementen zusammensetzt[581]: 1) Eintritt und Verursachung des tatbestandsmäßigen Erfolgs (für das Erfolgsunrecht[582]); 2) Die objektive Sorgfaltspflichtverletzung bei objektiver Vorhersehbarkeit des tatbestandlichen Erfolgs (für das Handlungsunrecht); 3) Die objektive Zurechnung des Erfolgs.

Hier ist umstritten, ob das jeweilige Element zum Tatbestand gehört und welchem Teil des Verbrechensaufbaus es zuzuordnen ist. Bei Letzterem geht es darum, ob der Fahrlässigkeitsmaßstab auf Generalisierung (h.M.)[583] oder Individualisierung[584] basiert.

---

579 Kraatz, Die fahrlässige Mittäterschaft, 2006, S. 286; Hirsch, FS-Lenckner, 119 (139).

580 Hirsch, FS-Lenckner, 119 (139).

581 Kretschmer, Jura 2000, 267 (269); Beck, JA 2009, 111 (112 ff.); Wessels/Beulke/Satzger, AT, § 18 II 1 ff., S. 394 ff.

582 Vgl. Burgstaller, Das Fahrlässigkeitsdelikt im Strafrecht, 1974, S. 31 ff., 69 ff.; abweichend: Jescheck/Weigend, AT, § 55 II, S. 582 ff.: „Eintritt, Verursachung und Voraussehbarkeit des Erfolgs“ für das Erfolgsunrecht.; Sternberg-Lieben fordert, dass „ein Pflichtwidrigkeitszusammenhang zwischen der Sorgfaltspflichtverletzung und dem Erfolg“ besteht und dass der Erfolg nicht außerhalb des Schutzzwecks der verletzten Norm liegen sollte. (Sternberg-Lieben, Sch/Sch-StGB, § 15, Rn. 128 ff.)

583 Engisch, Vorsatz und Fahrlässigkeit, 1930, S. 334 ff.; Burgstaller, Das Fahrlässigkeitsdelikt im Strafrecht, 1974, S. 16 ff.; Schünemann, JA 1975, 511 (512 ff.); Stoffers, JuS 1994, 948 (953); Sternberg-Lieben/Schuster, Sch/Sch-StGB, § 15, Rn. 142; Jescheck/Weigend, AT, § 54 I 3, S. 564; Krey/Esser, AT, § 49, Rn. 1339 f.; Wessels/Beulke/Satzger, AT, § 18 II 3, Rn. 1120.

584 Jakobs, Studien zum fahrlässigen Erfolgsdelikt, 1972, S. 48 ff., 69; ders., AT, 9/8 ff.; Renzikowski, Restriktiver Täterbegriff, 1997, S. 224 ff., 233 ff.; Stratenwerth, FS-Jescheck I, 285 (285 ff.); Struensee, JZ 1987, 53 (53 ff.); Weigend, FS-Gössel, 129 (138 ff.); Murmann, FS-Herzberg, 123 (123 ff.); Beck, JA 2009, 111 (114); Duttge, MüKo-StGB, § 15, Rn. 94 ff.; Hoyer, SK-StGB, Anh. zu § 16, Rn. 18 ff., 25 ff.; Freund, AT, § 5, Rn. 22 ff.; Gropp, AT, § 12, Rn. 70, 135 f., 143 ff.; Otto, AT, § 10, Rn. 13 ff.

bb) Über die Zusammensetzung nach individuellem Fahrlässigkeitsbegriff

Nach der h.M. wird Fahrlässigkeit nach einem doppelten Maßstab überprüft. „Art und Maß der anzuwendenden Sorgfalt" werden anhand der objektiven durchschnittlichen Sorgfaltspflicht[585] auf der Tatbestandsebene bestimmt, und dann wird auf der Schuldebene festgelegt, ob das Verhalten des Täters aufgrund seiner individuellen Eigenschaften persönlich verlangt werden kann. Diese Auffassung basiert vor allem auf der Appellfunktion des das Unrecht typisierenden Tatbestands.[586] Das Unrecht gegenüber der Rechtsgemeinschaft kann nicht von den Fähigkeiten des Täters abhängen.[587] Hingegen weist die Mindermeinung darauf hin, dass der Gegenstand des Strafrechts die Strafbarkeit „eines Täters" ist und dessen Sorgfaltswidrigkeit daher nur auf seinen Fähigkeiten beruhen sollte.[588]

Der Unterschied zwischen den beiden Ansichten besteht darin, dass der Täter mit überdurchschnittlichen Fähigkeiten[589] nach dem objektiven Ansatz nicht mehr leisten muss, als allgemein gefordert wird. Auch in diesem Fall gibt es jedoch keinen großen Unterschied, weil die Vertreter der objektiven Maßstabfigur auch dabei etwaiges Sonderwissen für Spezialsten in die Kriterien der objektiven Sorgfaltswidrigkeit einbringen.[590] Die individuellen Leistungsfähigkeiten sind ebenfalls keine beständig festen Elemente, sonderen variable, die unter den verschiedenen Umständen des Täters zum Handlungszeitpunkt berücksichtigt werden müssen. Das Gesetz verbietet jedem, andere zu gefährden oder zu verletzen. Nach den gesetzlich vorgeschriebenen Mindestsorgfaltsregeln muss sich

585 Genauer gesagt muss die Sorgfaltspflichtwidrigkeit überprüft werden, „wie sich ein ‚gewissenhafter und besonnener Mensch des Verkehrskreises, dem der Handelnde angehört' verhalten hätte". (Beck, JA 2009, 111 (114); Jescheck/Weigend, AT, § 55 I 2 b), S. 578)

586 Kretschmer, Jura 2000, 267 (271).

587 Schröder, LK-StGB, § 16, Rn. 147 ff.; Jescheck/Weigend, AT, § 54 I 3, S. 564.

588 Kretschmer, Jura 2000, 267 (271); Samson, SK-StGB, Anh. zu § 16, Rn. 13: Es wird auf „die unbestimmte Bildung der jeweiligen Verkehrskreise" und die Unbrauchbarkeit für die differenzierte Maßfigur hingewiesen.; Gropp, AT, § 12, Rn. 146.

589 Wenn man unterdurchschnittliche Fähigkeiten hat, wird in beiden Ansichten die gleiche Schlussfolgerung gezogen, dass der Täter nicht bestraft wird.

590 Burgstaller, Das Fahrlässigkeitsdelikt im Strafrecht, 1974, S. 65 f.; Herzberg, Jura 1984, 402 (406); Greco, ZStW 117 (2005), 519 (519 ff.); Cramer/Sternberg-Lieben, Sch/Sch-StGB, § 15, Rn. 139; Jescheck/Weigend, AT, § 55 I 2 b), S. 579, § 55 II 3, S. 587; Krey/Esser, AT, § 50, Rn. 1349; Wessels/Beulke/Satzger, AT, § 18 II 3, Rn. 1116.

jeder verhalten.[591] Ohne dieses objektiv typisierte Kriterium könnte man (insb. der Unfähige) nicht genau wissen, wie er zum Handlungszeitpunkt ohne rechtliche Probleme handeln kann. Allerdings erfordert der individuelle Fahrlässigkeitsbegriff, dass jeder in jedem Moment seine Kräfte voll einsetzen muss. Es ist unmöglich, dies von den Menschen zu fordern.[592] Darüber hinaus unterscheidet sich dies nicht von der Erfolgshaftung.

Die individuelle Leistungsfähigkeit bezieht sich auch auf die Anerkennung der Verwirklichung des gesetzlichen Tatbestands. Wenn ein Unfähiger eine Handlung unternimmt und dadurch eine Rechtgutsverletzung begeht, obwohl er seine individuellen, für eine Handlung unterdurchschnittlichen Fähigkeiten anerkannt hat oder anerkennen konnte, wird die objektive und subjektive Fahrlässigkeit seiner Handlung anerkannt (sog. Übernahmefahrlässigkeit).[593] Nur wenn der unterdurchschnittlich Fähige in den Grenzfällen zwischen Vorhandensein und Nichtvorhandensein dieser Fähigkeit darin irrt, dass seine Fähigkeit für die generellen gesetzlichen Anforderungen ausreicht, hat diese Auseinandersetzung Bedeutung. Beide Ansichten kommen jedoch zu dem gleichen Schluss, dass der Täter nicht bestraft wird.[594] Diese Diskussion ist daher nicht sehr gewinnbringend.[595]

Hierbei ist jedoch zu beachten, wie sich die grundsätzlich unterschiedlichen Gesichtspunkte nach dem Handlungsunwert der Fahrlässigkeit auf den Verbrechensaufbau der fahrlässigen Straftaten auswirken. D.h., die Auswirkung des subjektiven Tatbestands auf die Annahme fahrlässiger Mittäterschaft sollte untersucht werden. Während seine Elemente laut h.M. nicht existieren, besteht nach dem individuellen Fahrlässigkeitsbegriff der subjektive Tatbestand,

---

591 Kretschmer, Jura 2000, 267 (272).

592 Hinweis auf eine Überspannung der Anforderungen.; Verhinderung einer Überspannung der Anforderungen durch Veranlassungsmoment: Fahl, JA 2012, 808 (811); Duttge, MüKo-StGB, § 15, Rn. 121.

593 Vgl. Kretschmer, Jura 2000, 267 (272); Wessels/Beulke/Satzger, AT, § 18 II 3, Rn. 1118.

594 Nach h.M. wird die individuelle Unfähigkeit auf der Schuldebene berücksichtigt, so dass der Täter entlastet wird.

595 Eine Lösung in der Mitte, nach „unten" zu generalisieren, nach „oben" zu individualisieren, wird auch vorgeschlagen. (Vgl. Herzberg, Jura 1984, 402 (409 f.); Kretschmer, Jura 2000, 267 (272); Roxin/Greco, AT I, § 24, Rn. 50 ff.) Der überdurchschnittliche Sonderbefähigte müsse die individuellen Fähigkeiten im Interesse des Rechtsgüterschutzes einsetzen, da er nicht zu privilegieren sei und die Sonderfähigkeiten wie etwaiges Sonderwissen als Sorgfaltsmaßstab berücksichtigt werden sollten.

also die subjektive Sorgfaltswidrigkeit, aus individueller Vorhersehbarkeit und Vermeidbarkeit.[596]

Diese Auffassung, die auf der Lehre des personalen Unrechts basiert, versucht, den Deliktsaufbau aufgrund der starken Parallelen zum Sachverhaltsunwert wie bei Vorsatzdelikten darzustellen[597] und die objektive Vorhersehbarkeit mit der objektiven Zurechnung zusammenzuführen.[598]

cc) Kritik an dem individualisierten Fahrlässigkeitsmaßstab

Der Versuch, die subjektive Sorgfaltspflichtverletzung in den subjektiven Tatbestand einzustufen, ist aus folgenden Gründen aufgrund des Wesens der Fahrlässigkeitsdelikte abzulehnen: Zunächst besteht keine Notwendigkeit, den Deliktsaufbau der Fahrlässigkeitsdelikte mit dem der Vorsatzdelikte in Einklang zu bringen. Wie bereits analysiert, besitzt die Fahrlässigkeit eine besondere und andere Form als vorsätzliche Straftaten, so dass eine eigenständige Struktur, die ihrem Wesen entspricht, aufgebaut werden muss. Der Deliktsaufbau ist nur ein Rahmen für die Einordnung und damit die Überprüfung des Zustandekommens des Delikts. Vielmehr ist es wichtig, ob die Substanz der Unwerte durch den Deliktsaufbau gründlich überprüft werden kann.[599] Es sollte daher weitgehend überprüft werden, ob das Kriterium für die Bestimmung der Sorgfaltspflichtverletzung, die das Handlungsunrecht darstellt, objektiv oder subjektiv sein sollte

596 V.a. Gropp, AT, § 12, Rn. 124, 129, 142, 154; Maurach/Gössel/Zipf-Gössel, AT II, § 42, Rn. 36, § 43, Rn. 170 f.: Er meint, dass die Vermeidbarkeit das Unrecht begründet und die individuelle Voraussehbarkeit voraussetzt. Ein subjektives Tatbestandsmekmal sei „die Voraussehbarkeit der Tatbestandsverwirklichung“ bei unbewusster Fahrlässigkeit und „die Voraussicht der Tatbestandsverwirklichung“ bei bewusster Fahrlässigkeit.

597 Gropp, AT, § 12, Rn. 10 ff., 135: Die individuelle Vorhersehbarkeit entspreche dem Wissenselement der Vorsatzdelikte und die individuelle Vermeidbarkeit ihrem Willenselement.

598 Wolter, Objektive und personale Zurechnung, 1981, S. 156 f.: Sein Deliktsaufbau ist dadurch gekennzeichnet, dass die subjektive Sorgfaltswidrigkeit als Verhaltens- sowie Schuldform dem subjektiven Tatbestand und der Schuld zugeordnet wird wie die Doppelfunktion des Vorsatzes.; Triffterer, FS-Klug II, 419 (441 f.); Gropp, AT, § 12, Rn. 10, 124, 129, 142, 154.

599 I.d.S. hängt die Annahme fahrlässiger Mittäterschaft nicht davon ab, ob subjektive Sorgfaltswidrigkeit als subjektives Tatbestandsmerkmal einzustufen ist. Vielmehr ist hier hervorzuheben, dass die Vorhersehbarkeit bei Fahrlässigkeitsdelikten von den Umständen des Täters zum Zeitpunkt der fahrlässigen Tat abhängt, unabhängig davon, ob sie individuell oder objektiv bestimmt wird, und dass daher eine subjektive Anknüpfung zwischen den Beteiligten ausgeschlossen ist.

und ob das täterbezogene Handlungsunrecht auf der Grundlage des personalen Unrechts in einer anderen Dimension verfolgt werden könnte. *Welzel* argumentiert, dass „die Handlung nur als Werk eines bestimmten Täters" rechtwidrig ist und daher die Rechtswidrigkeit „immer die Mißbilligung einer auf einen bestimmten Täter bezogenen Tat" ist.[600] Die Pflichtwidrigkeit der Willensbetätigung begründet zwar den Handlungsunwert bei Fahrlässigkeitsdelikten, aber die Mißbilligung der Tat könnte durch die objektiven Elemente bestimmt werden, die die allgemeinen Risiken der Tat definieren.

Hierbei ist zu betonen, dass im Gegensatz zu Vorsatzdelikten die sich auf die Rechtsgutsverletzung auswirkende Risikohandlung bei Fahrlässigkeitsdelikten nicht auf ein konkretisiertes Geschehen und eine bestimmte Rechtsgutsverletzung gerichtet ist. Aufgrund dieses Unterschieds[601] kommt es bei Fahrlässigkeitsdelikten auf die Merkmale – die objektive Sorgfaltspflichtverletzung bei objektiver Vorhersehbarkeit – an, um Erfolgshaftung auszuschließen.[602] Die fahrlässigen Straftaten können nur dann entstehen, wenn die verbotene Risikohandlung eine „voraussehbare" Auswirkung hat und sich daraus der Erfolg ergibt. Da der Täter keinen Erfolgseintritt will, gäbe es Eingriffe durch die vielen zufälligen Faktoren[603] im Zusammenhang zwischen Handlung und Erfolg. Für deren Ausschluss kommt es auf das Merkmal der „objektiven" Sorgfaltspflichtverletzung bei „objektiver" Vorhersehbarkeit[604] an. Deswegen sollte der objektive Fahrlässigkeitsbegriff weiterhin unterstützt werden. Dies führt zu dem Schluss, dass die Fahrlässigkeitsdelikte eine eigenständige Struktur des Unrechts aufweisen und voneiner anderen, besonderen Art sind als Vorsatzdelikte.[605]

---

600 Welzel, Strafrecht, S. 62: Er fordert auch den Erfolgsunwert, „das maßgeblich das Unrecht der Tat neben der etwaigen Rechtsgüterverletzung bestimmt".

601 Hirsch bezeichnet diesen Unterschied als „dualistisches Tatbestandsunrecht" zwischen unmittelbarem und mittelbarem Unrecht bei fahrlässigen Straftaten. Während bei rein vorsätzlichen Straftaten der Erfolg zum Handlungsunrecht gehört, liegt der Erfolg bei Fahrlässigkeitsdelikten außerhalb des Handlungsunrechts. Dieser Erfolg begründet das mittelbare Unrecht, das eine voraussehbar entstehende Auswirkung ist, die sich aus der Begehung der verbotenen Handlung ergibt. (Hirsch, GS-Meurer, 3 (17); ders., FS-Lampe, 515 (522 f.))

602 Ebenso Hirsch, GS-Meurer, 3 (17): Die objektive Voraussehbarkeit könnte das mittelbare Unrecht mit dem willentlich herbeigeführten unmittelbaren Unrecht verbinden.

603 I.d.S. bezeichnet Radbruch die Bestrafung der fahrlässigen Straftaten als „verschämte Zufallshaftung". (Birkmeyer(hrsg.)- Radbruch, Vergleichende Darstellung des deutschen und ausländischen Strafrechts, 1908, S. 201)

604 Hierzu vgl. Teil 4 B VI 1 c).

605 Jescheck/Weigend, AT, § 54 I 3, S. 564.

b) Die objektive Sorgfaltspflichtverletzung als selbstständiges Merkmal

aa) Gegenmeinung

Roxin behauptet, dass die Sorgfaltspflichtverletzung nur ein integraler Bestandteil der objektiven Zurechnung ist,[606] da die Sorgfaltspflichtverletzung und die Vorhersehbarkeit bzw. Vermeidbarkeit keine Substanz besitzen, die über die Lehre von der objektiven Zurechnung hinausgeht.[607] V.a., die Sorgfaltspflichtverletzung sei sowohl vage als auch normlogisch falsch. Beim Begehungsdelikt ist dem Täter nicht ein sorgfältiger Umgang geboten, sondern ein sorgloser Umgang ist verboten. D.h., es handelt sich nicht um eine Verpflichtung, ein sorgfältiges Verhalten zu vollziehen, sondern nur um eine Verpflichtung, ein sorgfaltswidriges Verhalten zu unterlassen. Es sei daher falsch, dieses Merkmal als gebotene Sorgfalts„Pflicht" zu bezeichnen.[608] Nach dieser Auffassung wird der Unwert der Fahrlässigkeitsdelikte „durch die gesetzliche Umschreibung einer erhöht gefährlichen Handlung" definiert, und dann wird der durch die Handlung verursachte Sachverhaltsunwert dem Täter zugerechnet.[609] Da es sich beim Gegenstand der Zurechnung nur um das handelt, was objektiv vorhersehbar ist, sei die objektive Vorhersehbarkeit in der objektiven Zurechnung enthalten.[610] Die begriffliche Verbindung zur objektiven Zurechnung durch Gefahr und die Einfachheit der Fallbearbeitung werden ebenfalls als Vorteile dargestellt.[611]

Die Lehre von der Fahrlässigkeit als Erkennbarkeit der Tatbestandsverwirklichung[612] ist auch der Auffassung, dass die Sorgfaltspflichtverletzung aufgrund

606 Roxin/Greco, AT I, § 24, Rn. 10 ff.; auch Yamanaka, ZStW 102 (1990) 928 (944): „Die objektive Sorgfaltswidrigkeit sollte [...] keine selbstständige Bedeutung besitzen, sondern im Kriterium der objektiven Zurechnung aufgehen."; Gropp, AT, § 12, Rn. 10, 65 ff., 124 f., 129, 154: Er zeigt den objektiven Tatbestand: rechtsrelevante Handlung, Eintritt des tatbestandsmäßigen Erfolgs, Ursächlichkeit der Handlung für die Veränderung in der Außenwelt.

607 Roxin/Greco, AT I, § 24, Rn. 12 f.

608 Roxin/Greco, AT I, § 24, Rn. 12; auch Gössel, FS-Bengl, 23 (30); Schöne, GS-Hilde Kaufmann, 649 (652 f.); Schröder, JZ 1989, 776 (779): Er weist darauf hin, dass aufgrund des Begriffs der objektiven Sorgfaltspflichtverletzung die Sorgfaltspflicht mit der Garantenstellung für Unterlassungsdelikte gleichgesetzt werden könnte.; Gropp, AT, § 12, Rn. 117; Jakobs, AT, 9/6.

609 Gropp, AT, § 12, Rn. 127, 129; Konkrete Arten der Anwendung der objektiven Zurechnung: Rn. 125.

610 Roxin/Greco, AT I, § 24, Rn. 13; auch Gropp, AT, § 12, Rn. 142.

611 Gropp, AT, § 12, Rn. 130.

612 Schmidhäuser, FS-Schaffstein, 129 (131 ff.); Schröder, JZ 1989, 776 (776 ff.): „eine dekorative Umschreibung des Täterverhaltens".; die Sorgfaltspflichtverletzung gibt

ihrer begrifflichen Unklarkeit, ihrer fehlenden praktischen Rolle und somit ihrer Entbehrlichkeit kein selbstständiges Merkmal ist.[613] Es sei unmöglich, alle Bereiche durch konkrete Sorgfaltsvorschriften zu regeln.[614] Die Sorgfaltspflicht besteht nicht nur zu jedem Zeitpunkt in einer bestimmten Situation, sondern ihr Inhalt kann in einer bestimmten Situation auch vielfältig konstruiert werden.[615] Es könne daher nicht normativ bestimmt werden,[616] welche Pflicht vom Täter erfüllt werden muss, und somit könne die Norm ihre Appellfunktion der Norm nicht ausüben. Es wird darüber hinaus darauf hingewiesen, dass die Positionierung der Sorgfaltspflichtverletzung in den objektiven Tatbestand zur grundsätzlich unterschiedlichen Zusammensetzung des Deliktsaufbaus der Vorsatz- und Fahrlässigkeitsdelikte führt, weil es bei Vorsatzdelikten für dieses Merkmal kein Surrogat gibt.[617] Durch den Verzicht auf dieses Merkmal könne die (subjektive) Strafbarkeitsvoraussetzung für Vorsatz- sowie Fahrlässigkeitsdelikte auf demselben Aufbau beruhen.[618] Anschließend betont diese Ansicht nur die Voraussehbarkeit der Rechtsgutsbeeinträchtigung bzw. die Erkennbarkeit der Tatbestandsverwirklichung[619] bzw. die Vermeidbarkeit des rechtsgutsbeeinträchtigenden Verhaltens[620] als wesentlich für fahrlässige Straftaten. Das

---

überwiegend keine Antwort darauf, „wann nun Fahrlässigkeit gegeben ist und wann nicht" (S. 779).

613 Auch Wolter, GA 1977, 257 (267 f.); Roxin, LK-StGB, § 16, Rn. 125 ff.; Jakobs, AT, 9/5 ff. (Er schränkt jedoch über das erlaubte Risiko ein.); Krit. Ida, FS-Hirsch, 225 (229 ff.): Er weist auf die Unklarheit der Vorhersehbarkeit „hinsichtlich des Grades der Konkretisierung" hin.; auch Kühl, AT, § 17, Rn. 15.

614 Vgl. Kühl, AT, § 17, Rn. 14.

615 Konkret nennt Schröder sechs Fälle als Inhalt der objektiven Sorgfaltspflichtverletzung, um Erfolg zu vermeiden, wenn „eine Mutter [] Milch auf dem Küchenherd [kocht]; ihr Kind ist gerade so groß, dass es den Topf mit kochender Milch vom Herd reißen und sich dabei verbrühren kann".: Unterlassen Sie Milchkochen, bleiben Sie in der Küche und passen Sie auf, sperren Sie das Kind in ein Gatter, sperren Sie den Herd durch eine Barriere ab, bringen Sie das Kind aus der Küche, lassen Sie das Kind von jemandem beaufsichtigen. (Schröder, JZ 1989, 776 (777))

616 Schröder, JZ 1989, 776 (777): Es macht wenig Sinn, „die Sorgfaltspflicht jeweils nur als negatives Gegenstück" der Handlung zu bestimmen.

617 Schmidhäuser, FS-Schaffstein, 129 (130 f.): Dies träge zur Aufrechterhaltung einer umfassenden Aufspaltung zwischen Vorsatz- und Fahrlässigkeitsdelikten bei.; Schröder, JZ 1989, 776 (780).

618 Schröder, JZ 1989, 776 (780).

619 Schröder, JZ 1989, 776 (778); Jakobs, AT, 9/4 ff.

620 Gössel, FS-Bruns, 43 (43 ff.); Maurach/Gössel/Zipf-Gössel, AT II, § 42, Rn. 36, § 43, Rn. 170 f.: Diese Vermeibarkeit setzt die individuelle Voraussehbarkeit voraus.

Handlungsunrecht bei Fahrlässigkeitsdelikten komme darauf an, dass der Täter die Anforderungen der Rechtsordnung an die Vorhersehbarkeit in der bestimmten Situation verletzt.[621]

Hier sollte daher zuerst analysiert werden, ob jedes Merkmal – die objektive Sorgfaltswidrigkeit und die objektive Vorhersehbarkeit – seine eigene wesentliche Bedeutung oder Funktion hat im Vergleich zur bloßen Anwendung der objektiven Zurechnung.

bb) Die Bedeutung der Sorgfaltspflichtverletzung

(1) „Innere" und „äußere" Sorgfalt

Die Sorgfalt kann durch die Unterteilung in innere und äußere Sorgfalt beschrieben werden.[622] Die letztere Verpflichtung zum sachgemäßen äußeren Verhalten zur Vermeidung der Tatbestandsverwirklichung wird auferlegt aufgrund der Vorhersehbarkeit der Verwirklichung des Tatbestands. Bei ersterer handelt es sich um einen psychologischen Aspekt der Sorgfalt, den *Binding* als die „Vorprüfungspflicht"[623] bezeichnet, die den Täter dazu auffordert, „vor und während der Ausführung der Tätigkeit" eine ausreichende Vorprüfung durchzuführen.[624] Ihr Inhalt beschreibt den Gegenstand des Schuldvorwurfs,[625] der die rechtswidrige Tat in Bezug auf „die rechtlich tadelnswerte Gesinnung" ist, die auf einer Entscheidung des Täters zum Tatzeitpunkt beruht (sog. die Lehre von der Gesinnungsschuld).[626] Diese Auffassung basiert darauf, dass das Gemeinschaftsleben dadurch unterstützt wird, dass unsere Gemeinschaft durch die Rechtsordnung jemanden auffordert, seine Fähigkeiten einzusetzen, um die Gefährdung des Rechtsguts „rechtzeitig erkennen und vermeiden zu können".[627] Hierzu

---

621 Schmidhäuser, FS-Schaffstein, 129 (131 ff.).

622 Vgl. Engisch, Vorsatz und Fahrlässigkeit, 1930, S. 269 f.; Jescheck/Weigend, AT, § 55 I 2, S. 578, § 55 I 3, S. 580.

623 Binding, Die Schuld im deutschen Strafrecht, 1919, S. 120 ff.

624 Engisch, Vorsatz und Fahrlässigkeit, 1930, S. 272 f.

625 Vgl. Jescheck/Weigend, AT, § 54 I 4, S. 567, § 54 II 1, S. 568; Roxin/Greco, AT I, § 19, Rn. 10 ff.

626 Schmidhäuser, FS-Gallas, 81 (93 ff.); ders., FS-Jescheck I, 485 (485 ff.); Greco, GA 2009, 636 (636 ff.); Jescheck/Weigend, AT, § 38 II 5, S. 422, § 39 II 1, S. 426: „Schuld ist ein tadelnswerter Mangel an Rechtsgesinnung, der in einer tatbestandsmäßigen und rechtswidrigen Handlung Ausdruck gefunden hat."; Wessels/Beulke/Satzger, AT, § 13 I 5, Rn. 617; Krit.: Vgl. Otto, GA 1981, 481 (484); Jakobs, AT, 17/17.

627 Jescheck/Weigend, AT, § 54 I 4 b), S. 567: Es wird daher als Gefühlstheorie oder Gefühlsschuld bezeichnet, die sich von der Willenstheorie unterscheidet; Engisch

schreibt die Norm die Verpflichtung vor, dass ein Täter berücksichtigen muss, unter welchen Umständen, einschließlich der Begleitumstände, er sich verhält, und wie die damit verbundenen Risikofaktoren verlaufen und sich auswirken können.[628] Genauer gesagt, ist er verpflichtet, dem Schutz des Rechtsguts ausreichende Aufmerksamkeit zu schenken, aus den von ihm erkannten gefahrbildenden Faktoren auf „die Gefährdung des Handlungsobjekts" zu schließen und die gefahrbildenden Faktoren ausreichend zu reflektieren, um den tatbestandlichen Erfolgseintritt anzuerkennen.[629] Unter diesem Gesichtpunkt unterscheidet sich Fahrlässigkeit vom Zufall durch die gesetzlich vorgeschriebene mangelnde Aufmerksamkeit,[630] und die Strafwürdigkeit bewusster Fahrlässigkeit und unbewusster Fahrlässigkeit wird festgestellt.

Die betreffenden Vorschriften für fahrlässige Erfolgsdelikte beziehen sich auf die äußere Sorgfalt, ausgehend von der objektiven Vorhersehbarkeit. Diese sind in Form der Generalklausel (vgl. § 1 Abs. 2 StVO[631]) und der Vorschriften über Verbote in besonderen Angelegenheiten (vgl. § 3 StVO(Geschwindigkeit)) unterteilt. Sie könnten ggf. zur Konkretisierung der inneren Sorgfalt dienen. Auch hier stellt *Jakobs* auf die innere Sorgfalt ab, weil diese um ein solches „Motivationsverhalten"[632] geht, das dem äußeren Verhalten vorausgehen muss. Dies gelte sowohl für den Fall, dass die äußere Sorgfalt unmittelbar zur Erfolgsvermeidung dient, als auch für den Fall, dass sich die äußere Sorgfalt auf die bestimmte Vorprüfungspflicht – z.B. „Rechtsbeachtung oder Kenntnisverschaffung"[633] über die risikobezogenen Faktoren – bezieht. Im letzten Fall darf die Auferlegung von Verhaltensweisen als äußere Sorgfalt die objektiv geforderte innere Sorgfalt nicht überschreiten. Wenn die Verhaltensweisen, die für die Tatbestandsverwirklichung nach dem ex-ante-Urteil irrelevant sind – z.B. die Beachtung

---

meint, dass die Gefühlsschuld auf mangelndem „Interesse an der Vermeidung der Tatbestandsverwirklichung und an der Erfüllung der Rechtspflichten" beruht. (Engisch, Vorsatz und Fahrlässigkeit, 1930, S. 470)

628 Jescheck/Weigend, AT, § 55 I 2, S. 578.

629 Jescheck/Weigend, AT, § 54 I 4 b, S. 567.

630 Engisch, Vorsatz und Fahrlässigkeit, 1930, S. 276: „Voraussichtsmangel".

631 „Wer am Verkehr teilnimmt, hat sich so zu verhalten, dass kein anderer geschädigt, gefährdet oder, mehr als nach den Umständen unvermeidbar, behindert oder belästigt wird."

632 Jakobs bezeichnet dies als „die Zuwendung des Willens zur Erfolgsvermeidung und in Konsequenz dessen das Urteil über die Erfolgschancen". (Jakobs, Studien zum fahrlässigen Erfolgsdelikt, 1972, S. 63)

633 Jakobs, Studien zum fahrlässigen Erfolgsdelikt, 1972, S. 63.

unbekannter Erfahrungssätze[634] –, als innere Sorgfalt gefordert werden, könne dies zur Erfolgshaftung führen.[635] Aus diesen Gründen könnte das Verhältnis zwischen innerer und äußerer Sorgfalt so definiert werden, dass äußere Sorgfalt ohne innere Sorgfalt nur Zufall ist und erstere „nur Konsequenz" der letzteren ist.[636] Bei fahrlässigen Straftaten sollte zwar der Schwerpunkt auf der inneren Sorgfalt liegen, dies sollte jedoch nicht zu einer Abwertung der äußeren Sorgfalt führen, was sich auf die Bedeutung der objektiven Sorgfaltspflichtverletzung als selbstständiges Merkmal bezieht.

Bei der inneren Sorgfalt kommt es auf die Vorhersehbarkeit an. Dies ist ein täterindividueller Aspekt wie Vorsatz. Da sie nur in seinem Kopf, mithin in seinem Bewusstsein existiert, wenn die subjektive Offenbarung des Täters fehlt, kann nur aus den objektiven Indizien geschlossen werden, dass sie zum Handlungszeitpunkt existiert hat. Es wird auch darauf hingewiesen, dass es bei Fahrlässigkeit im Vergleich zu Vorsatz schwieriger ist, objektiv festzustellen, ob der Handelnde die Gefahrensignale erkannt hat und den Erfolgseintritt vorhersehen konnte oder nicht.[637] In diesem Sinne spielt die äußere Sorgfalt eine größere Rolle bei der Bestimmung der Fahrlässigkeit in der Praxis.[638]

Die äußere Sorgfalt betrifft das äußere Verhalten, auf das sich „die Sorgfalt aus der Psyche"[639] verlagert. Bei der Bestimmung der Fahrlässigkeit verlagert sich der Fokus darauf, dass ein Täter eine gefährliche Handlung ausgeführt hat, die er nicht hätte vollziehen sollen. Hier ist von der Erkennung der Gefahrensignale oder der Vorhersehbarkeit des Erfolgseintritts auszugehen. Die Aufgabe der Sorgfalt besteht darin, die Verwirklichung des Tatbestands zu vermeiden, so dass die Sorgfalt durch den Tatbestand begründet werden muss und daher auf das Verbot gefährlicher Verhaltensweisen gerichtet sein muss, die in den im Tatbestand abstrakt beschriebenen Handlungsweisen enthalten sind.[640] Die äußere Sorgfalt ist eine externe Manifestation der inneren Sorgfalt, und die erste sollte von der letzteren ausgehen. Es ist jedoch erforderlich, die Vorhersehbarkeit zu reflektieren, aus der die innere Sorgfalt auferlegt werden kann. Diese Reflexion

---

634 Jakobs, Studien zum fahrlässigen Erfolgsdelikt, 1972, S. 63: auch unbekannte erfolgsabstrahierende Verhaltensnormen, die in Fachkreisen bewährten Regeln.
635 Jakobs, Studien zum fahrlässigen Erfolgsdelikt, 1972, S. 63.
636 Jakobs, Studien zum fahrlässigen Erfolgsdelikt, 1972, S. 62 f.; Jescheck/Weigend, AT, § 55 I 3, S. 580, Fn. 10.
637 Kraatz, Die fahrlässige Mittäterschaft, 2006, S. 286 f.
638 Engisch, Vorsatz und Fahrlässigkeit, 1930, S. 274 f.: „durchaus angemessen".
639 Engisch, Vorsatz und Fahrlässigkeit, 1930, S. 274.
640 Engisch, Vorsatz und Fahrlässigkeit, 1930, S. 282 f.

sollte sich auf den Tatbestand beschränken, wobei auf die Rolle der objektiven Vorhersehbarkeit als Voraussetzung für die Auferlegung äußerer Sorgfalt abgestellt werden sollte.

(2) Arten der Sorgfaltspflichten

Die Sorgfaltspflichten schreiben vor, dass ein Täter die als gefährlich erkannten Handlungen unterlassen muss oder dass er die mit der objektiv vorhersehbaren Gefahr verbundenen Handlungen mit ausreichenden Sicherheitsvorkehrungen durchführen muss, um den Erfolg zu vermeiden.[641] Die Strafgesetze für Fahrlässigkeitsdelikte bestehen aus den Tatbeständen, die in jedem Einzelfall durch richterliche Wertungen ergänzt werden müssen (vgl. § 222 StGB „durch Fahrlässigkeit").[642] Hierbei werden die Sorgfaltsanforderungen aus den Rechtssätzen (spezielle außerstrafrechtliche Rechtsvorschriften: StVO, JuSchG, WaffG (§ 42 Abs. 1), AtomG (§§ 5 Abs. 1, 6 Abs. 2), SprengG (§ 24 Abs. 2) usw.), Erfahrungssätzen, die „Sicherheitszwecke wie Gesundheitsschutz" verfolgen, („allgemein anerkannte Regeln der Technik", Deutsche Industrie-Normen (DIN), Regeln der ärztlichen Kunst, Sportregeln usw.) und Leitbildern (Standards) berücksichtigt.[643] Rechtssätze und Erfahrungssätze werden als „Sondernormen" bezeichnet. Bei der Bestimmung der Sorgfaltspflichtverletzung spielen sie eine wesentliche Rolle. Dies bedeutet jedoch nicht, dass ihre Einhaltung das einzige Kriterium für die Bestimmung ist. Einerseits begründet das Verhalten bei Nichteinhaltung nicht unbedingt die strafrechtliche Sorgfaltspflichtverletzung, andererseits schließt das Verhalten bei Einhaltung nicht immer die Sorgfaltspflichtverletzung aus.[644] Dies bezieht sich auf die Rolle der objektiven Vorhersehbarkeit des Eintritts der Rechtgutsverletzung bei der Bestimmung des Handlungsunrechts bei Fahrlässigkeitsdelikten, weil er von vielen Faktoren beeinflusst wird, die Norm jedoch nicht alle Typen abdecken könnte.

---

641 Wessels/Beulke/Satzger, AT, § 18 II 3, Rn. 1118.

642 Welzel, Fahrlässigkeit und Verkehrsdelikte, 1961, S. 15; Jescheck/Weigend, AT, § 54 I 3, S. 564: „keine Verletzung des Bestimmtheitsgebots".; Krey/Esser, AT, § 50, Rn. 1350; Roxin/Greco, AT I, § 24, Rn. 94.

643 Krey/Esser, AT, § 50, Rn. 1350; Kühl, AT, § 17, Rn. 23; Roxin/Greco, AT I, § 24, Rn. 15 ff.; Wessels/Beulke/Satzger, AT, § 18 II 3, Rn. 1124.

644 Esser/Keuten, NStZ 2011, 314 (318); Kühl, AT, § 17, Rn. 24; Wessels/Beulke/Satzger, AT, § 18 II 3, Rn. 1124: Die Einhaltung sei ein Anzeichen für die Verkehrsrichtigkeit und die Nichteinhaltung sei nur ein Indiz für ein fehlerhaftes Verhalten.

cc) Ergebnis

Die Vertreter, die die objektive Sorgfaltspflichtverletzung als entscheidendes, selbstständiges Tatbestandsmerkmal anerkennen, stützen sich darauf, dass die Gegenstücke des Verbots nicht jede bloße Verursachung eines tatbestandlichen Erfolgs sind, sondern nur ein bestimmtes sorgfaltswidriges Verhalten. Die Tatbestände stellen Verhaltensnormen auf.[645] Bei ihnen handelt es sich um „das Merkmal eines bestimmt gearteten Verhaltens", das „eine im Gesetz abstrakt bezeichnete Tätigkeit" „einer allgemein bezeichneten Person" ist.[646] D.h., die Sorgfaltspflicht im Tatbestand sollte dazu beitragen, dass ein bestimmtes Verhalten nicht mit den übrigen Tatumständen zur Tatbestandsverwirklichung verknüpft wird.[647] In diesem Sinne bildet die objektive Sorgfaltspflichtverletzung den Kern des Handlungsunwerts bei Fahrlässigkeitsdelikten; dies bedeutet, dass dieses Merkmal nicht in der objektiven Zurechnung aufgehen darf.

Bei Fahrlässigkeitsdelikten ist eine Handlung, obwohl sie zur Rechtsgutsverletzung führt, im Prinzip gerade nicht rechtswidrig. Nur wenn „das Gesetz fahrlässiges Handeln ausdrücklich mit Strafe bedroht" (§ 15 StGB), werden solche Handlungen berücksichtigt, die als sorgfaltswidrig unter die gesetzlichen Tatbestände subsumiert werden. Den übrigen Handlungen, d.h., den sorgfaltsmäßigen Handlungen, muss allgemeine Handlungsfreiheit als „erlaubtes Risiko" gewährt werden, selbst wenn sie zu den Rechtsgutsverletzungen führen könnten. Diesem Begriff liegt die Lehre von der Sozialadäquanz[648] zugrunde.[649] Die

---

645 Engisch, Vorsatz und Fahrlässigkeit, 1930, S. 344: „eine Bestimmungsnorm, eine gesetzgeberische Verhaltensanweisung".; Frisch, Tatbestandsmäßiges Verhalten und Zurechnung des Erfolgs, 1988, S. 69 ff.; Kremer-Bax, Das personale Verhaltensunrecht, 1999, S. 33, 58; Wolter, FS-Pötz, 269 (272); Kretschmer, Jura 2000, 267 (269); Puppe, NK-StGB, Vor §§ 13 ff., Rn. 142 ff.; Freund, AT, § 2, Rn. 10 ff.

646 Engisch, Vorsatz und Fahrlässigkeit, 1930, S. 6, 283.

647 Engisch, Vorsatz und Fahrlässigkeit, 1930, S. 283.

648 Welzel, ZStW 58 (1938), 491 (514 ff.).

649 Roxin, FS-Klug II, 303 (304); Roxin/Greco, AT I, § 10, Rn. 34, 37 f.: Sie meinen, dass die Sozialadäquanz den Tatbestand selbst nicht als einzelnes Tatbestandsmerkmal ausschließt, sondern durch die objektive Zurechnung (ebenso Jakobs, AT, 7/4 b). Diese Auffassung basiert darauf, dass sich die Sozialadäquanz auf den sozialen Unwert bezieht, der von Unrecht unterschieden werden muss. Der soziale Unwert wohne dem Unrecht inne und bilde dessen materielle Grundlage. I.d.S. habe die Sozialadäquanz keine Bedeutung, könne jedoch als Auslegungsprinzip (auch Hirsch, ZStW 74 (1962), 78 (78 ff.); Ebert/Kühl, Jura 1981, 225 (226); Dölling, ZStW 96 (1984), 36 (55 ff.); Baumann/Weber/Mitsch/Eisele, AT, § 16, Rn. 35; Jescheck/Weigend, AT, § 25 IV 2, S. 253)

allgemeinen Gefährdungsverbote, die auf Vorhersehbarkeit und Vermeidbarkeit zurückzuführen sind, könnten in der heutigen als Risikogesellschaft[650] bezeichneten technologischen Gesellschaft nicht für eine unbestimmte Reichweite gelten. Handlungen, wie die Teilnahme am öffentlichen Verkehr, der Betrieb von Fabriken oder Bergwerken, wohnt eine Gefährlichkeit inne, die zur Rechtgutsverletzung führen könnte. Daher übersehen die Versuche, Fahrlässigkeit nur mit der Vorhersehbarkeit oder Vermeidbarkeit der Tatbestandsverwirklichung zu begründen, dass diejenigen, die die Sorgfaltsregeln einhalten, d.h., sich im Rahmen des erlaubten Risikos verhalten, in der Regel kein rechtlich mißbilligtes Risiko schaffen.[651] Insb. bei Handlungen von hochgradiger Gefährlichkeit greift die praktische Funktion der objektiven Sorgfaltspflichtverletzung, die zur Abgrenzung zwischen dem erlaubten und dem unerlaubten Risiko dient.[652] Hierbei darf man die gefährliche Handlung nicht ohne Rücksicht auf die gebotene erforderliche Sorgfalt unternehmen. Umgekehrt dient das Merkmal bei den gemäß der Sorgfaltsregeln erforderlichen Sicherheitsmaßnahmen in der Regel dazu, die Tatbestandsmäßigkeit des Verhaltens auszuschließen.[653] Solange

---

dienen.; vgl. auch Kaspar, JuS 2004, 409 (409 ff.); Maurach/Gössel/Zipf-Gössel, AT II, § 44, Rn. 21 ff.; Wessels/Beulke/Satzger, AT, § 6 III 3, Rn. 268.

650 V.a. vgl. Beck, Risikogesellschaft: auf dem Weg in eine andere Moderne, 1986.

651 Ebenso Schünemann, GA 1985, 341 (359); Kretschmer, Jura 2000, 267 (269).

652 Auch Schmidhäuser räumt hier ausnahmsweise die praktische Funktion objektiver Sorgfaltspflichtverletzung ein. (Schmidhäuser, FS-Schaffstein, 129 (138))

653 Sozialadäquanz als Tatbestandsausschließungsgrund: Krauß, ZStW 76 (1964), 19 (48); Peters, FS-Welzel, 415 (425 ff.); Schröder, LK-StGB, § 16, Rn. 161; Tröndle/Fischer, StGB, Vor § 32, Rn. 12; Jescheck/Weigend, AT, § 25 IV 3, S. 253; Köhler, AT, S. 185; Maurach/Gössel/Zipf-Gössel, AT II, § 44, Rn. 21 f.; Roxin/Greco, AT I, § 10, Rn. 36; Welzel, Strafrecht, S. 132; Wessels/Beulke/Satzger, AT, § 6 III 3, Rn. 268.;
Vgl. erlaubtes Risiko als Tatbestandsausschließungsgrund: Frisch, Vorsatz und Risiko, 1983, S. 141 f.; Prittwitz, Strafrecht und Risiko, 1993, S. 291 f.; ders., JA 1988, 427 (436); Kindhäuser, GA 1994, 197 (215); Rönnau, JuS 2011, 311 (311 ff.); ders., LK-StGB, Vor § 32, Rn. 58; Duttge, MüKo-StGB, § 15, Rn. 136; Rudolphi/Jäger, SK-StGB, Vor § 1, Rn. 96; Jakobs, AT, 7/39 ff.; Jescheck/Weigend, AT, § 36 I, S. 401: Sie betrachten das erlaubte Risiko allgemein als das Strukturprinzip verschiedener Rechtfertigungsgründe.; § 56 III 1, S. 591 f.: „Sonderprobleme beim erlaubten Risiko“.; Roxin/Greco, AT I, § 11, Rn. 66;
Vgl. erlaubtes Risiko als Rechtfertigungsgrund: Engisch, Vorsatz und Fahrlässigkeit, 1930, S. 286, 344: „Unrechtsausschließungsgrund“.; Gössel, FS-Bengl, 23 (38); Maiwald, FS-Jescheck I, 405 (425); Paeffgen, NK-StGB, Vor §§ 32 ff., Rn. 22 ff.; Otto AT, § 8, Rn. 160 f.; Schmidhäuser, Lb AT, 9/26 ff.; ders., StuB AT, 6/102, 107 ff.: Er erkennt auch die Sozialadäquanz als Rechtfertigungsgrund.

die Maßnahmen getroffen werden, um das Risiko auf die gebotene Weise zu minimieren,[654] sollte die Rechtsordnung die typischerweise mit einer solchen Einrichtung verbundenen Risiken eingehen. D.h., ohne das Merkmal der das erlaubte Risiko bereits widerspiegelnden Sorgfaltspflichtverletzung[655] könnte der Handlungsunwert bei Fahrlässigkeitsdelikten nicht zutreffend begründet werden.[656]

Auch in neuen Technologiebereichen, in denen noch nicht alle relevanten Risikofaktoren identifiziert wurden, oder in Bereichen, in denen zu viele Faktoren die Rechtgutsverletzung beeinflussen,[657] ist es notwendig, dass die Handlungen trotz der Vorhersehbarkeit der Tatbestandsverwirklichung in Form der Generalklausel sozial zugelassen werden. Aus dieser Generalklausel sollten die verschiedenen spezifischen Vorschriften abgeleitet werden, wobei die Arten von Unfällen, der technische Fortschritt und die sozialen Werte zu berücksichtigen sind.[658] Die Unklarkeit der objektiven Sorgfaltspflichtverletzung im Verlauf dieser Entwirklung, könnte darauf hinweisen, dass die objektive Zurechnung die

---

654 Schünemann, GA 1985, 341 (359): Die Tolerierbarkeit der Risikoschaffung hänge von den getroffenen Sicherheitsvorkehrungen ab. Es müsse daher ex ante bestimmt werden, welche Handlung als erlaubtes Risiko einzuräumen ist.

655 Über die Differenzierung zwischen dem erlaubten Risiko und der Sozialadäquanz, Maurach/Gössel/Zipf-Gössel, AT II, § 44, Rn. 22 f.: Er weist darauf hin, dass die Unterscheidung „zwischen den Wertungsstufen des Tatbestandes und der Rechtwidrigkeit" nicht ausreicht, wenn die beiden nicht differenziert werden, weil die Unterscheidung „zwischen dem Gebot, Rechtsgutsverletzungen vorzubeugen, und der Ausnahme des erlaubten Risikos" nicht klar ist. Dies führe dazu, dass die beiden in die objektive Zurechnung eingeordnet werden und daher eine willkürliche Behandlung begründen könnten.

656 Schünemann, GA 1985, 341 (359): Er stellt auf die vom erlaubten Risiko geprägte Sorgfaltspflichtverletzung ab und betrachtet die Vorhersehbarkeit als Leerformel. Da die Vorhersehbarkeit beim erlaubten Risiko „per definitionem" vorausgesetzt wird, könnte sie die Haftungsbegründung und -begrenzung nicht rechtfertigen.; Rönnau, LK-StGB, Vor § 32, Rn. 55; Sternberg-Lieben/Schuster, Sch/Sch-StGB, § 15, Rn. 145; Baumann/Weber/Mitsch/Eisele, AT, § 22, Rn. 14: „Allein die allgemeine Vorhersehbarkeit solcher Tatbestandsverwirklichungen[...] begründet noch kein fahrlässiges Handeln."; Köhler, AT, S. 185; Kühl, AT, § 17, Rn. 17: „Schadensgeneigtheit zahlreicher alltäglicher Verhaltensweisen".; Stratenwerth/Kuhlen, AT, § 15, Rn. 19.

657 Bspw. wirken sich mehr Variablen auf den Seeverkehr aus als auf den Landverkehr. (Vgl. § 7 „Allgemeine Sorgfaltspflicht" in „Gesamte Rechtsvorschrift für Schifffahrtsgesetz")

658 Über erlaubtes Risiko in der technologischen Entwicklung, vgl. Hoyer, ZStW 121 (2009), 860 (872).

Fahrlässigkeit präziser als eine solche Generalklausel überprüfen könne, wie *Roxin* meint.[659] Die Generalklauseln sind jedoch insofern von Bedeutung, als sie bereits die Kriterien für die Verhaltensweisen darstellen, die ein erlaubtes Risiko von einem unerlaubten Risiko abgrenzen.[660] Dieser normative Ansatz bezieht sich auch auf den Schutzzweckzusammenhang, der erfordert, dass die Rechtsgutverletzung innerhalb des Schutzbereichs der vom Täter verletzten Norm liegen muss; andernfalls erfolgt keine objektive Zurechnung, da der Erfolg durch ein anderes als das vom Täter geschaffene Risiko verursacht wird.[661] Die Bestimmung des Schutzbereichs der Norm ergibt sich aus dem Merkmal der objektiven Sorgfaltspflichtverletzung mit ihrer teleologischen Struktur.

Aus diesen Gründen muss das Merkmal der objektiven Sorgfaltspflichtverletzung als selbstständiges objektives Tatbestandsmerkmal für die Bestimmung des Handlungsunrechts der Fahrlässigkeitsdelikte anerkannt werden.

c) *Verhältnis zwischen der objektiven Sorgfaltspflichtverletzung und der objektiven Vorhersehbarkeit*

aa) *Die Bedeutung der objektiven Vorhersehbarkeit*

Folgendermaßen lässt sich zusammenfassen, was bisher über die objektive Vorhersehbarkeit diskutiert wurde: sie begründet die Auferlegung der inneren Sorgfalt und wird danach bestimmt, was der besonnene bzw. gewissenhafte Mensch des betreffenden Verkehrskreises „aufgrund der allgemeinen Lebenserfahrung in Rechnung stellen würde".[662] Hierbei werden die konkreten Umstände und die soziale Rolle – einschließlich etwaigen Sonderwissens – des Handelnden berücksichtigt. Sie wird überwiegend als ein das Handlungsunrecht der Fahrlässigkeitsdelikte begründendes Merkmal anerkannt. Sie ist die Grundvoraussetzung der Sorgfaltsanforderungen. Ohne ihre Unterstützung kann die objektive Sorgfaltspflichtverletzung die Fahrlässigkeitsdelikte nicht entsprechend dem Wesen der Fahrlässigkeit begründen.[663]

659 Roxin/Greco, AT I, § 24, Rn. 10.

660 Schünemann, GA 1985, 341 (359); Kühl, AT, § 17, Rn. 16.

661 Vgl. Burgstaller, Das Fahrlässigkeitsdelikt im Strafrecht, 1974, S. 99 ff.; Roxin, FS-Gallas, 241 (242); Otto, JuS 1974, 702 (704 ff.); Krümpelmann, FS-Bockelmann, 443 (453 ff.); Jescheck/Weigend, AT, § 28 IV 3, S. 288; Wessels/Beulke/Satzger, AT, § 18 II 4, Rn. 1128.

662 Fahl, JA 2012, 808 (810).

663 Fahl, JA 2012, 808 (810): „zum Ausschluss einer bloßen verschämten Zufallshaftung".; Kühl, AT, § 17, Rn. 18.

Sondernormen befassen sich mit der Generalklausel und den spezifischen Vorschriften, die nach der allgemeinen Lebenserfahrung unter Berücksichtigung des Begriffs erlaubtes Risikos bereits die vorhersehbaren Risikofaktoren widerspiegeln. In alltäglichen Fällen, in denen die spezifischen Vorschriften angewendet werden, könnte die objektive Vorhersehbarkeit durchaus durch Einhaltung der einschlägigen Vorschriften festgestellt werden. In atypischen Fällen muss die objektive Vorhersehbarkeit jedoch erneut herangezogen werden, um die Sorgfaltspflichtverletzung zu bestimmen.[664] Ggf. könnte es Fälle geben, in denen der Erfolgseintritt durch einen Verstoß gegen die einschlägige Sondernorm vermieden werden könnte,[665] und es könnte umgekehrte Fälle geben, in denen trotz Einhaltung der einschlägigen Sondernorm „ungünstige Umstände“ den Eintritt des vorhersehbaren Erfolgs beeinflussen.[666]

Die Bedeutung der objektiven Vorhersehbarkeit ist graduell unterschiedlich in Abhängigkeit von den Formen der Sorgfaltsanforderungen.[667] Bei keiner der spezifischen Vorschriften zu den Sorgfaltsanforderungen sollte es vom Richter zur Bestimmung der Sorgfalt ausführlich festgelegt werden, gegen welche Sorgfalt verstoßen wird, ob ein solches Verhalten ein erlaubtes Risiko darstellt und ob der Erfolg in seiner konkreten Gestalt sowie der Kausalverlauf[668] in seinen wesentlichen Merkmalen „nach allgemeiner Lebenserfahrung“[669] ausreichend

---

664 Ebenso Kudlich, FS-Otto, 373 (373 ff.); Kühl, AT, § 17, Rn. 25; Wessels/Beulke/Satzger, AT, § 18 II 3, Rn. 1124.

665 Ebert, JR 1985, 356 (358): z.B. Übertretung der Höchstgeschwindigkeit zur Vermeidung einer Kollision.

666 Kühl, AT, § 17, Rn. 20: Hier sollten weitere Sicherheitsvorkehrungen als vorgeschriebene Maßnahmen getroffen werden.

667 Krey/Esser, AT, § 50, Rn. 1350.

668 Welzel, Das neue Bild des Strafrechtssytems, 1961, S. 30 f.; ders., Strafrecht, S. 137: Der tatsächliche Kausalverlauf müsse objekitv voraussehbar sein.; Bockelmann, Verkehrsstrafrechtliche Aufsätze und Vorträge, 1967, S. 206; Häring, Die Mittäterschaft beim Fahrlässigkeitsdelikt, 2005, S. 281 ff.; ders., sui-generis 2018, 1 (17); Kraatz, Die fahrlässige Mittäterschaft, 2006, S. 278 f.: Vorhersehbarkeit als „subjektives Merkmal der Fahrlässigkeit“.; Beck, JA 2009, 111 (115); Hoyer, SK-StGB, Anh. zu § 16, Rn. 84 ff.; Schröder, LK-StGB, § 16, Rn. 132 ff.; Sternberg-Lieben, Sch/Sch-StGB, § 15, Rn. 180, 200; Baumann/Weber/Mitsch/Eisele, AT, § 22, Rn. 43: „im großen und ganzen“.; Jescheck/Weigend, AT, § 55 II 3, S. 586; Krey/Esser, AT, § 50, Rn. 1353.

669 Vgl. Lackner/Kühl, StGB, § 15, Rn. 46; Kühl, AT, § 17, Rn. 40; BGHSt 49, 166 (174).

objektiv vorhersehbar sind.[670] Hier beeinflusst die objektive Vorhersehbarkeit auch die Bestimmung, welche Sorgfaltsanforderungen der Täter zu beachten hat oder welche Sorgfalt ihm auferlegt werden könnte.[671]

Triffterer unterscheidet zwischen genereller und spezieller Zurechnung. Während es bei der ersten um die objektive Vorhersehbarkeit eines tatbestandsmäßigen Erfolgs (Adäquanz im weiteren Sinne) gehe, werde die Vorhersehbarkeit des konkreten Erfolgs (Adäquanz im engeren Sinne) von der lezteren bei der objektiven Zurechnung überprüft.[672] Hier weist *Kühl* darauf hin, dass die Betrachtung der Vorhersehbarkeit des Kausalverlaufs „als allgemeine Zurechnungsfrage" auf der objekitven Zurechnungsebene erreicht werde.[673] Wenn man dagegen auf das Handlungsunrecht der Fahrlässigkeit abstellt, sollte im Vergleich zu Vorsatzfällen das gleiche Maß an Vorhersehbarkeit verlangt werden.[674] Während bei Vorsatzdelikten Handlung und Erfolg durch den Willen des Täters, der auf den Erfolg mit der Vorstellung[675] des Kausalverlaufs in seinen wesentlichen Umrissen gerichtet ist, verknüpft werden können, fehlt diese Verknüpfung bei Fahrlässigkeitsdelikten aufgrund des Mangels an dem auf den Erfolg gerichteten Willen. Das Element, das das Handlungsunrecht und das Erfolgsunrecht verbindet, d.h., die objektive Vorhersehbarkeit des Kausalverlaufs, könnte zum Ausschluss der

670 Kühl, AT, § 17, Rn. 25: Beide Elemente, Voraussehbarkeit und erlaubtes Risiko, sind entscheidend für die Bestimmung, welches Verhalten als sorgfältig angesehen werden kann.

671 Kühl, AT, § 17, Rn. 21.

672 Triffterer, FS-Klug II, 419 (442).

673 Kühl, AT, § 17, Rn. 41: Er weist darauf hin, dass die Fallgruppe „Schutzzweck der verletzten Sorgfaltsnorm" als Fälle der objektiven Vorhersehbarkeit missverstanden wird; Heinrich, AT, Rn. 1013: durch die Fallgruppe „atypischer Kausalverlauf".; Er meint die objektive Vorhersehbarkeit als Bestandteil der objektiven Zurechnung.; Haft, AT, S. 167: Keine Notwendigkeit der Vorhersehbarkeit.; Vorhersehbarkeit ist nur bei unbewusst fahrlässigen Erfolgsdelikten von praktischer Bedeutung, wird aber auch durch Überprüfung der Kausalität und der objektiven Zurechnung beseitigt.

674 Engisch, Vorsatz und Fahrlässigkeit, 1930, S. 373 ff.: „Dem fahrlässigen Täter muss ebensoviel erkennbar sein, wie ihm im Falle wirklicher Kenntnis zum Vorsatz gereichen kann[...], umgekehrt: Dem fahrlässigen Täter muss ebensowenig erkennbar sein, wie der vorsätzliche Täter wirklich weiß."

675 Andere Gegenstände der Vorstellung sind: die konkrete Tat in ihren Grundzügen, die tatbestandsrelelvanten Besonderheiten der Ausführungshandlung, der vom Täter ins Auge gefasste Eintritt des tatbestandlichen Erfolgs, alle sonstigen Merkmale des objekitven Unrechtstatbestands. (Struensee, ZStW 102 (1990), 21 (21 ff.); Jescheck/Weigend, AT, § 29 II 3, S. 296; Wessels/Beulke/Satzger, AT, § 7, Rn. 357)

zufälligen Faktoren beitragen.[676] In diesem Sinne ist die Vorhersehbarkeit bei Fahrlässigkeitsdelikten mehr als eine Zurechnung.[677]

bb) Ergebnis: Die objektive Sorgfaltspflichtverletzung bei objektiver Vorhersehbarkeit

In Anbetracht der oben diskutierten Bedeutung der objektiven Sorgfaltspflichtverletzung und der objektiven Vorhersehbarkeit sollten die beiden tatbeständlichen Merkmale als Bestandteile des Handlungsunrechts zusammengeführt werden.[678] Genauer gesagt, um objektive Fahrlässigkeit nach der Normtheorie[679] zu bestimmen, sollten sie miteinander verknüpft werden und nicht getrennt nebeneinanderstehen. D.h., einerseits sollte die Norm auf die Sorgfaltspflicht verweisen, die von den vorhersehbaren Erfolgen durch menschliches Verhalten ausgeht, andererseits ist es unsinnig, dass sie vorschreibt, dass die vorhersehbaren Erfolge der Rechtgutsverletzung nicht zufällig verursacht werden dürfen, auch wenn sich der Täter sorgfaltsmäßig verhält. Die Vorhersehbarkeit der Verwirklichung des Tatbestands kann jedoch nicht angeben, ob eine gefährliche Verhaltensweise rechtlich erlaubt ist.[680] Die Verbindung der beiden Merkmale ist daher erforderlich, um das Handlungsunrecht bei Fahrlässigkeitsdelikten darzustellen. Hier sollte auch auf den Ausschluss der Faktoren der Erfolgshaftung abgestellt werden. Dies könnte nicht zutreffend erreicht werden, wenn die beiden parallel eingeordnet würden.

---

676 Um zufällige Faktoren auszuschließen, sollte die Rolle der Vorhersehbarkeit des Kausalverlaufs hervorgehoben werden. Die Feststellung des Handlungsunrechts durch objektive Sorgfaltspflichtverletzung (bei objektiver Vorhersehbarkeit) und der objektiven Zurechnung durch die Risikoerhöhungslehre bei pflichtgemäßem Alternativverhalten dient auch diesem Ausschluss.; auch vgl. Welzel, Das neue Bild des Strafrechtssytems, 1961, S. 30 f.: „als (unbeherrschbarer) Zufall".; Baumann/Weber/Mitsch/Eisele, AT, § 22, Rn. 43.

677 Ebenso Kraatz, Die fahrlässige Mittäterschaft, 2006, S. 273.

678 Kretschmer, Jura 2000, 267 (269); Kaspar, JuS 2012, 16 (19); Fischer, StGB, § 15, Rn. 14; Momsen, S/S/W-StGB, §§ 15, 16, Rn. 61; Krey/Esser, AT, § 50, Rn. 1343: Verletzung der objektiv gebotenen Sorgfalt „trotz" objektiver Vorhersehbarkeit des Erfolgs.; „Hin- und Herwandern des Blickes" zwischen den beiden Merkmalen sei erforderlich.; Kühl, AT, § 17, Rn. 18; Wessels/Beulke/Satzger, AT, § 18 II 3, Rn. 1116; Krit. Fahl, JA 2012, 808 (810 ff.); Duttge, MüKo-StGB, § 15, Rn. 108 ff.

679 Krey/Esser, AT, § 50, Rn. 1343.

680 Kuhlen, Fragen einer strafrechtlichen Produkthaftung, 1989, S. 94; Freund, FS-Küper, 2007, 63 (76); Kühl, AT, § 17, Rn. 17.

Fahl weist hier darauf hin, dass die objektive Vorhersehbarkeit bei den Sondernormen (v.a. § 3 StVO(Geschwindigkeit)) zur Bestimmung der Fahrlässigkeit nicht angemessen berücksichtigt werden kann, weil die Sondernormen bereits die objektive Vorhersehbarkeit widerspiegeln. Dafür stellt er folgenden Fall dar: Die an der Massenkarambolage auf der A 19 beteiligten Kraftfahrer fahren in einer Sandwolke, die plötzlich auf der Autobahn auftritt, oder fahren in diese hinein. Zu diesem Zeitpunkt halten sie die Richtgeschwindigkeit nicht ein.[681] Es sei problematisch, dass die Rspr. in dieser Konstellation trotz fehlender Vorhersehbarkeit – wegen plötzlichen Auftretens der Sandwolke – weiterhin die Fahrlässigkeit aufgrund der Verletzung der Sondernorm (d.h. aufgrund der unangepassten Geschwindigkeit an „Sicht- und Wetterverhältnisse" in § 3 Abs. 1 StVO) anerkennt. Er ist der Ansicht, dass die Sorgfaltspflichtverletzung des Kraftfahrers nicht anerkannt werden sollte, weil ihm die Verpflichtung, langsamer zu fahren, nicht ohne triftigen Grund auferlegt werden sollte. Deswegen stellt er – wie *Duttge* – nicht auf die Einhaltung der Sondernormen, sondern auf ein solches „Veranlassungsmoment" ab, das eine Überspannung der Anforderungen verhindert.[682] Demnach seien die Kraftfahrer wegen mangelnder Vorhersehbarkeit nicht fahrlässig, weil es keine „genügend konkrete Veranlassung zur Geschwindigkeitsherabsetzung" gibt.[683]

Es scheint jedoch, dass diese Ansicht auf einem Missverständnis der Rolle spezieller Sondernormen beruht, die bereits die objektive Vorhersehbarkeit des Kausalverlaufs und des Erfolgs widerspiegeln und gleichzeitig das erlaubte Risiko darstellen. Sondernormen können auch nicht alle vorhersehbaren Ereignisse abdecken, sondern nur den typischen Normalfall, der in den einschlägigen Normen bereits zutreffend vorhergesehen wurde, und sie erlegen in der Regel die Sorgfaltspflichten auf, um die Rechtsgutsverletzung in diesen schon vorhergesehenen Fälle zu vermeiden.[684] Dies könnte so verstanden werden, dass die Sorgfaltspflichtverletzung „die generelle Vorhersehbarkeit"[685] begründet.

---

681 Fahl, JA 2012, 808 (811).

682 Fahl, JA 2012, 808 (811); Duttge, Müko-StGB, § 15, Rn. 114, 121 ff.: Menschen haben kein geeignetes Sinnesorgan, um eine Gefährdung fremder Rechtsgüter unmittelbar zu erkennen, und sind daher auf „Warnsignale" („äußere Anzeichen bzw. tatsächliche Anhaltspunkte") angewiesen.

683 Fahl, JA 2012, 808 (811): z.B. „eine entsprechende Gefahrenwarnung in der Wettervorhersage".

684 Jescheck/Weigend, AT, § 55 I 3, S. 580; Kühl, AT, § 17, Rn. 18.

685 Tiedemann, Die Anfängerübung im Strafrecht, S. 66, 152.

Sondernormen haben nur einen indiziellen Charakter zur Vermeidung des Erfolgseintritts.

In Anbetracht dessen, dass die objektive Vorhersehbarkeit eine notwendige Voraussetzung[686] für die objektive Sorgfaltspflichtverletzung ist, muss erneut überprüft werden, ob solche außergewöhnlichen Umstände objektiv vorhersehbar sind, die über die in Sondernormen vorhergesehenen Situationen hinausgehen, um die Sondernorm hier anzupassen. Der Inhalt der Sondernormen könnte die Bestimmung der Vorhersehbarkeit beeinflussen. Dass sich eine Situation auf Sondernormen bezieht, bedeutet nicht zwangsläufig, dass die Vorhersehbarkeit angenommen wird, weil die typisierten Umstände die spezifische Situation – plötzliches Auftreten der Sandwolke – nicht wesentlich voraussetzen.

Diese Schlussfolgerung, dass kein Handlungsunrecht besteht, ist jedoch nur dann richtig, wenn trotz der Geschwindigkeitsüberschreitung ausreichende Bremswege gewährleistet sind, um dem plötzlichen Bremsen des vorausfahrenden Fahrzeugs angemessen entgegenzuwirken (vgl. § 4 StVO). Weil die Geschwindigkeit den Bremsweg beeinflusst und der Abstand zum vorausfahrenden Fahrzeug ein Kriterium für die Bestimmung der Geschwindigkeitsüberschreitung sein könnte,[687] stehen § 3 und § 4 StVO in enger Beziehung. In einem anderen Fall, in dem wegen der Geschwindigkeitsüberschreitung keine ausreichenden Bremswege gewährleistet sind, sollte die Bestimmung des Handlungsunrechts eher auf dem Moment, kurz bevor die Sandwolke die Sicht des Fahrers verdeckt, beruhen. Wenn die Sicht des Fahrers bereits verdeckt ist, handelt er nicht fahrlässig – wie *Fahl* schließt –, weil der Unfall aufgrund der Sichtbehinderung unvorhersehbar ist. Vor dem Auftreten der Sandwolke, d.h. im Regelfall der § 3 Abs. 1 und § 4 Abs. 1 StVO, hat er schon gegen die Anforderungen der Sondernormen verstoßen, die die objektive Vorhersehbarkeit widerspiegeln, und damit das unerlaubte Risiko geschaffen. Der von ihm geschaffene Umstand, dass sich sein Auto mit überhöhter Geschwindigkeit bewegt, besteht in dem Moment, in dem die Sandwolke seine Sicht verdeckt hat, immer noch, und die sorgfaltswidrige Verhaltensweise des Fahrers wirkt sich auf den Erfolgseintritt aus.

Die Einhaltung der Sondernormen im Regelfall bedeutet, dass der Täter im Rahmen eines erlaubten Risikos handeln würde. Eine Überspannung der Anforderungen könnte in der Regel durch ihre Einhaltung ausgeschlossen werden

---

686 Freund, § 5, Rn. 43; Kühl, AT, § 17, Rn. 19.

687 Vgl. § 3, Abs. 1 StVO: „Es darf nur so schnell gefahren werden, dass ‚innerhalb der übersehbaren Strecke‘ gehalten werden kann.“

(vgl. Vertrauensgrundsatz[688]). Der Ausschluss der Berufung auf diesen Grundsatz hängt davon ab, ob und wie sich das sorgfaltswidrige Verhalten des Täters auf den nachfolgenden Erfolgseintritt auswirkt.[689] Da er die Sorgfaltspflichten nicht eingehalten hat, ist er weiterhin verpflichtet, sich „vorsorglich auf alle möglichen Verkehrswidrigkeiten" des Vorausfahrers vorzubereiten.[690] Auch schreibt die Vorschrift (§ 4 Abs. 1 StVO) vor, dem plötzlichen Bremsen des vorausfahrenden Fahrzeugs – dies indiziert eine objektive Vorhersehbarkeit des Kausalverlaufs – angemessen entgegenzuwirken. Sein Handlungsunrecht wäre ein kausaler Faktor für den Unfall, und es kommt hier darauf an, wie es sich auf den Erfolgseintritt auswirkt, d.h. es kann normativ mit dem eingetretenen Erfolg verknüpft werden. Bei der Bestimmung der objektiven Zurechnung wäre es nicht einfach festzustellen, ob diese fahrlässige Handlung das Risiko des Erfolgseintritts im Vergleich zu pflichtgemäßem Alternativverhalten (bei Einhaltung eines ausreichenden Bremswegs) erhöht hat. Denn es sollte auch berücksichtigt werden, dass der Fahrer wegen der Sandwolke nicht rechtzeitig erkennen könnte, dass das Frontauto gebremst wurde. Die Subsumierung in die Fallgruppe „atypischer Kausalverlauf"[691] bzw. „allgemeines Lebensrisiko"[692] könnte daher hier in Betracht gezogen werden. Bei der Anwendung auf die erste Fallgruppe kommt es darauf an, ob der Kausalverlauf des plötzlichen Auftretens der Sandwolke „völlig" außerhalb allgemeiner Lebenserfahrung liegt. Die letztere Fallgruppe befasst sich mit dem Fall, in dem Erfolg aus der unbeherrschbaren Wirkung der Naturgewalten resultiert; dies ist ein bloßes Unglück, so dass ein Unrecht nicht anerkannt wird.

d) Die Bedeutung des Erfolgs

Was bisher über den Erfolg diskutiert wurde, lässt sich zusammenfassen: Im Gegensatz zu vorsätzlichen Straftaten liegt der Erfolg bei Fahrlässigkeitsdelikten nur außerhalb des Handlungsunrechts vor. Durch die objektive Vorhersehbarkeit

---

688 Er wurde insb. für den Straßenverkehr entwickelt. Wenn sich der Täter selbst pflichtgemäß verhält, darf er in der Regel erwarten, dass sich auch andere pflichtgemäß verhalten. (Vgl. Fischer, StGB, § 222, Rn. 14 ff.; Krey/Esser, AT, § 50, Rn. 1351; Kühl, AT, § 17, Rn. 36; Roxin/Greco, AT I, § 24, Rn. 21 ff.; Stratenwerth/Kuhlen, AT I, § 15, Rn. 64; Wessels/Beulke/Satzger, AT, § 18 II 3, Rn. 1121 f.; BGHSt 12, 81 (83); 14, 97 (99))

689 Wessels/Beulke/Satzger, AT, § 18 II 3, Rn. 1122.

690 Wessels/Beulke/Satzger, AT, § 18 II 3, Rn. 1121.

691 Wessels/Beulke/Satzger, AT, § 6 III 7, Rn. 299.

692 Wessels/Beulke/Satzger, AT, § 6 III 3, Rn. 267.

könnte das Erfolgsunrecht (mittelbares Unrecht) mit dem willentlich herbeigeführten Handlungsunrecht (unmittelbares Unrecht) verbunden werden.

Basierend auf der personalen Unrechtslehre meint *Welzel*, dass der Erfolgsunwert nur innerhalb des Handlungsunwerts von strafrechtlicher Bedeutung ist.[693] Während der Handlungsunwert „der generelle Unwert aller strafrechtlichen Delikte" sei und daher immer vorliegen müsse, sei der Sachverhaltsunwert kein selbständiges Element für die Erfolgs- und Gefährdungsdelikte und könne daher ggf.[694] fehlen. Bei Fahrlässigkeitsdelikten wird daher davon ausgegangen, dass ein Erfolgsunwert zum Handlungsunwert gehört[695] und dass der Handlungsunwert „das strafrechtlich wesentliche entscheidende Unrechtselement" ist.[696] Eine Sorgfaltsverletzung begründet den Handlungsunwert und hängt nicht davon ab, „ob sie sich in einem Erfolg realisiert oder nicht". Der Erfolgsunwert bei Fahrlässigkeitsdelikten kann als „Zufallskomponente" bezeichnet werden,[697] und sein Hinzutreten bzw. Ausbleiben hat keinen Einfluss auf die Zunahme bzw. Abnahme des Handlungsunwerts. Nur wenn eine sorgfaltswidrige Handlung zu einer Rechtsgutsverletzung führt, ist sie strafrechtlich relevant.[698] In dieser Hinsicht wird der Erfolg sowohl bei Vorsatzdelikten als auch bei Fahrlässigkeitsdelikten als Tatbestandmerkmal anerkannt. Auch *Welzel* schließt den Erfolgsunwert nicht vollständig vom Unrecht aus.

Einige Anhänger der personalen Unrechtslehre entwickeln die Lehre jedoch in eine extreme Richtung, um das Unrecht bei Fahrlässigkeitsdelikten nur durch den Handlungsunwert zu begründen, indem sie den Erfolg von dem Unrecht abtrennen (monistisch-subjektive Unrechtslehre). Sie stellen darauf ab, dass die strafrechtliche Norm immer nur auf „ein bestimmtes Verhalten" richtet, nicht auf Erfolg, daher liegt das Unrecht „nur" im Handlungsunwert, d.h. in den finalen Handlungen vor.[699] Sie leugnen die konstitutive Funktion des

693 Welzel, Das neue Bild des Strafrechtssystems, 1961, S. 27 f.: „nur als Teilmoment" des Handlungsunwerts.; ders., Strafrecht, S. 62.

694 „beim untauglichen Versuch oder bei der dem Täter nicht bekannten Einwilligung des Verletzten".

695 Welzel, Strafrecht, S. 136.

696 Welzel, Fahrlässigkeit und Verkehrsdelikte, 1961, S. 13.

697 Exner, Das Wesen der Fahrlässigkeit, 1910, S. 83; Welzel, Fahrlässigkeit und Verkehrsdelikte, 1961, S. 19 f.

698 Welzel, Das neue Bild des Strafrechtssytems, 1961, S. 30 f.; ders., Fahrlässigkeit und Verkehrsdelikte, 1961, S. 19 f.: „Zum Handlungsunwert ist in aller Regel ein Erfolgsunwert erforderlich."; ders., Strafrecht, S. 136.

699 Zielinski, Handlungs- und Erfolgsunwert im Unrechtsbegriff, 1973, S. 121 ff.; Lüderssen, ZStW 85 (1973), 291 (292); Arm. Kaufmann, FS-Welzel, 393 (395 f.).

Erfolgsunwerts.[700] Andernfalls könne der Erfolg als zufälliges Element in den Bereich des Unrechts gezogen werden, und somit werde die Erfolgshaftung anerkannt.[701] Erfolg sei kein Tatbestandsmerkmal, sondern die objektive Bedingung der Strafbarkeit.[702]

Krauß geht ebenfalls davon aus, dass der Erfolgseintritt „weitgehend dem Zufall überlassen" ist und somit mit dem Schuldprinzip „nicht restlos zu vereinbaren" ist, behauptet jedoch, dass der Erfolg „als vollwertiges Unrechtselement" eine „strafbegründende Funktion nur im Unrecht" hat.[703] Ohne Berücksichtigung des Erfolgs könnten die unterschiedlichen Strafrahmen – zwischen bloßer Verkehrsübertretung und fahrlässiger Körperverletzung oder fahrlässiger Tötung durch dieselbe sorgfaltwidrige Handlung – und die Höhe der Strafe nicht zutreffend bestimmt werden.[704]

Darüber hinaus könnte man auch sagen, dass Erfolg kein Zufall ist, sondern „zusätzliches Unrecht", sofern der Erfolgsunwert mit dem Handlungsunwert als Realisierung der durch die sorgfaltswidrige Handlung verursachten spezifischen Risiken verknüpft ist.[705] D.h. der Erfolgsunwert bei Fahrlässigkeitsdelikten sollte nicht auf dem bloßen Erfolgseintritt beruhen, sondern auf der Struktur, in der die Risiken der sorgfaltswidrigen Handlung mit dem Erfolgseintritt zusammenhängen.[706] Angesichts der Aufgabe des Strafrechts, „Rechtsgutsverletzungen durch menschliches Handeln zu verhindern",[707] ist der Erfolg

700 Welzel, Fahrlässigkeit und Verkehrsdelikte, 1961, S. 11: „nur eine einschränkende, aber keine primär konstitutive Funktion für Tatbestand und Rechtswidrigkeit".; Zielinski, Handlungs- und Erfolgsunwert im Unrechtsbegriff, 1973, S. 128 f.: „nicht unrechtskonstitutiv".

701 Zielinski, Handlungs- und Erfolgsunwert im Unrechtsbegriff, 1973, S. 142: Ohne die Verbindung zwischen dem Handlungsunwert und dem Erfolgsunwert könne dieser „weder die Norm noch die Pflicht fundieren".; S. 153 f.: „nicht minder ein Produkt des Zufalls".

702 Horn, Konkrete Gefährdungsdelikte, 1973, S. 81; Zielinski, Handlungs- und Erfolgsunwert im Unrechtsbegriff, 1973, S. 213, 217; Lüderssen, ZStW 85 (1973), 291 (292); Arm. Kaufmann, FS-Welzel, 393 (411).

703 Krauß, ZStW 76 (1964), 19 (62).

704 Krauß, ZStW 76 (1964), 19 (61); auch Schünemann, FS-Schaffstein, 159 (171); Stratenwerth, FS-Schaffstein, 177 (188); Jescheck, LK-StGB, Vor § 13, Rn. 40.

705 Stratenwerth, FS-Schaffstein, 177 (184); Hirsch, ZStW 94 (1982), 239 (254): das „in der sorgfaltswidrigen Handlung enthaltene" Erfolgsrisiko.

706 Hirsch, ZStW 94 (1982), 239 (254): Sie könne ohne Widerspruch auf der Grundlage des personalen Unrechtsbegriffs aufgebaut werden.

707 Stratenwerth, FS-Schaffstein, 177 (183), (185).

ein wesentliches konstitutives Element des strafrechtlichen Unrechts, wenn er auf einer sorgfaltswidrigen Handlung, d.h. auf einem Verstoß gegen die Norm, beruht.[708] Bei Fahrlässigkeitsdelikten ist es daher wichtig, die zahlreichen zufälligen Faktoren auszuschließen, die außerhalb der menschlichen Herrschaft liegen. Hierzu wurde bereits gezeigt, dass die objektive Vorhersehbarkeit dazu dient, das Unrecht durch den Zusammenhang zwischen dem Handlungsunrecht und dem Erfolgsunrecht zu bestimmen. Die Rolle der objektiven Vorhersehbarkeit bei der Interaktion mit einer objektiven Sorgfaltspflichtverletzung ist mehr als eine bloße Zurechnung. Das Schuldprinzip erfordert diese Struktur, mit der bei der Prüfung von Fahrlässigkeitsdelikten sicher ausgeschlossen werden kann, dass der Täter für den Erfolgseintritt haftbar gemacht wird, obwohl ihn kein Verschulden trifft.

e) *Auswirkung der Tatbestandsmerkmale der Fahrlässigkeitsdelikte auf fahrlässige Mittäterschaft*

Es wurde eindeutig festgestellt, dass das Merkmal der objektiven Sorgfaltspflichtverletzung eine wesentliche Rolle bei der Bestimmung des Handlungsunrechts der Fahrlässigkeitsdelikte spielt. Auf dieses Merkmal darf daher nicht verzichtet werden. Dies führt zwangsläufig zu unterschiedlichen Verbrechensstrukturen bei vorsätzlichen und fahrlässigen Straftaten. Der Ansatz, das Unrecht der Fahrlässigkeitsdelikte ohne das Merkmal der Sorgfaltspflichtverletzung nur mit der Vorhersehbarkeit aufzubauen, zeigt, dass die beiden subjektiven Merkmale, Vorsatz und Fahrlässigkeit, zu einem einheitlichen Deliktsaufbau zusammengesetzt werden können. Dies kehrt jedoch den Zweck und die Mittel um. Denn der Deliktsaufbau ist nur ein Rahmen für die Einordnung, und seine Bedeutung besteht darin, sicherzustellen, dass die Substanz der Unwerte entsprechend dem Wesen des Verbrechens untersucht werden kann. Daher ist es nicht erforderlich, die fahrlässigen Straftaten anhand desselben Deliktsaufbaus von vorsätzlichen Straftaten festzustellen.

Bei fahrlässigen Straftaten fehlt der auf die bestimmte Rechtsgutsverletzung gerichtete Wille, so dass das Erfolgsunrecht nur außerhalb des Handlungsunrechts besteht. Der Zusammenhang zwischen dem Handlungsunrecht und dem Erfolgsunrecht ist daher entscheidend, um die zahlreichen zufälligen Faktoren zwischen den beiden auszuschließen. Das Merkmal der objektiven Vorhersehbarkeit des Erfolgs und des Kausalverlaufs, das innerlich eng mit der objektiven

---

708 Stratenwerth, FS-Schaffstein, 177 (182).

Sorgfaltspflichtverletzung bei der Bestimmung des Handlungsunrechts zusammenhängt, dient dazu, die Erfolgshaftung auszuschließen.[709]

Erst wenn bei Fahrlässigkeitsdelikten der Erfolgeintritt, werden die Risikohandlungen, die sich auf den Erfolgseintritt ausgewirkt haben, nachträglich bestimmt, und dann wird ihre Sorgfaltswidrigkeit nach den konkreten Umständen jedes fahrlässigen Täters zum Zeitpunkt der fahrlässigen Handlung festgestellt. D.h., erst beim Erfolgseintritt könnte die Sorgfaltswidrigkeit als „Straftat" (§ 25 Abs. 2 StGB) auftauchen (vgl. auch § 22 StGB: kein Versuch bei Fahrlässigkeitsdelikten). In diesem Sinne hat eine sorgfaltswidrige Handlung solange keine strafrechtliche Bedeutung, bis der Erfolg daraus resultiert. Es sollte auch immer betont werden, dass seine soziale Rolle – einschließlich etwaigen Sonderwissens – bei der Bestimmung seiner Sorgfaltswidrigkeit berücksichtigt wird. In *Fahl*s Fall wird gezeigt, dass jedem Fahrlässigen seine eigene Sorgfaltspflicht zum Zeitpunkt der fahrlässigen Handlung auferlegt wird: Die Sorgfaltspflichtwidrigkeit der Fahrer, die an der Spitze der Kolonne in die Sandwolke fahren, könnte bei dem Auffahrunfall nicht wegen der Übergeschwindigkeit, sondern wegen des plötzlichen Bremsens begründet werden. Im Gegensatz dazu wird die Sorgfaltspflichtwidrigkeit der folgenden Fahrer wegen der Übergeschwindigkeit begründet. Seine Fahrspur, der Auftretensort der Sandwolke[710] und deren Bewegungsverlauf beeinflussen auch die Bestimmung des Handlungsunrechts jedes Täters. Abhängig von den konkreten Umständen jedes Täters könnten die objektive Vorhersehbarkeit und die einschlägigen Sorgfaltspflichten je nach Täter unterschliedlich sein.

Solange die Idee der Kollektivperson zu Recht abgelehnt wird und das Handlungsunrecht durch die objekitve Sorgfaltspflichtverletzung bei objektiver Vorhersehbarkeit begründet wird, könnten alle am Zusammenwirken Beteiligten keine einheitliche deliktische Eigenschaft aufweisen, da sich das fahrlässige Zusammenwirken nicht mit einem strafrechtlich relevanten Ziel befasst. Nach dem Zusammenwirken erfolgt die Annahme des Handlungsunrechts. Aufgrund dieser Struktur könnte keine fahrlässige Mittäterschaft angenommen werden.

---

709 Auf der objektiven Zurechnungsebene dient das Erfordernis des Schutzzweckzusammenhangs und des Rechtswidrigkeitszusammenhangs zum Ausschluss.; Cramer/Sternberg-Lieben stellen dieses Erfordernis in das Erfolgsunwertsurteil. (Cramer/Sternberg-Lieben, Sch/Sch-StGB, § 15, Rn. 121 ff.)

710 Wenn sich die Sandwolken „wenigstens an anderer Stelle, auf den Feldern oder am Rand der Autobahn, gebildet hätten". (Fahl, JA 2012, 808 (811))

Die Fahrlässigkeit der einzelnen Handlung jedes Fahrlässigen sollte separat identifiziert werden, weil die mittäterschaftliche Zurechnungsstruktur für die gegenseitige Zurechnung bei fahrlässigem Zusammenwirken fehlt, wodurch der sorgfaltswidrige Tatbeitrag eines anderen jedem Mittäter als eigenes Unrecht zugerechnet wird. Die Handlungen aller an diesem Handlungsprojekt Beteiligten stellen daher nicht immer das eigene Handlungsunrecht jedes einzelnen Beteiligten dar. Der Fall, in dem alle Beteiligten zur gleichen Zeit an einem Ort zusammenarbeiten und nachträglich festgestellt wird, dass sie aufgrund ihrer gleichen sozialen Rolle und ihres gleichen Sonderwissens gegen dieselbe Sorgfaltspflicht verstoßen, wäre eher Zufall. Es gibt keinen Ausweg aus dieser Zufallshaftung. Dies verstößt gegen das Schuldprinzip.

Der Gleichheitsgrundsatz könnte ebenfalls verletzt werden. Vergleichen wir zwei Fahrlässige A und B. Sie verletzen dieselbe Sorgfaltspflicht in zwei verschiedenen Gruppen (Gruppe 1 und 2), die dieselbe Art vom Zusammenwirken vollziehen. Die gleiche Rechtsgutsverletzung wird durch die gleiche Sorgfaltspflichtverletzung aller Beteiligten jeder Gruppe verursacht. Es ist nicht bekannt, wessen Handlung in beiden Fällen zum Erfolg führt. Doch gibt es einen Täter C in Gruppe 2. Er hält zwar die einschlägige Sondernorm ebenfalls nicht ein, aber seine Handlung stellt wegen des Fehlens der objektiven Vorhersehbarkeit kein Handlungsunrecht dar (z.B. Praktikant/in). In diesem Fall der Gruppe 2 wird eine fahrlässige Mittäterschaft auch von einigen Befürwortern nicht anerkannt, die grundsätzlich die Vorhersehbarkeit durch jeden Beteiligten für fahrlässige Mittäterschaft verlangen.[711] Dann könnte, obwohl das Unrecht des A und B sich nicht unterscheidet, A als Mitttäter bestraft werden, aber B könnte freigesprochen werden. Dies könnte auch im Hinblick auf das Schuldprinzip kritisiert werden, weil die eigene Schuld vom Handlungsunrecht eines anderen abhängt.

f) Der Ansatz von Roxin: Mittäterschaft als gemeinschaftliche Gefahrerhöhung

Roxin behandelt Fahrlässigkeitsdelikte nicht als Herrschaftsdelikte, daher gelte die Tatherrschaftslehre nur für vorsätzliche Herrschaftsdelikte.[712] Obwohl es

---

711 Siehe Teil 3 B I 1, C I 2; Auch Häring verlangt die Vorhersehbarkeit für fahrlässige Mittäterschaft, um die Verantwortlichkeit zu begrenzen. Die Anforderung der Vorhersehbarkeit bei fahrlässigem Zusammenwirken liege sowohl in der objektiven natürlichen Kausalität als auch in der subjektiven Verknüpfung zwischen sorgfaltswidriger Handlung und Erfolg. (Häring, Die Mittäterschaft beim Fahrlässigkeitsdelikt, 2005, S. 283 ff.; ders., sui-generis 2018, 1 (17))

712 Roxin, Täterschaft und Tatherrschaft, S. 770.

zur Ablehnung fahrlässiger Mittäterschaft führen sollte, dass die Willensübereinstimmung der gemeinsamen Tatbestandsverwirklichung und die danach arbeitsteilige Ausführung bei fahrlässigem Zusammenwirken fehlen, ist er der Meinung, dass fahrlässige Mittäterschaft unter dem Gesichtspunkt der Gefahrerhöhung anerkannt werden könnte.[713]

aa) Erste Annäherung

Roxin möchte die Zurechnungsstruktur bei Mittäterschaft nach dem Grundgedanken »Jeder versagt für sich allein« aufbauen, achtet jedoch bei fahrlässigem Zusammenwirken kaum auf mittäterschaftlicher Struktur. Die Fahrlässigkeitsdelikte unterliegen jedoch dem Schuldprinzip. Eine auf dem Schuldprinzip beruhende Kontrolle ist bei fahrlässigen Straftaten noch wichtiger als bei vorsätzlichen Straftaten,[714] weil Vorsatz der auf den Erfolg gerichtete Wille ist, während sich die Bestrafung der Fahrlässigkeitsdelikte aus der nachträglichen Wertung ergibt. Die Diskussion über die Annahme fahrlässiger Mittäterschaft sollte daher nicht auf eine Konstruierbarkeit bzw. eine begriffliche Möglichkeit abgestellt werden, sondern auf die Legitimierbarkeit der gegenseitigen Zurechnung.[715]

Wenn hier nur logische Aspekte berücksichtigt werden, sollte der Ansatz akzeptiert werden, die Mittäterschaft sowohl bei vorsätzlichem als auch bei fahrlässigem Zusammenwirken allein mit der objektiven Zurechnung zu bestimmen,[716] weil zumindest dasselbe Kriterium zur Rechtfertigung der gegenseitigen Zurechnung verwendet wird. Die Probleme mit diesem Ansatz werden jedoch nachstehend ausführlich analysiert.

Im Gegensatz zu der Tatsache, dass die meisten Befürworter aufgrund struktureller Verschiedenheit eine andere Voraussetzung für fahrlässige Mittäterschaft aufweisen, ist *Roxin* der Ansicht, dass der objektive Tatbestand des fahrlässigen

---

713 Roxin, Täterschaft und Tatherrschaft, S. 770; ders., AT II, § 25, Rn. 242; auch Dencker, Kausalität und Gesamttat, 1996, S. 224 f.; Kamm, Die fahrlässige Mittäterschaft, 1999, S. 179 f., 188; Knauer, Kollegialentscheidung, 2001, S. 195; Steckermeier, Der Tatentschluss von Mittätern, 2015, S. 167 ff.

714 Vgl. Teil 4 B VI 1 f) cc).

715 Vgl. Puppe, ZIS 2007, 234 (237): Sie geht auch davon aus, dass fahrlässige Mittäterschaft konstruiert werden könnte.; auch Rotsch, FS-Puppe, 2011, 887 (903): dogmatische Erklärung der Konstruierbarkeit.

716 Vgl. Derksen, GA 1993, 163 (171 ff.); Lesch, ZStW 105 (1993), 271 (273 f.); Hierzu ausf. s. Teil 4 B V 2 c) cc).

Erfolgsdelikts mit dem des vorsätzlichen identisch ist.[717] Der Unterschied zwischen ihnen könnte auf die Auffassung der Rolle der objekiven Sorgfaltspflichtwidrigkeit zurückgeführt werden.[718]

Die Vertreter der finalen Handlungslehre erfassen, dass die Fahrlässigkeitsdelikte auch die Verbotsnorm betreffen. Das Handlungsunrecht wird daher durch die verbotswidrige und als sorgfaltswidrig zu bewertende „willensgesteuerte" Handlung begründet. Bei Fahrlässigkeitsdelikten ist davon auszugehen, dass „das wesentliche Moment der fahrlässigen Straftaten nicht im Erfolg [liegt], sondern in der Sorgfaltswidrigkeit des Handlungsvollzugs [ ]".[719] Andernfalls wäre es nicht leicht, der Kritik zu entgehen, dass die Bestrafung für die Fahrlässigkeitsdelikte auf einer Erfolgshaftung bzw. einer Zufallshaftung beruht. Die objektive Sorgfaltspflichtwidrigkeit sollte daher als Grundlage für das fahrlässige Handlungsunrecht und als ein Tatbestandsmerkmal erfasst werden.[720] Sie ist kein bloßes Merkmal der allgemeinen Zurechnungskriterien.[721]

Diese Auffassung wird im Allgemeinen – sowohl von Finalisten als auch von Vertretern des sozialen Handlungsbegriffs, dem diese Arbeit folgt – unterstützt. Die soziale Handlungslehre kritisiert, dass die finale Handlungslehre nicht alle strafrechtlich relevanten Verhaltensweisen umfassen kann.[722] Die soziale Handlungslehre kann jedoch alle Verhaltensformen mit der sozialen Relevanz des menschlichen Tuns oder Unterlassens zusammenfassen[723] und enthält verschiedene Gesichtspunkte, die den Schwerpunkt auf den objektiven Sinn der Handlung[724] oder auf die personale

717 Vgl. Fellenberg, Zeitliche Grenzen der Fahrlassigkeitshaftung, 2000, S. 96 ff.; Yamanaka, ZStW 102 (1990), 928 (944): „keine selbstständige Bedeutung".; Roxin/Greco, AT I, § 24, Rn. 10 ff.

718 Vgl. Teil 4 B VI 1 b).

719 Welzel, Strafrecht, S. 129; auch Jescheck, FS-Schmidt, 139 (148 f.): Die Verursachung des Deliktserfolgs und die Sorgfaltspflichtverletzung sind entscheidend.; vgl. auch Teil 4 B VI 1 d).

720 Ebenso Samson, SK-StGB, Anh. zu § 16, Rn. 6; Jescheck/Weigend, AT, § 55 I, S. 577; Wessels/Beulke/Satzger, AT, § 18 II 2, Rn. 1110 ff.; Wezel, Strafrecht, S. 130.

721 Dagegen Roxin/Greco, AT I, § 24, Rn. 12.

722 Jescheck/Weigend, AT, § 23 III 2, S. 221.

723 Hierzu vgl. Bloy, ZStW 90 (1978), 609 (609 ff.).

724 Engisch, FS-Kohlrausch, 141 (164): „das willkürliche Bewirken objektiv bezweckbarer sozialerheblicher Folgen".; Maihofer, FS-Schmidt, 156 (178): „das objektiv von Menschen beherrschbare Verhalten mit Richtung auf einen objektiv voraussehbaren sozialen Erfolg".; Schmidt, FS-Engisch, 339 (339): „willensgetragenes Verhalten, das

Wirklichkeit[725] legen. *Jescheck* erklärt nach seiner subjektiven sozialen Handlungslehre,[726] dass Handlung „alles sozialerhebliche menschliche Verhalten"[727] und „Finalität" „die seinsmäßige Grundkategorie des aktiven [...] Verhaltens" ist, weil Menschen die Eigenschaft haben, Kausalabläufe steuern zu können.[728] In diesem Zusammenhang umfasst die soziale Handlungslehre die kausalen und finalen Handlungselemente, daher sei diese Synthese der Sinn des sozialen Handlungsbegriffs.[729] Es wird hier darauf hingewiesen, dass die Ansicht der Finalisten, dass Fahrlässigkeit „in einem unsorgfältigen Vollzug einer finalen Handlung" besteht, falsch ist. Denn die Vermeidbarkeit des Erfolgs liegt bei fahrlässigen Straftaten „außerhalb des finalen Zusammenhangs", und die Finalität der Handlung hat daher keinen strafrechtlichen Sinn. Aus diesem Grund stellt *Jescheck* bei Fahrlässigkeitsdelikten auf die Sozialerheblichkeit des Erfolgs ab, der „nicht final gewollt, sondern [...] kausal verursacht ist",[730] und auf die Steuerbarkeit der Kausalabläufe durch die Finalität.[731] D.h., „die Pflichtwidrigkeit der Willensbetätigung" begründet das Handlungsunrecht der Fahrlässigkeitsdelikte, und darin besteht die strukturelle Verschiedenheit zwischen vorsätzlichen und fahrlässigen Straftaten. Es ist daher unzulässig, die gegenseitige Zurechnung bei fahrlässigem Zusammenwirken nur durch die Gefahrerhöhung zu rechtfertigen. Das Handlungsunrecht jedes fahrlässigen Beteiligten wird nachträglich nach

---

durch seine Auswirkungen die Lebenssphäre von Mitmenschen berührt und sich unter normativen Aspekten als soziale Sinneinheit darstellt".

725 Wolff, Der Handlungsbegriff, 1964, S. 39; Arth. Kaufmann, FS-Mayer, 79 (116): „sinnhafte Gestaltung der Wirklichkeit mit vom Willen beherrschbaren kausalen Folgen".

726 Auch Wessels/Beulke/Satzger, AT, § 3 II 2, Rn. 144 ff.

727 Jescheck, FS-Schmidt, 139 (151 f.): Sozialerheblichkeit hängt davon ab, dass ein Verhalten „den Menschen in seiner mitmenschlichen Rolle in Erscheinung treten lässt".; Jescheck/Weigend, AT, § 23 VI, S. 223.

728 Jescheck/Weigend, AT, § 23 VI, S. 222.

729 Jescheck, FS-Schmidt, 139 (150): Auf die Kategorien der Seinssphäre sollte eine wertende Sichtweise angewendet werden, nach der die „Kausalität, Finalität und rechtliche Handlungserwartung bei der Unterlassung" gleichmaßen zusammengefasst werden.; Wessels/Beulke/Satzger, AT, § 3 II 2, Rn. 146.

730 Jescheck, FS-Schmidt, 139 (151 f.): nach der Willensrichtung (Finalität), dem Erfolg (Kausalität) und der rechtlichen Handlungserwartung beim Unterlassen.

731 Welzel, Strafrecht, S. 130: Es kommt auf die konkrete Steuerung im Vergleich zu „einem maßstäblichen Sozialverhalten" an, „das an der Vermeidung sozial unerwünschter Erfolge orientiert ist".

dem Erfolgseintritt bestimmt, nur wenn er seine eigene Sorgfaltspflicht verletzt, die jedem zum Zeitpunkt der fahrlässigen Handlung seperat auferlegt wird.[732]

bb) Gefahrerhöhungslehre und gegenseitige Zurechnung

Das objektive Unrecht und das subjektive Unrecht bei fahrlässigen Erfolgsdelikten haben jeweils ihren eigenen ontologischen Bereich, sind jedoch aus normativer Sicht[733] voneinander abhängig und müssen im teleologischen Zusammenhang festgelegt werden. M.a.W., das Erfolgsunrecht muss sich aus dem Handlungsunrecht ergeben.[734] *Honig* meint, dass diese Zurechnung des Erfolgs durch die „objektive Zweckhaftigkeit" bestimmt wird, die sich „vom zufälligen Ereignis" abgrenzt, da das Wesen des menschlichen Verhaltens auf dem zweckhaften Eingreifen in die Naturvorgänge beruht.[735] Er stellt daher das Merkmal „Erreichbarkeit oder Abwendbarkeit des Erfolgs" dar. Die Risikoerhöhungslehre führt diese Sicht auf das Risikoprinzip zurück und versucht, allgemeine Zurechnungskriterien darzustellen. Wenn eine Handlung eine rechtlich unerlaubte Gefährdung des Handlungsobjekts schafft bzw. erhöht und die Gefahr sich in einem tatbestandsmäßigen Erfolg verwirklicht, wird die objekive Zurechnung anerkannt.

Hirsch weist jedoch darauf hin, dass die objektive Zurechnungslehre bei Fahrlässigkeitsdelikten keinen Sinn hat, weil unabhängig von ihr bereits eine sachentsprechende Lösung nach dem Wesen der Fahrlässigkeitsdelikte gefunden wurde.[736] Während es sich bei vorsätzlichen Straftaten um eine konkrete Erfolgsverwirklichungshandlung handelt, handelt es sich bei fahrlässigen Erfolgsdelikten um eine Riskohandlung, die sich jedoch nur auf den Erfolgseintritt auswirkt.[737] Aufgrund dieses Unterschieds sollten bei Fahrlässigkeitsdelikten

---

732 Siehe o. Teil 4 B VI 1.

733 Honig, FG-v.Frank, 174 (188); Roxin, FS-Honig, 133 (133 ff.); Jescheck, AT, § 28 I 2, S. 277.

734 Wie Ulsenheimer zu Recht betont, ist eine fahrlässige Verursachung nicht gleichbedeutend mit „Verursachung plus Fahrlässigkeit", was auf der Lehre vom „versari in re illicita" beruht. Das Gesetz selbst verlangt auch eindeutig, dass die Umstände, die der Pflichtwidrigkeit zugrunde liegen, gerade zum Erfolg führen müssen. (Ulsenheimer, JZ 1969, 353 (367))

735 Honig, FG-v.Frank, 174 (184 f.); Hingegen meint Lampe, dass dieses Kriterium keine ausreichende Bedingung sein kann, um die Wirklichkeit der strafrechtlichen Zurechnung zu begründen, die „von der konkreten Tatmacht des konktreten Täters abhängt". (Lampe, GS-Arm.Kaufmann, 189 (195 f.))

736 Hirsch, FS-Lenckner, 119 (141 f.).

737 Hirsch, FS-Lenckner, 119 (139 f.).

neben der Kausalität andere weitere Elemente überprüft werden, die dazu dienen zu bestimmen, ob die betreffende Sorgfaltswidrigkeit „gerade" zum Erfolg führt.[738] Die objektive Zurechnungslehre sei daher ausnahmsweise nur im Zusammenhang mit der Debatte über rechtmäßiges Alternativverhalten von Bedeutung.[739]

Zur Bestimmung der objektiven Zurechnung bei Fahrlässigkeitsdelikten sind die spezifischen Voraussetzungen – „Pflichtwidrigkeitszusammenhang"[740] und „Schutzzweckzusammenhang"[741] – erforderlich.[742] Es muss überprüft werden, ob die verletzte Sorgfaltsnorm dazu dient, solche Erfolge wie den eingetretenen zu verhindern, und ob der Erfolg bei pflichgemäßem Alternativverhalten vermieden worden wäre.[743] Wenn der Erfolg objektiv unvermeidbar war, wird daher die objektive Zurechnung verneint. Nach der Vermeidbarkeitstheorie[744] wird der Täter nach dem »in dubio pro reo«-Prinzip freigesprochen, auch wenn der Erfolg bei pflichgemäßem Alternativverhalten auch mit an Sicherheit grenzender Wahrscheinlichkeit eingetreten wäre.[745] Hingegen verwendet die Risikoerhöhungslehre[746] das Kriterium, ob die fahrlässige Handlung das Risiko des

738 Hirsch, FS-Köln, 399 (406); ders., FS-Lenckner, 119 (127); Welzel, Strafrecht, S. 136.

739 Hirsch, FS-Lenckner, 119 (140).

740 Welzel, Fahrlässigkeit und Verkehrsdelikte, 1961, S. 21: Schließlich ergibt sich dies auch aus dem Wesen der Fahrlässigkeitstatbestände.; Lampe, ZStW 101 (1989), 3 (3 ff.); Wessels/Beulke/Satzger, AT, § 6 III 8, Rn. 304, § 18 II 4, Rn. 1129 ff.

741 Roxin, FS-Honig, 133 (144): Der „Schutzbereich der Norm" kann bei vorsätzlichen und fahrlässigen Straftaten unterschiedlich bestimmt werden.; Wessels/Beulke/Satzger, AT, § 18 II 4, Rn. 1128.

742 Jescheck/Weigend bezeichnen die beiden umfassend als „Rechtswidrigkeitszusammenhang". (Jescheck/Weigend, AT, § 55 II 2, S. 584)

743 Jescheck/Weigend, AT, § 55 II 2, S. 584.

744 Ulsenheimer, Das Verhältnis zwischen Pflichtwidrigkeit und Erfolg, 1965, S. 134 ff.; ders., JZ 1969, 364 (364 ff.); Jakobs, ZStW 86 Beiheft (1974), 6 (26 ff.); ders., AT, 7/98 ff.; Schlüchter, JuS 1977, 104 (107 f.); dies., JA 1984, 673 (676); Schröder, LK-StGB, § 16, Rn. 190; Freund, MüKo-StGB, Vor §§ 13 ff., Rn. 284 ff.; ders., AT, § 2, Rn. 49 ff.; Gropp, AT, § 12, Rn. 79 ff.; Jäger, AT, § 2, Rn. 37; Kindhäuser, AT, § 33, Rn. 38; Wessels/Beulke/Satzger, AT, § 6 III 8, Rn. 305 ff.

745 Wessels/Beulke/Satzger, AT, § 6 III 8, Rn. 304 f.

746 Von Roxin begründet: Roxin, ZStW 74 (1962), 411 (430 ff.); ders., FS-Honig, 133 (133 ff.); auch Jescheck, Aufbau der Fahrlässigkeit, 1965, S. 17; Wolff, Kausalität von Tun und Unterlassen, 1965, S. 27; Burgstaller, Das Fahrlässigkeitsdelikt im Strafrecht, 1974, S. 139 ff.; Wolter, Objektive und personale Zurechnung, 1981, S. 334 ff.; Rudolphi, JuS 1969, 553 (554); Seebald, GA 1969, 193 (213); Schaffstein, FS-Honig, 169 (171); Stratenwerth, FS-Gallas, 227 (239); Otto, JuS 1974, 702 (708); Schünemann,

Erfolgseintritts im Vergleich zu pflichgemäßem Alternativverhalten erhöht hat. Die Lösung nach der Risikoerhöhungslehre unterscheidet sich nicht von der Anwendung der objektiven Zurechnungslehre auf Fahrlässigkeitsdelikte.[747]

Die Debatte zwischen *Roxin* und *Ulsenheimer* zeigt den Unterschied zwischen den beiden Meinungen. Mit dem Gleichheitssatz behauptet *Roxin*, dass der Täter freigesprochen werden muss, weil es „wie das unverbotene Verhalten" ist, wenn seine sorgfaltswidrige Handlung das Risiko des Erfolgseintritts gegenüber einem erlaubten Risiko nicht erhöht, obwohl sie den Erfolg verursacht.[748] Die Relevanz des Sorgfaltsverstoßes wird verneint.[749] Wenn die Handlung jedoch ein höheres Risiko als das erlaubte nach sich zieht und somit zum Erfolg führt, sollte der Täter bestraft werden.[750] Hier kritisiert *Ulsenheimer*, dass die Risikoerhöhung in dieser Konstellation immer bejaht wird, weil die Norm eine „durch das erlaubte Risiko abgesteckte Toleranzgrenze" darstellt, weshalb deren Verstoß gerade eine Risikoerhöhung ist.[751] Die sorgfaltswidrige Handlung stellt jedoch nicht gerade die gegenüber einem erlaubten Risiko gesteigerte Gefahr dar.[752]

Der „Ziegenhaar"-Fall[753] zeigt, wie diese unterschiedlichen Ansichten tatsächlich zutreffen: Obwohl die Händlerfirma dem Angeklagten mitgeteilt hat, dass er die Haare desinfizieren müsse, hat er sie seine Arbeiter ohne Desinfektion zu Pinseln verarbeiten lassen, und anschließend wurden vier Arbeiterinnen durch Milzbrandbazillen angesteckt und starben. Der Sachverständige äußerte, dass der ursächliche Zusammenhang zwischen der Fahrlässigkeit des Angeklagten und dem Erfolg „nicht mit der notwendigen Sicherheit" nachgewiesen werden

---

JA 1975, 582 (647 ff.); ders., GA 1985, 341 (354); ders., StV 1985, 229 (229); Walder, SchwZStR 93 (1977), 113 (160); Ebert/ Kühl, Jura 1979, 561 (572 f.); Puppe, ZStW 95 (1983), 287 (293 ff.); dies., ZStW 99 (1987), 595 (602 ff.); dies., NK-StGB, Vor §§ 13 ff., Rn. 205 f.; Kahlo, GA 1987, 66 (74 ff.); Küper, FS-Lackner, 247 (282); Brammsen, MDR 1989, 123 (123 ff.); Erb, JuS 1994, 449 (453); Kretschmer, Jura 2000, 267 (274 f.); Jescheck/Weigend, AT, § 55 II 2 b), S. 584; Köhler, AT, S. 197 ff.; Maurach/Gössel/ Zipf-Gössel, AT II, § 43, Rn. 106; Stratenwerth/Kuhlen, AT I, § 8, Rn. 36 f.

747 Vgl. Jescheck/Weigend, AT, § 55 II, S. 584.

748 Roxin, ZStW 74 (1962), 411 (432).

749 Vgl. Ulsenheimer, JZ 1969, 353 (366).

750 Roxin, ZStW 74 (1962), 411 (433).

751 Ulsenheimer, JZ 1969, 353 (366).

752 Schürer-Mohr, Erlaubte Risiken, 1998, S. 161; Engisch, FS-DJT I, 401 (418 f.); Maiwald, FS-Jescheck I, 405 (405 ff.); Kindhäuser, GA 1994, 197 (197 ff.); Jakobs, AT, 9/ 7; Jescheck/Weigend, AT, § 36 I 1, S. 401, § 55 2 b), S. 579; Roxin/Greco, AT I, § 24, Rn. 11; Welzel, Strafrecht, S. 131 f.; Wessels/Beulke/Satzger, AT, § 8, Rn. 424.

753 RGSt 63, 211 (211).

könne, da „die zugelassenen drei Desinfektionsarten unsicher [sind] und keine genügende Gewähr für wirkliche Keimfreiheit der Haare [bieten]".[754] Trotzdem wird nach der Risikoerhöhungslehre der Erfolg dem Angeklagten zugerechnet. Wenn er „alle Maßnahmen" ergriffen hat, die die Gefahr vermindert hätten, oder wenn seine Desinfizierung nach den gesetzlichen Anforderungen für die Bazillen „ohnehin unwirksam gewesen wäre", könnte die Zurechnung verneint werden.[755]

Hierbei ist zu betonen, dass die Risikoerhöhung und die Sorgfaltspflichtwidrigkeit getrennt geprüft werden sollten.[756] Der Zweck der Sorgfaltspflicht besteht darin, einen Erfolgseintritt zu vermeiden. Der Angeklagte hat jedoch seine Sorgfaltspflicht verletzt und dadurch den Erfolg verursacht. Auch wenn nicht sicher ist, ob die Einhaltung der einschlägigen Sorgfaltspflicht zum Erfolg führt, sollte diese Sorgfaltspflicht eingehalten werden, um den Erfolg zu vermeiden.[757] Nachdem das Handlungsunrecht, das Erfolgsunrecht und ihr Kausalzusammenhang[758] anerkannt werden, sollte die wesentliche Risikoverminderung und -erhöhung überprüft werden. Die sachverständige Beurteilung „auf wissenschaftlich-experimentelle Weise" kann auch verwendet werden, um nachzuweisen, ob die tatbestandsbegründende Sorgfaltswidrigkeit zu der gegenüber einem Normalrisiko erhöhten Gefahr eines tatbestandlichen Verletzungserfolgs[759] führt.[760] Die hypothetischen Kausalverläufe – d.h., „was de facto

754 RGSt 63, 211 (213).

755 Roxin, ZStW 78 (1966), 214 (217).

756 Roxin, ZStW 74 (1962), 411 (433): Während die objektive Sorgfaltspflichtverletzung anerkannt wird, wenn der Angeklagte die im Verkehr objektiv erforderliche Sorgfalt außer Acht gelassen hat, geht es bei der objektven Zurechnung darum, dass ein pflichtgemäßes Alternativverhalten im Vergleich zu seinem sorgfältigen Verhalten die Gefahr des Erfolgseintritts „in messbarer Weise verringert hätte".

757 Jescheck/Weigend, AT § 55 II 2, S. 585.

758 Jescheck/Weigend, AT, § 55 II 2, S. 585 f.; Beck kritisiert, dass die Risikoerhöhungslehre die objektive Zurechnung anerkennt, auch wenn der Erfolg nicht auf die Sorgfaltswidrigkeit, sondern auf andere Ursachen zurückzuführen ist (Beck, JA 2009, 111, 268 (268)). Dies ist jedoch auf ein Missverständnis zurückzuführen.

759 In diesem Zusammenhang widerlegen Roxin/Greco eine Kritik (Wessels/Beulke/Satzger, AT, § 6 III 8, Rn. 307) an der Risikoerhöhungslehre, nämlich die Umdeutung in konkrete Gefährdungsdelikte. Eine Verbindung zwischen einer vom Täter geschaffenen Gefährdung und einem Erfolg zum objektiven Tatbestand sind die Gegenstände der Zurechnung (Roxin/ Greco, AT I, § 11, Rn. 93).

760 Roxin, ZStW 74 (1962), 411 (443); Jescheck/Weigend, AT, § 55 II 2, S. 585.

wirklich geschehen wäre" –, könnten nicht tatsächlich festgestellt werden[761] und müssten daher bei der Feststellung objektiver Zurechnung nicht berücksichtigt werden. Bei der Anwendung der Vermeidbarkeitstheorie wird jedoch die Sorgfaltswidrigkeit nicht vollständig berücksichtigt, und daher wird die Bestrafung für Fahrlässigkeitsdelikte stark eingeschränkt.

Ulsenheimer kritisiert darüber hinaus die Risikoerhöhungslehre im Hinblick auf die Anwendung des strafprozessualen Grundsatzes »in dubio pro reo«. Die Risikosteigerung beziehe sich auf das „Rechtswidrigkeits- oder Schuldmerkmal", d.h., auf die „Deliktsvoraussetzungen".[762] Der Grundsatz »in dubio pro reo« müsse daher angewendet werden, wenn der Erfolg bei pflichtgemäßem Alternativverhalten auch mit an Sicherheit grenzender Wahrscheinlichkeit eingetreten wäre. Hingegen meint *Roxin*, dass „was de facto wirklich geschehen wäre" kein Gegenstand des Beweises ist, so dass der Grundsatz »in dubio pro reo« nicht verletzt wird.[763]

Aus diesen Gründen sollte die Risikoerhöhungslehre verwendet werden, um die Zurechnungsstruktur der fahrlässigen Alleintäterschaft zu erklären. Es ist jedoch eine andere Frage, ob sie die gegenseitige Zurechnung bei fahrlässigem Zusammenwirken erklären kann.[764] Die Gegenstände der Zurechnung sind das Handlungsunrecht und das daraus resultierende Erfolgsunrecht. Sofern die Idee eines kollektiven Subjekts zu Recht abgelehnt wird, besteht keine subjektive Anknüpfung, um die fahrlässige Handlung eines anderen wie die eigene zuzurechnen. Denn die Gefahrerhöhungslehre dient nur als Maßstab für den normativen Zusammenhang der bereits festgelegten Gegenstände und nur dazu, wie *Greco* zutreffend hervorhebt, die Notwendigkeit der Strafbarkeit aller Beteiligten zu erklären. Entscheidend für die Mittäterschaft ist nicht, ob der Mittäter das Risiko erhöht,[765] sondern ob er die Tat als (Mit-)Täter begeht. Es könnte die Tatbegehung eines Mittäters geben, die das Risiko des Erfolgseintritts eher vermindert.[766]

761 Roxin, ZStW 74 (1962), 411 (443).

762 Ulsenheimer, JZ 1969, 353 (367).

763 Roxin, ZStW 74 (1962), 411 (434); Jescheck/Weigend, AT, § 55 II 2, S. 585: Der Grundsatz »in dubio pro reo« beziehe sich hier darauf, dass nicht mit Sicherheit festgestellt wird, ob die sorgfaltswidrige Handlung das Erfolgsrisiko wesentlich erhöht.

764 Ebenso Greco, JRE Bd. 27 (2019)=GS-Hruschka, 361 (377).

765 Schild, NK-StGB, § 25, Rn. 126: § 25 Abs. 2 StGB setzt dies nicht voraus.

766 Als Beispiel nennt Schild „zum Lernen". (Schild, NK-StGB, § 25, Rn. 126)

cc) Zurechnungsgrad für fahrlässige Straftaten im Vergleich zu vorsätzlichen Straftaten

Der Erfolg bei Fahrlässigkeitsdelikten liegt im Gegensatz zu Vorsatzdelikten außerhalb des Handlungsunrechts. Die subjektive Komponente bei Vorsatzdelikten stellt den rechtsfeindlichen Willen zur Erfolgsverwirklichung dar und beschränkt den Zeitrahmen auf einen Kernbereich um die Tatbegehung. Diese subjektive Komponente fehlt bei unbewusst fahrlässigen Delikten.[767] Der Vorsatz stellt daher die stärkere Zurechnungsform dar.[768]

Das schwächere Handlungsunrecht bei fahrlässigen Straftaten und § 15 StGB weisen auf die schwächere Zurechnungsform bei Fahrlässigkeitsdelikten im Vergleich zu Vorsatzdelikten hin. Um dieser These zu folgen, muss angenommen werden, dass Vorsatz und Fahrlässigkeit miteinander vergleichbar sind. Vorsatz und Fahrlässigkeit stehen in einem aliud-Verhältnis.[769] Es gibt jedoch ein normatives Stufenverhältnis[770] zwischen den beiden Zurechnungsformen.

Die bloße Mitwirkung an einem gemeinsamen Handlungsprojekt darf daher nicht intensiver bestraft werden[771] als bei (vorsätzlicher) Mittäterschaft, und

---

767 Fellenberg, Zeitliche Grenzen der Fahrlässigkeitshaftung, 2000, S. 55, 61 f.: Bei bewusster Fahrlässigkeit besteht eine geringere rechtsfeindliche Einstellung.

768 Fellenberg, Zeitliche Grenzen der Fahrlässigkeitshaftung, 2000, S. 56 ff.: Seine Hauptbehauptung der Haftungsbeschränkung für Fahrlässigkeitsdelikte stützt sich auf die Erst-recht-Schluß-Lösung. Der Zeitrahmen für die Bestrafung des Vorsatzes sollte nicht über die Fahrlässigkeit hinaus verlängert werden.; Schünemann, JA 1975, 715 (720); ders., NStZ 1982, 60 (61); Herzberg, JA 1985, 131 (135); Stree, JuS 1985, 179 (181); Horn, StV 1997, 264 (265).

769 Kein Plus-minus-Verhältnis wegen eines zusätzlichen normativen Elements der Fahrlässigkeit: die Fahrlässigkeit auf der Wertungsebene, der Vorsatz auf der Seinsebene. (Vgl. Jescheck, Aufbau der Fahrlässigkeit, 1965, S. 7; Fellenberg, Zeitliche Grenzen der Fahrlässigkeitshaftung, 2000, S. 56 ff.; Fuchs, GA 1964, 65 (71 f.))

770 Fellenberg, Zeitliche Grenzen der Fahrlässigkeitshaftung, 2000, S. 59, 61 f.: Die Wertung nach dem Maß der inneren Beteiligung des Täters an seiner Tat; nach dem Mehr oder Weniger eines rechtsfeindlichen Willens.; Mylonopoulos, ZStW 99 (1987), 685 (710 f.): Die wertmäßige Stufenbeziehung beruht auf dem unterschiedlichen Unwertgehalt(712).; Roxin/Greco, AT I, § 24, Rn. 72 f.

771 Im Zusammenhang mit der Straflosigkeit der vorsätzlichen Selbstmordbeförderung: Schünemann, JA 1975, 715 (720); ders., NStZ 1982, 60 (61); mit dem Sichbetrinken nur als Vorbereitungshandlung zum Totschlag: Fellenberg, Zeitliche Grenzen der Fahrlässigkeitshaftung, 2000, S. 56 ff.: Aus diesem Grund und auf dem Weg des Erst-recht-Schlusses ist er der Ansicht, dass die Haftung für fahrlässige Straftaten durch dasselbe Verhalten wie bei vorsätzlichen Straftaten eingeschränkt werden sollte.; Horn, StV 1997, 264 (266); Herzberg, JA 1985, 131 (135); Stree, JuS 1985, 179 (181);

die Zurechnung bei fahrlässigem Zusammenwirken sollte genauer und sicherer erklärt werden als die Feststellung nach der funktionellen Tatherrschaft.

dd) Ergebnis

Es wurde insb. untersucht, ob im Gegensatz zu vorsätzlichen Straftaten fahrlässige Mittäterschaft allein durch die objektive Zurechnung, nämlich die Gefahrerhöhungslehre, gerechtfertigt werden könnte. Die Gefahrerhöhungslehre dient auch für Fahrlässigkeitsdelikte zur objektiven Zurechnung, befasst sich jedoch mit dem normativen Zusammenhang der bereits festgelegten Gegenstände – des Handlungsunrechts und des daraus resultierenden Erfolgsunrechts –. Sie könnte zwar dazu dienen, fahrlässige Mittäterschaft zu konstruieren, kann jedoch die gegenseitige Zurechnung jedes Beteiligten nicht legitimieren. Eine klarere Rechtfertigung für die gegenseitige Zurechnung bei fahrlässigem Zusammenwirken sollte sogar gegeben werden, da bei Fahrlässigkeitsdelikten im Vergleich zu Vorsatzdelikten der schwächere Handlungsunwert vorliegt und der Erfolg schwächer zugerechnet wird.[772]

2. Bewusste - und unbewusste Fahrlässigkeit

a) Über die Unterscheidung zwischen bewusster und unbewusster Fahrlässigkeit

Nach Rspr. und Lehre wird Fahrlässigkeit in zwei Arten unterteilt: unbewusste (negligentia) und bewusste (luxuria) Fahrlässigkeit. Die erste wird anerkannt, wenn der Täter die Möglichkeit der Verwirklichung des Tatbestands aufgrund der Vernachlässigung der gebotenen Sorgfalt nicht erkennt. Die Letztere hingegen, wenn der Täter die konkrete Gefahr für das Rechtsgut erkennt, jedoch pflichtwidrig[773] darauf vertraut, dass sich der Tatbestand nicht verwirklicht.[774]

---

hinsichtlich der Verletzung des Opfers: Hassemer, Alternativen zum Schuldprinzip, S. 97 f.: Die Verletzung durch den Vorsatztäter ist intensiver als die durch den Fahrlässigkeitstäter, „nicht in einem medizinisch-empirischen, wohl aber in einem sozialpersonalen Verständnis".

772 Siehe o. e).

773 Zu den pflichtwidrigen Verkennungen gehört das Unterschätzen des Gefahrgrads bzw. des Sorgfaltspflichtsumfangs, das Überschätzen seiner eigenen Fähigkeiten oder das Handeln in Hoffnung auf Glück. (Vgl. Jescheck/Weigend, AT, § 54 II, S. 568)

774 Jescheck/Weigend, AT, § 54 II, S. 568; Wessels/Beulke/Satzger, AT, § 18 II 2, Rn. 1107.

Diese beiden Formen haben insofern etwas gemeinsam, als dem Täter die gebotene Aufmerksamkeit fehlt.[775]

Wenn jedoch berücksichtigt wird, dass die Gefährdung des Rechtsguts dem unbewusst fahrlässigen Täter nicht einmal bewusst ist, besteht hier kein Zusammenhang[776] mit dem konkreten rechtswidrigen Erfolg und es könnte daher der Schluss gezogen werden, dass ihm die Schuld fehlt.[777] Insb. *Arth. Kaufmann* weist darauf hin, dass die Bestrafung unbewusster Fahrlässigkeit nicht auf der Grundlage des reinen Schuldstrafrechts[778] begründet werden kann, sondern aufgrund der Erfolgshaftung aus generalpräventivem Zweck.[779] Die vollständige Durchführung des Schuldprinzips[780] sei aus erkenntnistheoretischen Gründen und aufgrund des metaphysischen Charakters der Schuld nicht möglich. Aufgrund dieses Charakters gebe es „keine sicheren Feststellungen in den Grenzgebieten".[781] Deswegen könne auch der unbewusst Fahrlässige bestraft werden, und dies verstößt damit nicht absolut gegen das Schuldprinzip.[782] Allerdings weist *Stübel* darauf hin, dass bei unbewusster Fahrlässigkeit eine Sanktion – aber keine Kriminalstrafe – verhängt werden muss, weil hier eine Bestrafung keine Wirkung auf die Generalprävention durch psychologischen Zwang hat. Hingegen stellen *Jescheck/Weigend* auf die Gemeinsamkeit der beiden unter dem Gesichtpunkt ab, dass der Schuldvorwurf als „die tadelnswerte Rechtsgesinnung

775 Jescheck/Weigend, AT, § 54 II, S. 568.

776 Börchers, Schuldprinzip und Fahrlässigkeit, 2009, S. 152; keine „psychische Beziehung zwischen Täter und Tat".

777 Basierend auf der Willensschuld: Kohlrausch, Die Schuld, 1910, 179 (208 f.); Binding, Die Schuld im deutschen Strafrecht, 1919, S. 127; Bockelmann, Verkehrsstrafrechtliche Aufsätze und Vorträge, 1967, S. 213 ff.; Arth. Kaufmann, Das Schuldprinzip, 1976, S. 156 ff., 175 ff., 212 ff., 223 ff.; hingegen vgl. Jescheck/Weigend, AT, § 54 I 4 a), S. 566: Fahrlässigkeit sei keine echte Schuldform im Naturrecht.

778 Über die Geschichtlichkeit des Schuldstrafrechts, vgl. Arth. Kaufmann, Das Schuldprinzip, 1976, S. 217 ff.

779 Arth. Kaufmann, Das Schuldprinzip, 1976, S. 164, 214.

780 Arth. Kaufmann, Das Schuldprinzip, 1976, S. 212: Er bezeichnet dies als naiv.

781 Arth. Kaufmann, Das Schuldprinzip, 1976, S. 213: Das Maß und die Definition der Schuld könnten aufgrund dieses Charakters nicht präzise festgestellt werden.

782 Arth. Kaufmann, Das Schuldprinzip, 1976, S. 213: Leichtfertigkeit entsprechein der Regel bewusster Fahrlässigkeit, könne aber auch unbewusste Fahrlässigkeit erfassen, so dass das Schuldprinzip nicht vollständig eingehalten werde.; auch Bockelmann, Verkehrsstrafrechtliche Aufsätze und Vorträge, 1967, S. 217 f.

des Täters (sog. Gefühlstheorie)" verstanden wird.[783] D.h., die beide Arten von Fahrlässigkeit werden aufgrund der mangelnden Aufmerksamkeit unter Strafe gestellt, was als „Gesinnungsfehler" bzw. „funktionelles Versagen des Wertgefühls" bezeichnet werden kann.[784] Aus dieser Sicht könnte der Schuldgehalt bei unbewusster Fahrlässigkeit größer sein.

Dass der unbewusst Fahrlässige „die Gefahr nicht einmal wahrnimmt und der Rechtsgutsverletzung vielleicht sogar gleichgültig gegenüber steht",[785] könnte schwerer wiegen, als dass der bewusst Fahrlässige „lediglich seine eigenen Kräfte überschätzt".[786] M.a.W., es besteht zwischen ihnen kein Stufenverhältnis in Bezug auf den Schuldgehalt. Hingegen weist *Roxin* darauf hin, dass bewusste Fahrlässigkeit aufgrund eines „wesentlich stärkere[n] Gegenmotiv[s]" strafwürdiger ist, wenn das unerlaubte Risiko in gleichem Grad geschaffen wird.[787] Dies könnte sich jedoch auf die Strafzumessung auswirken. *Roxin* zieht jedoch denselben Schluss, dass die Unterscheidung zwischen ihnen keine große Bedeutung hat,[788] weil das Strafrecht nicht zwischen ihnen unterscheidet. Nicht in das Strafrecht aufgenommen wurde jedoch die vom E 1962 versuchte Unterscheidung, wonach unbewusste Fahrlässigkeit wie folgt definiert werden kann: „Fahrlässig handelt, wer die Sorgfalt außer acht läßt, zu der er nach den Umständen und seinen persönlichen Verhältnissen verpflichtet und fähig ist, und deshalb nicht erkennt, daß er den gesetzlichen Tatbestand verwirklicht" (§ 18 Abs. 1 E 1962).[789]

---

783 Jescheck/Weigend, AT, § 54 I 4 b), S. 567; auch Exner, Das Wesen der Fahrlässigkeit, 1910, S. 129; Engisch, Vorsatz und Fahrlässigkeit, 1930, S. 470.

784 Maurach/Gössel/Zipf-Gössel, AT II, § 42, Rn. 59 ff.: „das Urteil, dass der Täter vorwerfbar sorgfaltswidrig gehandelt hat".; Jescheck/Weigend, AT, § 54 I 4 b), S. 567; Welzel, Strafrecht, S. 150: „in dem fehlerhaften Aufbau der Persönlichkeitsschicht, in einem vorwerfbaren Charakterfehler".

785 Schröder, LK-StGB, § 16, Rn. 121: „die schon zur Nichtvoraussicht der Schadensmöglichkeit führende Unaufmerksamkeit".

786 Jescheck/Weigend, AT, § 54 II 1, S. 568 f.; auch Kraatz, Die fahrlässige Mittäterschaft, 2006, S. 289 f.; Lackner/Kühl, § 15, Rn. 53; Schröder, LK-StGB, § 16, Rn. 121; Maurach/Gössel/Zipf-Gössel, AT II, § 42, Rn. 58: „Die Einteilung[...] nach dem Grade des Wissens" habe keine Bedeutung.

787 Roxin/Greco, AT I, § 24, Rn. 68.

788 Dagegen weist Gössel auf die praktische Bedeutung hin, die zur Abgrenzung zwischen Vorsatz und Fahrlässigkeit dient. (Maurauch/Gössel/Zipf-Gössel, AT II, § 42, Rn. 58)

789 Definition bewusster Fahrlässigkeit: „Fahrlässig handelt auch, wer es für möglich hält, daß er den gesetzlichen Tatbestand verwirklicht, jedoch pflichtwidrig und vorwerfbar im Vertrauen darauf handelt, daß er ihn nicht verwirklichen werde"(§ 18 Abs. 2 E 1962).

b) Auswirkung bewusster Fahrlässigkeit auf die fahrlässige Mittäterschaft

Hier sollte darauf abgestellt werden, wie sich die gleiche Behandlung der jeweiligen Erscheinungsformen der Fahrlässigkeit durch das Strafrecht auf die Annahme fahrlässiger Mittäterschaft auswirkt. Die Vertreter der fahrlässigen Mittäterschaft versuchen daher, die Voraussetzungen für fahrlässige Mittäterschaft aufzuzeigen, die auch die Merkmale unbewusster Fahrlässigkeit abdecken können.[790] Dagegen wird die Ansicht vertreten, dass bei bewusster Fahrlässigkeit Versuch und Teilnahme denkbar sind, anders als bei unbewusster Fahrlässigkeit, weil bei bewusster Fahrlässigkeit das gleiche Wissenselement wie bei bedingtem Vorsatz vorliegt.[791] Die Wissenselemente bei bewusster Fahrlässigkeit, „Vorstellung aller Tatumstände wie einer unerlaubten Gefahr" und „das Vertrauen auf das Ausbleiben der Tatbestandsverwirklichung", könnten auf einen subjektiven Tatbestand gestellt werden,[792] und somit könne die Anknüpfung dieses intellektuellen Moments die mittäterschaftliche Struktur begründen. Es sei möglich, ein gemeinsames Handlungsprojekt zu erstellen, wenn die Beteiligten das Vertrauen auf das Ausbleiben der Verwirklichung einer erkannten Gefahr gemeinschaftlich zum Ausdruck bringen. Deswegen sei die Annahme fahrlässiger Mittäterschaft bei bewusster Fahrlässigkeit denkbar.[793]

Dieser Ansatz scheint zwar ziemlich überzeugend, ist jedoch aus folgenden Gründen zurückzuweisen: Erstens unterscheidet das StGB die beiden Arten der Fahrlässigkeit nicht, sondern behandelt sie einheitlich. Darüber hinaus – wie

790 Siehe Teil 3 B.

791 Gallas, Beiträge zur Verbrechenslehre, 1968, S. 92: Möglichkeit, „auch im Bereich des bewusst fahrlässigen Handelns zwischen Täterschaft und sonstigen Beteiligungsformen zu unterscheiden".; Kretschmer, Jura 2000, 267 (269); Jescheck/Weigend, AT, § 54 IV, S. 573; Welzel, Strafrecht, S. 189: „Die Teilverwirklichung eines fahrlässigen Deliktes ist als schuldhafte Gefährdung[...] denkbar."; vgl. auch Teil 4 B VI 3 c).

792 Roxin/Greco, AT I, § 24, Rn. 73; auch Hoyer, SK-StGB, Anh. zu § 16, Rn. 11; hingegen Struensee, JZ 1987, 53 (60 ff.): Was auf einen subjektiven Tatbestand gestellt wird, sind die Risikofaktoren, nicht die Tatumstände, so dass er auch bei unbewusster Fahrlässigkeit existieren könne.; Maurach/Gössel/Zipf-Gössel, AT II, § 42, Rn. 36: Denn die Vermeidbarkeit setzt *„einheitlich"* die *„individuelle"* Voraussehbarkeit voraus, was das Unrecht begründet(Hervorhebung durch Verfasser).

793 Vgl. Kraatz, Die fahrlässige Mittäterschaft, 2006, S. 288, 290, 366: Da es bei unbewusster Fahrlässigkeit nicht möglich ist, ein gemeinsames Handlungsprojekt zu erstellen, kommt er zu dem Schluss, dass fahrlässige Mittäterschaft nicht anerkannt werden kann.; Renzikowski, FS-Otto, 423 (435), (439): Für fahrlässige Mittäterschaft verlangt er das Bewusstsein jedes Beteiligten für die Gefährlichkeit des Gesamtprojekts.

bereits analysiert[794] – wird der Vorwurf der Fahrlässigkeitsdelikte – auch bei bewusster Fahrlässigkeit – darauf zurückgeführt, dass der Fahrlässige einen rechtlich unerlaubten Erfolg verursacht, indem er die Kausalabläufe nicht durch die Finalität gesteuert hat, obwohl er den Erfolgseintitt (einschließlich des Kausalverlaufs) vorhersehen und vermeiden könnte. Das Handlungsunrecht bei Fahrlässigkeitsdelikten – sowohl bei unbewusster Fahrlässigkeit als auch bei bewusster Fahrlässigkeit – beruht auf der objektiven Sorgfaltspflichtverletzung bei objekitver Vorhersehbarkeit. Bewusste Fahrlässigkeit ist nur ein Aspekt fahrlässiger Straftaten, und „die Vorstellung" und „das Vertrauen" sind auch nur die Terminologie, die den Gedankenfluss im Kopf des fahrlässigen Handelnden in aktiver Form – im Gegensatz zu unbewusster Fahrlässigkeit – beschreibt.

Dieser Ansatz basiert darauf, dass die Wissenselemente bei bewusster Fahrlässigkeit als subjektive Tatbestandsmerkmale dienen und somit fahrlässige Mittäterschaft auf derselben Grundlage wie Vorsatz begründet werden könnte, was von der Anknüpfung der subjektiven Merkmale des Delikts ausgeht. Die Gegenstände der gegenseitigen Zurechnung sind die Tatbeiträge der Beteiligten, die das Handlungsunrecht jedes Beteiligten darstellen müssen. Bei Fahrlässigkeitsdelikten wird das Handlungsunrecht ohne subjektives Tatbestandsmerkmal bestimmt. Das Bewusstsein für die konkrete Gefahr für das Rechtsgut bei bewusster Fahrlässigkeit sollte nicht mit der Anerkennung objektiver Vorhersehbarkeit gleichgesetzt werden.[795] Die Tatsache, dass die gemeinsame Gefahrschaffung bzw. -erhöhung über ein gemeinsames Handlungsprojekt jedem Beteiligten bewusst ist, begründet daher das Handlungsunrecht nicht unmittelbar. Die Gemeinsamkeit dieses Bewusstseins könnte nur dazu beitragen, die Fahrlässigkeit jedes Beteiligten aufgrund der erhöhten Vorhersehbarkeit leichter zu erkennen; dies führt jedoch nicht gerade zu deren Annahme.[796]

Es gibt auch Zweifel an dem Begriff der Äußerung des „gemeinsamen" Vertrauens der Beteiligten, in Bezug auf die Abgrenzung zwischen dem Eventualvorsatz und der bewussten Fahrlässigkeit. Für diese Abgrenzung scheint dieser

794 Siehe Teil 4 B VI 1 f) aa).

795 Auf dieser Gleichsetzung scheint dieser Ansatz zu beruhen. Bei Fahrlässigkeit fordert Kraatz subjektive Vorhersehbarkeit und betrachtet sie als täterindividuellen Aspekt wie den Vorsatz (Kraatz, Die fahrlässige Mittäterschaft, 2006, S. 286 f.).

796 Wenn einerseits Sicherheitsmaßnahmen gegen die erkannte Gefahr ergriffen werden, diese jedoch nicht sicher genug sind, sollten in der Tat konkrete Umstände berücksichtigt werden, um die Tatbestandsmäßigkeit zum Zeitpunkt jeder farhlässigen Handlung zu bestimmen. Wenn andererseits keine Sicherheitsmaßnahmen ergriffen werden, könnte die Tatbestandsmäßigkeit leicht anerkannt werden.

Ansatz zu erfordern, dass jeder sein Vertrauen auf das Ausbleiben der Tatbestandsverwirklichung zum Ausdruck bringen muss. Die subjektiven Elemente existieren jedoch im Kopf des Täters, so dass die Unterscheidung zwischen dem Eventualvorsatz und der bewussten Fahrlässigkeit in der Beweiswürdigung schwierig ist. Alle relevanten objektiven sowie subjektiven Tatumstände sollten daher insgesamt berücksichtigt werden.[797] Da jeder seinen inneren Zustand verbergen kann und die Abgrenzung zwischen dem Eventualvorsatz und der bewussten Fahrlässigkeit nicht so einfach ist, kann bewusste Fahrlässigkeit nicht immer nur durch die subjektive Offenbarung[798] eines Täters begründet werden.

3. *Einheitstäterbegriff bei Fahrlässigkeitsdelikten*

a) *Die Bedeutung der §§ 26, 27 StGB*

§§ 26, 27 StGB schreiben lediglich die vorsätzliche Teilnahme an einer Vorsatztat vor. Dies zeigt daher einerseits ausdrücklich, dass die Behandlung vorsätzlicher Straftaten gesetzlich nicht auf dem Einheitstäterbegriff beruht,[799] sondern auf dem dualistischen Beteiligungssystem, das zwischen Täterschaft und Teilnahme

---

797 Vgl. Wessels/Beulke/Satzger, AT, § 7 II 3, Rn. 333 ff.

798 Kraatz ist hingegen der Ansicht, dass das Vorhandensein von Vorsatz (bzw. Vorhersehbarkeit) zum Handlungszeitpunkt dann aus den objektiven Indizien gefolgert werden sollte, wenn die subjektive Offenbarung des Täters fehlt (Kraatz, Die fahrlässige Mittäterschaft, 2006, S. 286 f.).

799 Über die Vorteile (keine Strafbarkeitslücken, Erleichterung der Rechtsanwendung, Ausrichtung der Sanktionen allein nach der Täterpersönlichkeit) und Nachteile (Ausdehnung der Strafbarkeit hinsichtlich versuchter Teilnahme und gemilderter Strafrahmen für Anstiftung und Beihilfe, Nichtberücksichtigung des spezifischen Handlungsunrechts des jeweiligen Tatbestands) der Anwendung des Einheitstäterbegriffs, vgl. Jescheck/Weigend, AT, § 61 II, S. 645 f.; hinsichtlich der Nachteile weist Roxin darauf hin, dass dieser Begriff nicht mit den rechtsstaatlichen Grundlagen des Tatbestandsstrafrechts vereinbar ist und zu einer generellen Bestrafung von Gesinnungsbekundungen führen kann (Roxin, LK-StGB, Vor § 25, Rn. 5 ff.).; auch Maurach/Gössel/Zipf-Renzikowski, AT II, § 47, Rn. 11 f.; Welp weist darauf hin, dass dieser Begriff dogmatisch unhaltbar ist und kriminalpolitisch verfehlt. (Welp, VOR 1972, 299 (327); auch Otto, JuS 1974, 702 (705)); Über Versuche, zwischen einem formalen und einem funktionalen Einheitstätersystem zu unterscheiden, was „die Möglichkeit einer begrifflichen Unterscheidung verschiedener Mitwirkungsformen anerkennt", vgl. Kienapfel, Strafrechtsdogmatik und Kriminalpolitik, 1971, S. 25 ff., 41 f.; ders., JuS 1974, 1 (5); auch Maurach/Gössel/Zipf-Renzikowski, AT II, § 47, Rn. 9.

unterscheidet;[800] andererseits zeigt es, dass die Unterscheidung zwischen Täterschaft und Teilnahme bei Fahrlässigkeitsdelikten nicht gesetzlich erfolgt.[801]

Während § 25 StGB die Täterschaft durch Ergänzung der Tatbestände des BT des StGB bestimmt, bestimmen allein die Tatbestände der §§ 26, 27 StGB die Teilnahme. Unter Berücksichtigung, dass fahrlässiges Handeln nicht bestraft werden kann, ohne ausdrücklich gesetzlich strafbedroht zu sein (§ 15 StGB), gelten die Teilnahmeregelungen allein für vorsätzliche Begehung.[802]

Da diese Teilnahmeregelungen die Vorsätzlichkeit einer vorsätzlich begangenen rechtswidrigen Tat (d.h., der Haupttat) erfordern, könnten die vorsätzlichen Straftaten nicht auf dem extensiven Täterbegriff beruhen.[803] Gemäß der Voraussetzung des doppelten Tatbestandsvorsatzes des Anstifters (vgl. §§ 15, 26 StGB) kann der Anstifter nicht bestraft werden, wenn er den Vorsatz des Haupttäters missversteht, obwohl er vorsätzlich den Erfolg bewirkt hat,[804] was nicht dem extensiven Täterbegriff entspricht. Darüber hinaus wird darauf hingewiesen, dass der extensive Täterbegriff auf der kausalen Rechtsgutsverletzung und auf der subjektiven Theorie beruht,[805] was bedeutet, dass nicht erklärt werden kann, warum die besonderen Vorschriften für die Teilnahme bestehen.[806]

Zusammenfassend lässt sich sagen, dass bei vorsätzlichen Straftaten die Ablehnung des Einheitstäterbegriffs und die Annahme des restriktiven Täterbegriffs über §§ 26, 27 StGB gesetzlich unterstützt werden. Hierbei ist es wichtig, dass §§ 26, 27 StGB hinsichtlich fahrlässiger Teilnahme offen bleiben, so dass Interpretationsspielraum besteht: entweder gilt diese durch die Tatherrschaftslehre festgelegte Struktur auch für Fahrlässigkeit, und dann wird fahrlässige

---

800 Herzberg, TuT, 1977, S. 1 f.; Bloy, Beteiligungsform, 1985, S. 149 ff.; Roxin, LK-StGB, Vor § 25, Rn. 1 f.; Jescheck/Weigend, AT, § 61 II 2, S. 646; Wessels/Beulke/Satzger, AT, § 16 I 1, Rn. 795.

801 Roxin, FS-Tröndle, 177 (178); Maurach/Gössel/Zipf-Renzikowski, AT II, § 47, Rn. 126: „keine je nach Tatanteil differenzierenden Strafzumessungsgründe" für fahrlässige Straftaten.; Wessels/Beulke/Satzger, AT, § 16 I 1, Rn. 796.

802 Eschenbach, Jura 1992, 637 (643).

803 Roxin, LK-StGB, Vor § 25, Rn. 10.

804 Roxin, LK-StGB, Vor § 25, Rn. 10: Er könnte allenfalls wegen versuchter Teilnahme bestraft werden.

805 Über die Zusammensetzung mit dem extensiven Täterbegriff und der objektiven Teilnahmetheorie, vgl. Spendel, JuS 1974, 749 (754).

806 Roxin weist auf die Unklarheiten und Widersprüche der subjektiven Theorie hin. (Roxin, LK-StGB, Vor § 25, Rn. 11, § 25, Rn. 14 ff.)

Teilnahme als straflos behandelt,[807] oder die fahrlässigen Straftaten beruhen auf dem Einheitstäterbegriff, und dann werden die fahrlässigen Beteiligten jeweils als Alleintäter oder Nebentäter[808] bestraft.[809]

b) Gegenmeinung zum Einheitstäterbegriff: Konstruierbarkeit und Straflosigkeit fahrlässiger Teilnahme

Nach der ersten Auffassung könnte der Fahrlässige nur bestraft werden, wenn er den Tatbestand eines Fahrlässigkeitsdelikts in Form einer unmittelbaren Täterschaft, einer mittelbaren Täterschaft und einer Mittäterschaft in § 25 StGB

---

807 V.a. Hoyer, FS-Puppe, 515 (526 f.); Heine/Weißer, Sch/Sch-StGB, Vor §§ 25 ff., Rn. 107: Die Fahrlässigkeitstatbestände wie die Vorsatztatbestände begnügen sich nicht „mit der bloßen kausalen Erfolgsherbeiführung". (§§ 222, 229, 306d StGB: „verursacht"); Maurach/Gössel/Zipf-Renzikowski, AT II, § 47, Rn. 128, 130 ff.

808 Krit. an der Verwendung dieser Terminologie, Sánchez Lázaro, Täterschaft beim Fahrlässigkeitsdelikt, 2007, S. 68, 87: Kein Raum für Nebentäterschaft in Zurechnungsbegriffen, Einzeltäterschaft oder Mittäterschaft; Böhringer, Fahrlässige Mittäterschaft, 2017, S. 305: Er weist darauf hin, dass diese Terminologie nur unmittelbare Täterschaft über § 25 Abs. 1 Var. 1 StGB bezeichnet und somit nur zur Verwirrung beiträgt. Sie könne nur dann verwendet werden, wenn das dualistische Beteiligungssystem auf Fahrlässigkeitsdelikte übertragen wird.; Häring, sui-generis 2018, 1 (16): Beim gemeinsamen fahrlässigen Zusammenwirken gebe es „keinen Raum" für die Terminologie der Nebentäterschaft, weil diese dann entsteht, „wenn mehrere Täter unabhängig voneinander denselben Tatbestand verwirklichen".;
Hinweis darauf, dass diese Terminologie nur das nicht-mittäterschaftliche Zusammentreffen von Einzeltäterschaften bedeutet, Vgl. Fincke, GA 1975, 161 (161 ff.); Roxin, LK-StGB, § 25, Rn. 223; Wessels/Beulke/Satzger, AT, § 16 III 4, Rn. 864: „keine eigenständige Relevanz" als Täterschaftsform.

809 Gallas, Beiträge zur Verbrechenslehre, 1968, S. 92: „jeder, der eine Bedingung zum tatbestandsmäßigem Erfolg gesetzt hat" ohne Rücksicht auf die Fahrlässigkeitsform.; Herzberg, TuT, 1977, S. 72 ff., 99 ff.; Bloy, Beteiligungsform, 1985, S. 124, 159; Bottke, Täterschaft und Gestaltungsherrschaft, 1992, S. 23 ff.; Murmann, Die Nebentäterschaft im Strafrecht, 1993, S. 231 ff.; Els, NJW 1972, 1476 (1477): Fahrlässige Mitwirkung ist „stets (Allein-)Täterschaft – ggf. in Form der Nebentäterschaft –".; Roxin, FS-Tröndle, 177 (185); ders., LK-StGB, § 25, Rn. 156; Eschenbach, Jura 1992, 637 (643); Kretschmer, Jura 2000, 267 (268); Schlehofer, FS-Herzberg, 355 (366 ff.); Puppe, GA 2009, 486 (492 f.); Freund, MüKo-StGB, Vor §§ 13 ff., Rn. 494 ff.; Gropp, AT, § 10, Rn. 43, 132; Jescheck/Weigend, AT, § 54 IV, S. 573, § 61 VI, S. 654 f.: „[]jeder [ist] als Täter für das Ganze verantwortlich."; Kindhäuser, AT, § 38, Rn. 57; Kühl, AT, § 20, Rn. 8 ff.; Welzel, Strafrecht, S. 99; Wessels/Beulke/Satzger, AT, § 16 I 1, Rn. 796 f., § 18 II 4, Rn. 1140 f.

erfüllt.[810] Besondere Zurechnungsregeln in Form einer fahrlässigen Mittäterschaft und einer fahrlässigen mittelbaren Täterschaft sind für die Zurechnung des fremden tatbestandlichen Verhaltens erforderlich. Eine bloße Teilnahme ist dagegen nicht strafbar.[811] Dies stützt sich darauf, dass anders als in § 14 Abs. 1 Satz 1 OwiG keine ausdrückliche Vorschrift für Fahrlässigkeitsdelikte für das Einheitstätersystem besteht.[812]

Die fahrlässige Teilnahme an der Haupttat in der Weise in den §§ 26, 27 StGB könnte erfolgen, wenn der Anstifter sorgfaltspflichtwidrig trotz der Vorhersehbarkeit der Auswirkungen seiner Handlung eine Pistole auf den Tisch legt und damit einen Haupttäter „zu dessen vorsätzlich begangener rechtswidriger Tat (Erschießung eines Opfers) bestimmt" (vgl. § 26 StGB), oder wenn ein Gehilfe einem Haupttäter „zu dessen vorsätzlich begangener rechtswidriger Tat Hilfe leistet" (vgl. § 27 StGB).[813] Dies ist jedoch bei fahrlässiger Verursachung eines Erfolgs gesetzlich[814] straflos.[815] Der Grund für die gesetzliche Straflosigkeit wird

---

810 Renzikowski, Restriktiver Täterbegriff, 1997, S. 154 ff., 261; Knauer, Kollegialentscheidung, 2001, S. 186 f.; Otto, JuS 1974, 702 (704 f.); ders., FS-Spendel, 271 (274 ff.); Hoyer, FS-Puppe, 515 (527); ders., SK-StGB, § 25, Rn. 152; Maurach/Gössel/Zipf-Renzikowski, AT II, § 47, Rn. 130.

811 Maurach/Gössel/Zipf-Renzikowski, AT II, § 47, Rn. 134.

812 Auch vgl. österreichisches Strafrecht(§ 12 öStGB); Rotsch, „Einheitstäterschaft" statt Tatherrschaft, 2009, S. 131 ff; ders., ZIS 2015, 577 (580); Weißer, Täterschaft in Europa, 2011, S. 131 ff.; Otto, JuS 1974, 702 (705); Seier, JA 1990, 342 (342 ff.); Eschenbach, Jura 1992, 637 (643); Bock, Jura 2005, 673 (673 ff.); Jescheck/Weigend, AT, § 61 II 2, S. 647; Wessels/Beulke/Satzger, AT, § 16 I 1, Rn. 795: aus Vereinfachungsgründen.

813 Renzikowski, Restriktiver Täterbegriff, 1997, S. 261 ff.; Kamm, Die fahrlässige Mittäterschaft, 1999, S. 108 f.; Häring, Die Mittäterschaft beim Fahrlässigkeitsdelikt, 2005, S. 118 ff.; ders., sui-generis 2018, 1 (8 f.); Otto, FS-Spendel, 271 (271 ff.); Roxin weist dagegen darauf hin, dass die Konstruierbarkeit fahrlässiger Teilnahme bei Ablehnung des Regressverbots nur dann anerkannt werden könne, wenn die Täterschaft bei Fahrlässigkeitsdelikten durch die besonderen Voraussetzungen bestimmt wird und ein Außenstehender diese nicht erfüllt. („bei höchstpersönlichen Pflichtdelikten", vgl. Roxin, LK-StGB, § 25, Rn. 219)

814 Renzikowski weist darauf hin, dass dies durch § 19 des „Kriegswaffenkontrollgesetzes" belegt ist. (Vgl. Renzikowski, FS-Otto, 423 (438))

815 Spendel, JuS 1974, 749 (752); Otto stimmt ebenfalls der Straflosigkeit zu, verneint jedoch im Gegensatz zu Spendel die Möglichkeit fahrlässiger Teilnahme. (Otto, JuS 1974, 702 (704 f.); ders., Jura 1984, 536 (540)); vgl. auch Kraatz, Die fahrlässige Mittäterschaft, 2006, S. 363; Böhringer, Fahrlässige Mittäterschaft, 2017, S. 305: Wenn man erkennt, dass der Täter in § 25 Abs. 1 Var. 1 StGB „objektiv das tatbestandserfüllende Handlungsgeschehen gestaltet, also durch eine emotionsbedingt-finale Handlung

so erläutert, dass das Handlungsunrecht bei fahrlässiger Teilnahme gegenüber dem bei vorsätzlicher Teilnahme vermindert wird[816] und somit die Schwelle der Strafwürdigkeit bei Fahrlässigkeiten im StGB nicht überschrittten werden kann.[817] Dies führt zur Einschränkung der Strafbarkeit für Fahrlässigkeit. Aus diesem Grund könnte die Behandlung dieser Konstellationen dann in zwei Zweige geteilt werden, die entweder ihre Straflosigkeit oder ihre Bestrafung als fahrlässige Täterschaft erfassen. Die Notwendigkeit fahrlässiger Mittäterschaft wird daher betont.[818]

Spendel setzt zwar den extensiven Täterbegriff im Beteiligungssystem sowohl für vorsätzliche als auch für fahrlässige Straftaten voraus, jedoch schließt er auf die Straflosigkeit der fahrlässigen Teilnahme an einer fremden Haupttat. Nach dem extensiven Täterbegriff wird die Zurechnung fahrlässiger Straftaten ausgedehnt und die Mitwirkung in Formen der Anstiftung und Beihilfe als Einschränkungsgrund der Strafe angenommen; dies sollte auch für Fahrlässigkeitsdelikte gelten.[819] Hier stellt *Spendel* auf die Gesetzgebung besonderer Teilnahmeregelungen ab, die „ausdrücklich" nur die vorsätzliche Teilnahme an einer Vorsatztat bestrafen, da der Gesetzgeber die fahrlässige Teilnahme auch hätte vorschreiben müssen, wenn er sie hätte erfassen wollen. Er gründet diese Schlussfolgerung insb. darauf, dass die Strafbarkeit einer Straftat vor der Tat gesetzlich festgelegt worden sein muss.[820] Die Umdeutung der straflosen fahrlässigen Teilnahme in die strafbare fahrlässige Täterschaft verstoße gegen das Analogieverbot hinsichtlich teleologischer Auslegung.[821]

Otto lehnt die Differenzierung verschiedener Formen fahrlässiger Teilnahme aufgrund der Ausdehnung des Anwendungsbereichs der Anstiftung[822] ab und

---

beherrscht", dann gilt der Tatherrschaftsbegriff auch für Fahrlässigkeitsdelikte, was fahrlässige Mittäterschaft nicht ausschließt.

816 Hoyer, FS-Puppe, 515 (529 f.): die doppelte Minderung des Unrechts aufgrund des Fehlens eines doppelten Teilnehmervorsatzes.

817 Kraatz, Die fahrlässige Mittäterschaft, 2006, S. 95, 363; Luzón Pena/Díaz y García Conlledo, FS-Roxin 70, 575 (603); Renzikowski, FS-Otto, 423 (438).

818 V.a. Renzikowski, Restriktiver Täterbegriff, 1997, S. 154 ff.; Maurach/Gössel/Zipf-Renzikowski, AT II, § 47, Rn. 130, 134; Otto, JuS 1974, 702 (704 f.); ders., FS-Spendel, 271 (274 ff.); Hoyer, FS-Puppe, 515 (527); ders., SK-StGB, § 25, Rn. 151 ff.

819 Spendel, JuS 1974, 749 (753 f.), (756).

820 Spendel, JuS 1974, 749 (756).

821 Spendel, JuS 1974, 749 (756).

822 Otto, JuS 1974, 702 (704 f.); ders., FS-Spendel, 271 (274): „unerträgliche Ausweitung" bei fahrlässiger Beteiligung an einer fahrlässigen Tat.

erkennt die Strafbarkeit nur des fahrlässig Handelnden an, der die Tatherrschaft über das Geschehen hat.[823] Die Unterscheidung zwischen Täterschaft und Teilnahme bei Vorsatzdelikten beruhe auf „unterschiedlicher Gewichtung der Verantwortung für einen Erfolg", was von dem sozialen Phänomen ausgeht.[824] Bei Anstiftung ist neben einer objektiven Beeinflussung des Täters eine entsprechende Willensrichtung erforderlich, die jedoch bei Fahrlässigkeitsdelikten fehlt. Ihre Annahme durch die bloß objektive Verursachung führe zur Ausdehnung der Anstiftung ohne sachliche Notwendigkeit.[825]

Otto stellt auf die Steuerbarkeit für Täterschaft im Fahrlässigkeitsbereich ab, genauer gesagt, auf die „Rückführbarkeit eines Geschehens auf eine Person als Subjekt des Geschehens".[826] Der Täter wird nur für das Geschehen bestraft, das unter seiner Steuerbarkeit steht.[827] Durch die Gefahrschaffung oder -erhöhung, die sich im Erfolg realisiert, werde die Zurechnung einer Rechtsgutsverletzung festgestellt.[828] Die Steuerbarkeit als Zurechnungskriterium führe daher zur Straflosigkeit fahrlässiger Mitwirkung an einer Vorsatztat.[829] Während in Bezug auf das Steuerungssubjekt der vorsätzliche Täter „in der sozialen Beurteilung [...] hinsichtlich des deliktischen Geschehens erscheint", sollte der fahrlässige Täter trotz der Steuerung ohne Vorstellung bezüglich „des tatbestandlich erfassten sozialen Sinngehaltes" erscheinen, da dieser unmittelbar für den Erfolgseintritt verantwortlich

823 Otto, JuS 1990, 47 (48 f.); ders., FS-Spendel, 271 (272 f.): Es gebe auch die Formen der fahrlässigen nicht-täterschaftlichen Beteiligung („Teilnahme im Sinne sorgfaltspflichtwidriger Mitwirkung").

824 Otto, JuS 1974, 702 (704 f.).

825 Otto, JuS 1974, 702 (705); Eschenbach weist jedoch darauf hin, dass diese Auffassung in die Irre führt wurde, weil eine solche Handlung durch § 15 StGB nicht bestraft wird. (Eschenbach, Jura 1992, 637 (643))

826 Otto, JuS 1974, 702 (705 f.); ders., FS-Spendel, 271 (277): „Steuerbarkeit ist stets mehr als Vorhersehbarkeit und Möglichkeit, einen Erfolg herbeizuführen oder zu vermeiden."

827 Otto, FS-Maurach, 71 (92 f.); ders., FS-Spendel, 271 (277).

828 Otto, FS-Maurach, 71 (101); ders., FS-Spendel, 271 (277 f.); auch Stratenwerth, FS-Gallas, 227 (238).

829 Dies führt daher zum Regressverbot, das von der h.M. nicht anerkannt wird, da dies nicht durch die Bedingungstheorie und die Gleichwertigkeit aller Ursachen erklärt wird. Dies sollte als Zurechnungsunterbrechung erfasst werden. (Vgl. Roxin, FS-Tröndle, 177 (179 ff.); ders., LK-StGB, § 25, Rn. 218: „eine Frage der Zurechnung zur fahrlässigen Täterschaft, kein Teilnahmeproblem".; Maurach/Gössel/Zipf-Renzikowski, AT II, § 47, Rn. 127; Wessels/Beulke/Satzger, AT, § 6 II 2, Rn. 246)

sein muss.[830] Die Bestimmung des Steuerungssubjekts hänge davon ab, wer aufgrund seiner sozialen Position die Verantwortung trägt.[831] Der soziale Sinn dürfe nicht durch die isolierte Prüfung jedes tatbestandlichen Elements (Vorhersehbarkeit, Sorgfaltspflichtverletzung und Kausalität) erfasst werden,[832] sondern durch ihre wechselseitige Abhängigkeit.[833] Selbst derjenige, der den Erfolgseintritt vorhersieht, könne nicht jedes vorhersehbare Ereignis steuern. Aus diesen Gründen sollte die Unterscheidung zwischen Täterschaft und Teilnahme nach der Tatherrschaft nicht auf das Fahrlässigkeitsdelikt übertragen werden. Auf die Unklarheit des Begriffs der Steuerbarkeit als allgemeines Zurechnungskriterium sollte hier jedoch hingewiesen werden.[834]

c) Die Anwendung des Einheitstäterbegriffs bei Fahrlässigkeitsdelikten

Im Gegensatz dazu sollten die fahrlässigen Straftaten nicht durch die Tatherrschaftslehre erfasst werden, sondern im Rahmen einer anderen Struktur.[835] Die Auffassung[836], dass die Unterscheidung zwischen Täterschaft und Teilnahme bei bewusster Fahrlässigkeit aufgrund der Beherrschung des Geschehens denkbar ist, scheitert an unbewusster Fahrlässigkeit, der die Vorstellung eines tatbestandlichen Erfolgseintritts fehlt. Diese wird im StGB einheitlich bei bewusster Fahrlässigkeit behandelt. Da es auch bei bewusster Fahrlässigkeit keine Unterscheidung

830 Otto, JuS 1974, 702, (705).
831 Otto, JuS 1974, 702, (705).
832 Bei isolierter Überprüfung zeigen sich die Mängel hinsichtlich der Steuerbarkeit. (Otto, JuS 1974, 702 (706))
833 Otto, JuS 1974, 702 (705 f.).
834 Roxin, FS-Tröndle, 177 (181 f.), (186 f.): Nach der allgemeinen Zurechnungslehre unter dem Gesichtspunkt des erlaubten Risikos, insb. des Vertrauensgrundsatzes, erfasst er das Regressverbot.
835 Roxin, LK-StGB, § 25, Rn. 156, 217 f.: Die Tatherrschaft kann wegen unbewusster Fahrlässigkeit nicht auf das Fahrlässigkeitsdelikt übertragen werden.; Samson, SK-StGB, § 25, Rn. 41; Jescheck/Weigend, AT, § 61 VI, S. 654 f.; Über die Anwendung des Einheitstätersystems noch basierend auf der Tatherrschaftslehre, vgl. Hoyer, FS-Puppe, 515 (526 f.).
836 Herzberg, TuT, 1977, S. 72 ff.; Gallas, ZStW 69 Beiheft Athen (1957), 3 (18 ff.): Er nimmt einen menschlichen Täterakt mit bestimmter Finalität an und unterscheidet ihn von der Handlung eines bloßen Teilnehmers. Daher sei weder die unbewusst fahrlässige Teilnahme noch die unterschiedslose Erfassung aller kausalen Tatbeiträge möglich.; Roxin, LK-StGB, § 25, Rn. 217; Jakobs, AT, 21/111; Jescheck/Weigend, AT, § 61 VI, S. 654 f.; Maurach/Gössel/Zipf-Renzikowski, AT II, § 47, Rn. 102; Welzel, Strafrecht, S. 99; vgl. auch Teil 4 B VI 2.

zwischen Täterschaft und Teilnahme gibt und der Gesetzgeber bei Fahrlässigkeit das dualistische Beteiligungssystem nicht in die Teilnahmeregelungen einführt, ist klar, dass die Erscheiningsform von Fahrlässigkeitsdelikten nicht auf der gleichen Struktur wie die vorsätzlichen Straftaten begründet werden kann. Die andere Struktur für Fahrlässigkeit stützt sich auf den extensiven Täterbegriff bzw. den Einheitstäterbegriff.

Nach dem extensiven Täterbegriff wird fahrlässige Anstiftung oder Unterstützung für den tatbestandlichen Erfolg als Täterschaft erfasst. Das auf diesem extensiven Täterbegriff aufgebaute Einheitstätersystem umfasst alle kausalen Tatbeiträge ohne Unterscheidung zwischen Täterschaft und Teilnahme und fasst somit alle Erscheinungsformen zu einer einzigen täterschaftlichen Begehungsart zusammen. D.h., die Strafbarkeit fahrlässiger Straftaten aller Erscheinungsformen – eine fahrlässige mittelbare, mittäterschaftliche und teilnehmende Begehung – wird nicht durch die Tatherrschaftslehre, sondern dadurch bestimmt, dass die Sorgfaltspflichtverletzung bei Vorhersehbarkeit durch einen Täter ursächlich zur Verwirklichung des Tatbestands beiträgt.[837] Jede Form kausaler Mitwirkung begründet die Täterschaft. Der Kausalzusammenhang wird hier nach der Bedingungs- oder Äquivalenztheorie und einer gesetzmäßigen Verknüpfung zwischen Verhalten und Erfolg bestimmt (Formel von der gesetzmäßigen Bedingung).

Bei dieser Anwendung wird darauf hingewiesen, dass die Strafbarkeit für fahrlässiges Verhalten ausgedehnt wird,[838] da die über § 27 Abs. 2 StGB gemilderte Strafe für den Gehilfen bei Fahrlässigkeitsdelikten zur Täterschaft aufrückt. Auf der Ebene der Bestimmung des Täters wird „das sachliche Gewicht seines Tatbeitrags“ nicht berücksichtigt. Seine Bedeutung wird erst auf der Strafzumessungsebene berücksichtigt,[839] so dass das Problem der Ausdehnung der Strafbarkeit gelöst werden kann.

---

837 Els, NJW 1972, 1476 (1477); Günther, JuS 1988, 386 (386 f.); Roxin, LK-StGB, § 25, Rn. 156, 159; Jakobs, AT, 21/111 f.; Jescheck/Weigend, AT, § 61 II 2, S. 646, § 61 VI, S. 654 f.; Wessels/Beulke/Satzger, AT, § 16 I 1, Rn. 796, § 18 II 4, Rn. 1140 f.; ablehnend: Eschenbach, Jura 1992, 637 (643 f.).

838 Otto, JuS 1974, 702 (705); Roxin, FS-Tröndle, 177 (183); ders., LK-StGB, § 25, Rn. 157; Eschenbach, Jura 1992, 637 (643).

839 Wessels/Beulke/Satzger, AT, § 16 I 1, Rn. 795.

C. Die mit dem Schuldprinzip vereinbare Lösung: Vorverlagerung des höchstpersönlichen Fahrlässigkeitsschuldvorwurfs bei fahrlässigem Zusammenwirken; Täterschaft durch sorgfaltspflichtwidriges psychisches Kausieren

I. Zur zeitlichen Struktur bei Fahrlässigkeitsdelikten

In Bezug auf die zeitliche Struktur bei Fahrlässigkeitsdelikten gibt *Hirsch* ein Beispiel an:[840] Ein Architekt hat ein Gebäude so sorgfaltswidrig entworfen, dass die Bewohner des Obergeschosses keine Möglichkeit haben, in einem Brandfall zu entkommen. Der einige Jahre später entstandene Brand tötet sie. In diesem Fall hat der Architekt eine fahrlässige Straftat begangen.

Hirsch weist auf einen deutlichen Unterschied zwischen bedingtem Vorsatz und bewusster Fahrlässigkeit hin. Während die Fahrlässigkeitsdelikte aufgrund der früheren sorgfaltswidrigen Handlungen festgestellt werden können, kann diese Struktur nicht auf die Vorsatzdelikte angewendet werden, weil deren Versuch, der ein unmittelbares Ansetzen „nach seiner Vorstellung von der Tat zur Verwirklichung des Tatbestandes" (§ 22 StGB)[841] erfordert, noch nicht begonnen hat. Vorsatz muss auch „auf ein konkretisiertes Geschehen" gerichtet sein, während es bei Fahrlässigkeitsdelikten auf die Risikohandlung ankommt, die sich auf die Rechtsgutsverletzung auswirkt. Dies weist darauf hin, dass die Struktur des Unrechtstatbestands von Vorsatz- und Fahrlässigkeitsdelikt grundlegend unterschiedlich ist[842] und dass es kein bestimmtes Kriterium für die Bestimmung des zeitlichen Rahmens gibt, innerhalb dessen die Sorgfaltspflichtverletzung zu geschehen hat; insb. bei kumulativer Kausalität bei fahrlässigem Zusammenwirken wird sie weit im Vorfeld geschehen. Dieses gilt auch für die Bestimmung des Kreises der Mitwirkenden, wenn von ihnen mehrere Handlungen jeweils an verschiedenen Orten oder mit unterschiedlichen Qualitäten eingebracht werden. Wenn fahrlässige Mittäterschaft anerkannt würde, wird auf die Kausalitätsfeststellung jeder Handlung für den Erfolg verzichtet, so dass sich der Kreis der bei jedem Unfall zu bestrafenden Mitwirkenden nach Bedarf erweitern würde,

---

840 Hirsch, FS-Lenckner, 119 (139); ders., FS-Lampe, 515 (518 f.).

841 Die h.M. kombiniert subjektive (Vorstellung des Täters von der Tat) und objektive Elemente (unmittelbares Ansetzen zur Verwirklichung des Tatbestands), d.h., „die individuell-objektive Versuchsdefinition".; vgl. Jescheck/Weigend, AT, § 11 IV 2 c), S. 103, § 49 IV 1, S. 518; Wessels/Beulke/Satzger, AT, § 17 I 1, Rn. 931.

842 Hirsch, FS-Lampe, 515 (519).

insb. bei einer technischen Katastrophe mit zahlreichen Personenschäden. Die Befürworter müssen daher die zeitliche, örtliche und qualitative Gemeinsamkeit der Sorgfaltspflichtverletzung für fahrlässige Mittäterschaft voraussetzen.[843] Es bleibt jedoch im Hinblick auf die unterschiedlichen Zeitpunkte und Sorgfaltswidrigkeiten der einzelnen Handlungen der Beteiligten unklar, inwieweit die Gemeinsamkeit der Handlungen über § 25 Abs. 2 StGB für fahrlässige Mittäterschaft erforderlich ist.[844] D.h., es sollte darauf hingewiesen werden, dass es kein Element gibt, um die Liste der fahrlässigen Mittäter nach Umfang, Zeit und Qualität festzulegen.

Diese zeitliche Struktur ergibt sich daraus, dass die Vorstellung des Täters bei vorsätzlichen Straftaten bereits auf den tatbestandlichen Erfolg gerichtet ist, während der auf die bestimmte Rechtsgutsverletzung gerichtete Wille bei fahrlässigen Straftaten fehlt.[845] Der Schuldvorwurf bei fahrlässigen Straftaten muss daher im Gegensatz zu den vorsätzlichen Straftaten nicht auf einen einzigen Zeitpunkt beschränkt sein, und das Handlungsunrecht der Fahrlässigkeitsdelikte kann auch an einem vorherigen Zeitpunkt liegen.[846] Demnach könnten die am fahrlässigen Zusammenwirken Beteiligten wegen der zeitlich vorgelagerten Verabredung einer „sorgfaltswidrigen“ Handlung als Alleintäter bzw. Nebentäter bestraft werden.[847] Die Verabredung im „Rolling-Stones“-Fall könnte entweder aufgrund des eigenhändigen Herabrollen des Steins oder aufgrund der Verabredung zum Herabrollen zur Bestrafung beider Beteiligten führen.

Im Folgenden wird diese Lösung[848] durch Vorverlagerung des Fahrlässigkeitsschuldvorwurfs bei fahrlässigem Zusammenwirken eingehend untersucht, wobei der Schwerpunkt darauf liegt, ob diese Lösung dem Schuldprinzip

---

843 Knauer, Kollegialentscheidung, *2001,* S. 199; Puppe, ZIS 2007, 234 (241); dagegen Kamm, Die fahrlässige Mittäterschaft, 1999, S. 189 f.; Otto, AT, § 21, Rn. 120 f.

844 Siehe Teil 3 B II 2.

845 Hirsch, FS-Lenckner, 119 (139 f.); ders., GS-Meurer, 3 (16 ff.); ders., FS-Lampe, 515 (518 f.).

846 Schlüchter, JuS 1976, 378 (379); Hettinger, GA 1989, 1 (14); auch BGHSt 42, 235 (236 f.): Es sei zweifellos der „Fahrlässigkeitsvorwurf an das zeitlich frühere [sorgfaltswidrige] Verhalten anzuknüpfen“, – in diesem Fall „das Sich-Betrinken trotz erkennbarer Gefahr einer anschließenden Trunkenheitsfahrt einerseits und diese Fahrt selbst andererseits“.

847 Günther, JuS 88, 386 (386); Kühl, AT, § 20, Rn. 116b; Roxin, AT II, § 25, Rn. 240; Wessels/Beulke/Satzger, AT, § 16 III 2, Rn. 836.

848 Ablehnung der Lösung durch das unechte Unterlassungsdelikt, bereits s. Teil 2 A III 3, Ablehnung der Lösung durch die Gefahrerhöhungslehre, s. Teil 4 B VI 1 f) bb).

entspricht und unter welchen Voraussetzungen die zeitlich vorgelagerte Verabredung als sorgfaltswidriges Verhalten angenommen werden könnte. Diese Lösung geht davon aus, dass die einzelne fahrlässige Handlung bereits alle Strafbarkeitsvoraussetzungen erfüllt, weshalb eine zusätzlich zu konstruierende fahrlässige Mittäterschaft nicht mehr erforderlich ist.

II. Die Anwendung des Einheitstäterbegriffs bei fahrlässigem Zusammenwirken

Um den Verzicht auf individuelle Kausalität für den Erfolg und die gegenseitige Zurechnung zu rechtfertigen, muss die mittäterschaftliche Struktur v.a. auf der Grundlage des höchstpersönlichen Schuldprinzips[849] gebildet werden. Bisher wurde ausführlich diskutiert, dass diese mittäterschaftliche Struktur bei Fahrlässigkeitsdelikten nicht gerechtfertigt werden kann. Das Konzept der gemeinsam beschlossenen und vorgenommenen Gesamthandlung ist schwer zu akzeptieren.

Auch bei fahrlässigem Zusammenwirken sollte die Struktur so gebildet werden, dass jeder Beteiligte wegen seiner eigenen Fahrlässigkeit, die für den Erfolg ursächlich ist, bestraft wird. Fahrlässigkeit kann durch die gemeinsame Verabredung einer sorgfaltswidrigen Handlung begründet werden. Hierzu müsste darauf zurückgegriffen werden, dass die Teilnahme am gemeinsamen Handlungsprojekt schon an sich selbst ein eigenes Handlungsunrecht für den Erfolg darstellen könnte. Die Argumentation des schweizerischen Bundesgerichts im „Feuerwerke"-Fall (u. V) könnte hier in Betracht gezogen werden, bei der der gemeinsame Beschluss einer konkreten sorgfaltswidrigen Handlung in subjektiver Hinsicht nachgewiesen werden sollte.

Die Gegenmeinung zum Einheitstäterbegriff, die eine Konstruierbarkeit fahrlässiger Teilnahme bejaht, erfasst die Verhaltensweise bei fahrlässigem Zusammenwirken in zwei Formen – entweder als die Erfolgsverursachung (unmittelbare Täterschaft) oder als die Unterstützung für den Erfolgsverursacher (fahrlässige Teilnahme) – auf der Grundlage des dualistischen Beteiligungssystems.[850] Wird die Form einer fahrlässigen psychischen Beihilfe trotz ausdrücklicher Regelung

849 Bei (vorsätzlicher) Mittäterschaft wird diese Struktur ohne Zurechnung des Fremdverhaltens mit einer Herrschaft im eigentlichen Sinne nur über den eigenen Anteil dargestellt. Auf dieser Struktur könnte mit dem funktionsgerechten Verhalten nach dem gemeinsamen Tatplan das ganze Unternehmen stehen oder fallen. (s. Teil 4 B V 2 a))

850 Vgl. Knauer, Kollegialentscheidung, 2001, S. 186 f.: Wahlfeststellung zwischen beiden.

des § 27 StGB bestraft, verstoße dies gegen den Bestimmtheitsgrundsatz.[851] Diese Auffassung führt zu einer Lösung durch mittäterschaftliche Zurechnung über § 25 Abs. 2 StGB,[852] indem sie das fahrlässige Zusammenwirken als das Eingreifen Dritter, d.h. als Zurechnungsproblem erfasst. Die Mitverursachung eines Erfolgs könne unter dem Gesichtspunkt der Risikoerhöhungslehre danach bestimmt werden, ob alle Beteiligten beim fahrlässigen Zusammenwirken ein geschaffenes Risiko mitsetzen.

Bei der Verwendung des Einheitstäterbegriffs hingegen werden alle Bedingungen eines Erfolgs rechtlich gleichwertig behandelt, und somit wird der einzelne Handelnde bei fahrlässigem Zusammenwirken jeweils als Alleintäter oder Nebentäter bestraft, weil er entweder selbst einen Erfolg verursacht oder diese Verursachung unterstützt. Hier sollte klar gezeigt werden, wie und inwieweit dieser Strafgrund wegen einer kausalen Mitwirkung durch den psychischen Einfluss festgestellt wird.

III. Der „Wettfahrt"-Fall

Der „Wettfahrt"-Fall wird häufig als Paradebeispiel für diese Lösungsanwendung angegeben. *Günther* gibt einen Fall an, in dem die beiden an der Wettfahrt Beteiligten eine fahrlässige Tötung (§ 222 StGB) eines Jungen verursachen; es ist jedoch nicht bekannt, wer das Opfer mit dem Motorrad überfahren hat.[853]

Die Vertreter fahrlässiger Mittäterschaft erfassen und lösen diesen Fall durch Mittäterschaft. Einer von ihnen, *Bindokat*, sagt, dass es nur eine Frage der Terminologie sei, ob dies als Mittäterschaft bezeichnet wird.[854] Die Verabredung zwischen den Beteiligten sei genau „die für den Erfolg kausale Willensverbindung", welche die Voraussetzung für fahrlässige Mittäterschaft erfüllt. Hier weist er darauf hin, dass „die stillschweigende Mittäterschaft" unter dem Namen der Nebentäterschaft anerkannt wird, indem einzelne Handlungen im Zusammenhang mit den Handlungen anderer berücksichtigt werden.[855] Durch das auf diesem gemeinsamen Entschluss basierende Zusammenwirken zwischen den Beteiligten könne auf die individuelle Kausalität verzichtet werden.[856] Ein

851 Knauer, Kollegialentscheidung, 2001, S. 186 f.

852 Knauer, Kollegialentscheidung, 2001, S. 187; Otto, Jura 1987, 246 (257); Renzikowski, FS-Otto, 423 (428 f.); Hoyer, FS-Puppe, 515 (527).

853 Günther, JuS 1988, 386 (386).

854 Bindokat, JZ 1979, 434 (436 f.).

855 Bindokat, JZ 1979, 434 (435 f.).

856 Bindokat, JZ 1979, 434 (436 f.).

bewusstes übereinstimmendes Handeln reiche nicht für die solidarische Haftung aus, die die Willeneinheit benötigt.[857] Ohne diese Verabredung sollte nur der Täter bestraft werden, dessen Kausalität für den Erfolg bekannt ist.

Hingegen bejaht *Günther* die Bestrafung beider Täter als Nebentäter „nur“ wegen der Beteiligung an der Wettfahrt.[858] Er bezeichnet dies als die „eigene pflichtwidrige, zum[...]Erfolg eskalierende Beteiligung“.[859] Jede fahrlässige Handlung jedes Beteiligten habe eine kausale Auswirkung auf den Tod des Opfers. Die Durchführung der Wettfahrt, bei der die beiden nebeneinander auf einer engen unübersichtlichen Kurve mit weit überhöhter Geschwindigkeit fahren, begründe die Sorgfaltspflichtwidrigkeit. D.h., sie stelle die unmittelbare Verursachung des Todes bzw. die Beteiligung an der Wettfahrt dar.[860]

Die Lösung kann aber die Strafbarkeit nicht aus der bloßen Mitwirkung schlussfolgern. *Bindokat* verweist mit dem „Knallerbsen“-Fall (RGZ 58, 357 (359)) überzeugend auf dieses Argument, in dem „sich mehrere Personen mit dem Werfen von Knallerbsen[...] vergnügen, wodurch jemand am Auge verletzt wird“.[861] Dies bezeichnet er als zufällige Mittäterschaft bzw. bloße Willensübereinstimmung, bei der nur der Täter bestraft werden sollte, dessen Kausalität für den Erfolg bekannt ist. Denn wenn jemand anfängt, etwas zu tun, und andere es ihm gleich tun, gibt es keine Anstiftung und Beihilfe des zuletzt Hinzutretenden. Wenn die Reihenfolge der Handlungseingabe unklar ist, sei jeder als der letzte anzusehen.[862]

Hier sollte darauf abgestellt werden, ob jeder Beteiligte seine eigene im Verkehr erforderliche Sorgfalt vernachlässigt, weil er entweder selbst einen Erfolg verursacht oder diese Verursachung unterstützt. Diese Unterstützung bezieht sich sowohl auf physische als auch auf psychische Formen. Es sollte klar nachgewiesen werden, ob auch der Beitrag der psychischen Einwirkung kausal für den Erfolg ist. In Bezug auf die Bestimmung der Kausalität meint *Günther*, dass die bloße Beteiligung nach der Äquivalenztheorie für den Erfolgseintritt kausal ist, weil alleine keine Wettfahrt hätte durchgeführt werden können und der Erfolg dann nicht hätte resultieren können.[863] Hier wird darauf hingewiesen, dass

857 Bindokat, JZ 1979, 434 (436 f.): Aufgrund der fehlenden Kausalität der Willensübereinstimmung besteht im Radfahrerfall(RGSt 63, 392) keine Mittäterschaft.
858 Günther, JuS 1988, 386 (387); auch BGHSt 7, 112 (114).
859 Günther, JuS 1988, 386 (387).
860 Günther, JuS 1988, 386 (387): Hier beziehe es sich auf eine unechte (gleichartige) Wahlfeststellung, nicht auf die Anwendung des Grundsatzes »in dubio pro reo«.
861 Bindokat, JZ 1979, 434 (436).
862 Bindokat, JZ 1979, 434 (436).
863 Günther, JuS 1988, 386 (387).

dieser Anhaltspunkt bei mehr als zwei Beteiligten nicht überzeugend ist.[864] Der kausale Beitrag, der hier festgestellt werden sollte, bezieht sich jedoch nicht auf das tatsächliche Auftreten der Ergebnisse. Der Zusammenhang zwischen dem von jedem Beteiligten selbst dargestellten Handlungsunrecht und dem daraus resultierenden Erfolgsunrecht ist wichtig.

IV. Die Kausalfragen bei fahrlässigem Zusammenwirken

1. Anerkennung psychischer Kausalität

Psychische Kausalität sollte als vorläufiges Problem für die Anwendung der Lösung durch Vorverlagerung des Fahrlässigkeitsschuldvorwurfs anerkannt werden. Die Ablehnung[865] psychischer Kausalität wird dadurch geltend gemacht, dass der Täter nach eigener Willensfreiheit begeht und die interne Einflussnahme des Beteiligten auf den Täter nicht eindeutig erfasst und bestimmt wird. Die auf dem Nachahmungseffekt beruhende Verantwortlichkeit könne auch aufgrund des Eigenverantwortlichkeitsprinzips nicht begründet werden.[866] „Eine wechselseitige Bestärkung“ einer sorgfaltswidrigen Handlung bei fahrlässigem Zusammenwirken könne daher keine Kausalität begründen und somit könne der Täter nicht als Alleintäter bestraft werden. Die fehlende Kausalität könne nur durch Mittäterschaft – nicht durch die Mitverursachung bei fahrlässigem Zusammenwirken – ersetzt werden.[867]

Die psychischen Faktoren der geistigen Beeinflussung und der psychischen Unterstützung[868] könnten jedoch nach der Äquivalenztheorie in den Bedingungszusammenhang einbezogen werden.[869] Denn auch unter dem Gesichtspunkt

---

864 Vgl. Kamm, Die fahrlässige Mittäterschaft, 1999, S. 96; Kühl, AT, § 20, Rn. 116 b.

865 Renzikowski, FS-Otto, 423 (427): zweifelhaft, ob die Voraussetzungen für psychische Beihilfe vorliegen.; ders., FS-Puppe, 201 (214 f.): Psychische Kausalität könne begrifflich nicht erfasst werden. Der Wortlaut des „verursachen“ im StGB (§§ 222, 229 StGB) decke keine psychische Interaktion ab.; Puppe, NK-StGB, Vor §§ 13 ff., Rn. 125 f.

866 Vgl. Schumann, Das Prinzip der Selbstverantwortung, 1986, S. 95.

867 Renzikowski, FS-Otto, 423 (428 f.).

868 Jescheck/Weigend, AT, § 64 III, S. 694: Psychische Unterstützung sei ursächlich „im Sinne der Erleichterung und Förderung“.; § 64 II 2, S. 687: Die Anstiftung im Bereich der Vorsatzdelikte bezieht sich auf „Mittel, die über die Psyche des Haupttäters Einfluss auf die Tatausführung gewinnen“, einschließlich der Form der Mitanstiftung, der Nebenanstiftung und der mittelbaren Anstiftung.

869 Engisch, FS-Weber, 247 (269): Gesetzmäßigkeit bei psychischer Kausalität; Bindokat, JZ 1979, 434 (436); Puppe, JZ 1994, 1147 (1151): Der Ursachenzusammenhang könne durch ein Kausalgesetz begründet werden, das einen „von einem repräsentativen

des Indeterminismus trifft der Täter die Entscheidung, die „durch den Rat eines anderen oder durch äußere Umstände" motiviert ist, aus eigener Willensfreiheit. Ohne diese Motivation hätte er eine andere Entscheidung treffen können.[870]

Durch die Verwendung der Formel der gesetzmäßigen Bedingung[871] ist es möglich, die psychische Kausalität der geistigen Beeinflussung zu begründen, wobei ein bestimmtes Verhalten zur Beeinflussung der Willensbildung des Handelnden beiträgt.[872] Die Formel der gesetzmäßigen Bedingung erfordert Anleihen von der Motivationspsychologie und kann sich daher mit einer derzeit wissenschaftlich unlösbaren Fragestellung befassen.[873] Physische Ursachen und Zwecke, Motive oder andere Gründe für menschliches Verhalten sollten unterschieden werden.[874] Der Grund bezieht sich nicht unbedingt auf einen zeitlichen Zusammenhang, sondern auf „eine logische Beziehung"[875] zwischen Prämisse und Folge.[876] Physikalische Ereignisse treten ohne Grund auf. Ein bestimmter Grund (d.h., psychisch vermittelter Handlungszusammenhang) kann nicht empirisch erkannt werden.[877] Die Gesetze, die physikalische Ereignisse regeln, können nur begriffen werden. Durch diese Gesetze wird der Zusammenhang zwischen Ursachen und Wirkungen festgelegt. Die menschliche Psychologie könnte daher zwar letztlich wie die physikalischen Ereignisse von Gesetzen oder

---

Teil der Vertreter [der empirischen] Wissenschaft anerkannten allgemeinen Satz" darstellt.; dies., NK-StGB, Vor §§ 13 ff., Rn. 116: Nur wenn der Handelnde im Einzelfall in seiner Entscheidung beeinflusst wurde, wird psychische Kausalität anerkannt.; Roxin/Greco, AT I, § 11, Rn. 31.

870 Roxin/Greco, AT I, § 11, Rn. 31.

871 V.a. vgl. Osnabrügge, Beihilfe, 2002, S. 43 ff., 261 f.: für die Annahme physischer Beihilfe nach der Lehre von der hinreichenden Mindestbedingung von Puppe.

872 Jescheck/Weigend, AT, § 55 II 2, S. 583 f.; Roxin/Greco, AT I, § 11, Rn. 31 ff.; Wessels/Beulke/Satzger, AT, § 6 II 1, Rn. 230.

873 Bernsmann, ARSP 1982, 536 (545 f.): Dies dient dazu, die Gesetzmäßigkeit der Aufeinanderfolge psychischer Ereignisse konkret darzutun.

874 Ebenso Koriath, Kausalität, Bedingungstheorie und psychische Kausalität, 1988, S. 224 ff.; Bernsmann, ARSP 1982, 536 (538 ff.); Über die angloamerikanische „reason-cause-Debatte", vgl. S. 541.

875 Bernsmann, ARSP 1982, 536 (541 f.).

876 Bernsmann, ARSP 1982, 536 (538): Kausalität von Ursache und Wirkung, die besondere Logik von Grund und Folgen.

877 Im Gegensatz zu physikalisch wirkenden Handlungen könne es nicht durch „ein empirisch hinreichend gesichertes Erfahrungswissen" erfasst werden. (Bernsmann, ARSP 1982, 536 (546))

Ursachen festgelegt werden, es sollte jedoch darauf hingewiesen werden, dass das Problem die Schwierigkeit bei der Bestimmung der Gesetze ist.[878]

D.h., bei der psychischen Kausalität in Formen der Teilnahme kommt es darauf an, dass der Teilnehmer dem Täter einen der Gründe für die Haupttat durch psychische interne Einflussnahme anbietet, wodurch dem Täter die letzte Chance, die Haupttat aufzugeben, weggenommen wird.[879]

2. *Die Kausalität bei psychischer Unterstützung*

Insb. die Notwendigkeit der Kausalität des Gehilfenbeitrags zum Erfolg der Haupttat ist umstritten. Es wird von vielen anerkannt, dass die Kausalität psychischer Unterstützung für den Haupttäter nicht nach der conditio-Formel bestimmt werden kann, d.h. nicht nach der hypothetischen Frage, „ob die Tat ohne die Gehilfenhandlung unterblieben wäre".[880]

a) Ablehnende Meinung

Die Ansicht, die Notwendigkeit der Kausalität abzulehnen, beruht darauf, dass § 27 StGB den Teilnehmer nur wegen eines Teilnehmerbeitrags bestraft, der dazu dient, dem Täter „ein Motiv oder ein Mittel" für die Haupttat zu liefern, nicht wegen der Mitursächlichkeit für fremde Vorsatztaten,[881] und dass der vom Täter verursachte Erfolg nicht dem Gehilfen als sein Werk zugerechnet werden sollte. Für die Bestrafung der Beihilfe reiche es aus, dass der Gehilfenbeitrag die Haupttat verstärkt oder fördert (Förderungstheorie), so dass die Beihilfe nicht für sich genommen für den Erfolg durch die Haupttat kausal sein müsse.[882] Die

---

878 Bernsmann, ARSP 1982, 536 (543).

879 Vgl. Scheurl, Rücktritt vom Versuch und Tatbeteiligung mehrerer, 1972, S. 105.

880 *Samson,* Hypothetische Kausalverläufe im Strafrecht, 1972, S. 61 ff.; ders., FS-Peters, 121 (124); Bloy, Beteiligungsform, 1985, S. 277 ff.; Claß, FS-Stock, 115 (121 ff.); Spendel, FS-Dreher, 167 (186); Kudlich, JA 2007, 308 (309); Schünemann, LK-StGB, § 27, Rn. 3; Jescheck/Weigend, AT, § 64 III 2, S. 694 f.; Wessels/Beulke/Satzger, AT, § 16 IV 3, Rn. 902.

881 Renzikowski, Restriktiver Täterbegriff, 1997, S. 125 f.: Dies erhöht die Gefahr einer Rechtsgutsverletzung. Das Verhalten des Teilnehmers ist wegen der objektiven Prognose verboten, dass „der Täter[...] die Situation zu einer Straftat ausnutzen" würde. Um dieses Verbot zu erklären, ist der Begriff der Kausalität nicht erforderlich. (auch ders., FS-Puppe, 201 (214 f.); Haas, Theorie der Tatherrschaft, 2008, S. 134 ff.)

882 Hohmann, JuS 1995, 135 (138); Kudlich, JZ 2000, 1178 (1178); Ebert, AT, S. 194; Wessels/Beulke/Satzger, AT, § 16 IV 3, Rn. 902.

(Nicht-kausale) Risikoerhöhungstheorie[883] geht davon aus, dass dieses Kriterium der Förderung durch die Risikoerhöhung für das durch die Haupttat verletzte Rechtsgut konkret bestätigt werden könne.[884]

b) Bejahende Meinung

Es ist jedoch fraglich, ob die Förderungs- und Gefährdungshandlungen, die keinen Einfluss auf die Verwirklichung der Tatbestände haben, als vollendete Beihilfe bestraft werden. Ohne die Kausalität des Gehilfenbeitrags für den Erfolg ist es unmöglich, zwischen der strafbaren vollendeten Beihilfe und der straflosen versuchten Beihilfe zu unterscheiden. Nicht alle Förderungshandlungen können zur Strafbarkeit wegen Beihilfe nicht erfüllt werden, und die nicht zu bestrafenden bloßen Förderungshandlungen könnten von der Beihilfe unterschieden werden. Darüber hinaus geht der Grund für die Teilnahmestrafe durch einen akzessorischen Rechtsgutsangriff[885] verloren, wenn ein Beitrag nicht für die Tatbestandsverwirklichung des Täters ursächlich ist.

Diese Ansicht[886], dass die Kausalität der Handlung des Gehilfen für die Verwirklichung der Haupttat erforderlich ist, könnte nach dem konkreten Inhalt der Kausalität in die Erfolgsverursachungstheorie[887] und die kausale Risikoerhöhungstheorie (Chancenerhöhungstheorie, h.M.)[888] unterteilt werden. Nach letzterer sei es für die Zurechnung des Erfolgs notwendig, gemäß der allgemeinen Zurechnungslehre, dass nur die Handlung zugerechnet wird, die das Risiko

---

883 Salamon, Vollendete und versuchte Beihilfe, 1968, S. 143 ff.; Schaffstein, FS-Honig, 169 (176), (180); Otto, JuS 1982, 557 (562); ders., AT, § 22, Rn. 53; Lüderssen, FS-Grünwald, 329 (337); Murmann, JuS 1999, 548 (552); Kretschmer, Jura 2008, 265 (269); Stratenwerth/Kuhlen, AT I, § 12, Rn. 158.

884 Auch die Gefährdungsdeliktstheorie „durch die Herbeiführung einer Gefahrenlage für das im Tatbestand vorausgesetzte Schutzobjekt“.; Beihilfe sei ein abstraktes Gefährdungsdelikt. (Herzberg, GA 1971, 4 (6 f.)); ein abstraktes-konkretes Gefährdungsdelikt (*Vogler,* FS-Heinitz, 309 (309 ff.)); ein „konkretes Gefährlichkeitsdelikt“ *(Zieschang,* FS-Küper, 733 (745)).

885 Vgl. Schünemann, LK-StGB, Vor § 26, Rn. 7, 17; Wessels/Beulke/Satzger, AT, § 16 IV 1, Rn. 869.

886 Jakobs, AT, 22/34; Kühl, AT, § 20, Rn. 214 ff.

887 Vgl. Samson, Hypothetische Kausalverläufe im Strafrecht, 1972, S. 153 ff., 160 ff.; ders., FS-Peters, 121 (132 f.); Claß, FS-Stock, 115 (121 f.), (126); Joecks, MüKo-StGB, § 27, Rn. 38; Schünemann, LK-StGB, § 27, Rn. 5.

888 Roxin, FS-Miyazawa, 501 (501 ff.); Schünemann, LK-StGB, § 27, Rn. 6 ff.; Gropp, AT, § 10, Rn. 305 ff.: Die risikoverringernde Beihilfe sei aufgrund der Rechtfertigung straffrei.; Haft, AT, S. 213; Jescheck/Weigend, AT, § 64 III 2, S. 694 f.

eines rechtlich missbilligten Erfolgs schafft oder erhöht, „die Gelingens-Chance eines Deliktes" zu erhöhen. Im Gegensatz zur Erfolgsverursachungstheorie wird die verursachte Haupttat nicht dem Gehilfen bei der Risikoverringerung zugerechnet.[889]

c) Das Erfordernis der Nachweisbarkeit psychischer Einwirkungen

Während die Kausalität physischer Beihilfe, die sich auf das äußere Tatgeschehen bezieht, ohne Schwierigkeiten bestimmt werden kann, ist die Kausalitätsbestimmung psychischer Beihilfe zwischen psychischen Einwirkungen und Erfolg nicht einfach. Unter Berücksichtigung der konkreten Umstände sollte nachweisbar sein, ob ein interner psychologischer Einfluss auf den Hauptakt besteht.[890] Wenn sich die Ratschläge fördernd auf die konkrete Durchführung auswirken, d.h. die sog. „technischen Rathilfe" vorliegt, könnte die Kausalität ohne weiteres bestimmt werden.[891] Bei einer „Bestärkung des Tatentschlusses" ist die psychische Kausalität bei Beihilfen insoweit anzuerkennen, als „der Gehilfe dem Täter etwa Bedenken ausredet oder durch Lieferung weiterer Tatmotive seinen Entschluss unumstößlich macht".[892] Die bloße Bekundung der Zustimmung oder Solidarisierung, die keinen Einfluss auf die Intensität eines bereits gefassten Tatentschlusses hat, ist jedoch nicht in der strafbaren psychischen Beihilfe enthalten.[893] Das Bewusstsein des Haupttäters für die Hilfeleistung ist ebenfalls erforderlich.[894] Es sollte auch berücksichtigt werden, welchen Wert der Täter dem verletzten Rechtsgut beimisst, welchen Wert der Gehilfe dem von ihm angegebenen Grund beimisst[895] und in welchem Verhältnis die Beteiligten stehen. Dies sollte auf die hier behandelten Fälle angewendet werden, in denen die

---

889 Schünemann, LK-StGB, § 27, Rn. 6.

890 Joecks, MüKo-StGB, § 27, Rn. 42; *Kühl,* AT, § 20, Rn. 227; *Stratenwerth/Kuhlen, AT I,* § 12, Rn. 159.

891 Vgl. Schünemann, LK-StGB, § 27, Rn. 12; auch Hoyer, SK-StGB, § 27, Rn. 11; Freund, AT, § 10, Rn. 140; Wessels/Beulke/Satzger, § 16 IV 3, Rn. 903.

892 Schünemann, LK-StGB, § 27, Rn. 14; auch Hoyer, SK-StGB, § 27, Rn. 14; Joecks, MüKo-StGB, § 27, Rn. 42.

893 Cramer/Heine, Sch/Sch-StGB, § 27, Rn. 12; Joecks, MüKo-StGB, § 27, Rn. 33 ff.; Schünemann, LK-StGB, § 27, Rn. 14: sonst sei es rechtsstaatlich bedenklich.; Freund, AT, § 10, Rn. 140; Wessels/Beulke/Satzger, § 16 IV 3, Rn. 903.

894 Hecker, JuS 2016, 944 (944 ff.); Schünemann, LK-StGB, § 27, Rn. 10: „Mindestvoraussetzung für eine strafbare Beihilfe".; Rengier, AT, § 45, Rn. 83; Wessels/Beulke/Satzger, AT, § 16 IV 3, Rn. 903: keine heimliche psychische Beihilfe.

895 Roxin, FS-Miyazawa, 501 (506 ff.).

am fahrlässigen Zusammenwirken Beteiligten psychische Einflüsse aufeinander ausüben.

Nach dem Einheitstäterbegriff ist die Bestimmung jedes Kausalbeitrags eines jeden fahrlässigen Beteiligten entscheidend für Bestrafung als Alleintäter. Die Verursachungsfrage sollte hierbei streng und klar geprüft werden.[896] Wenn bei fahrlässigem Zusammenwirken zwischen den Beteiligten eine gemeinsame Handlung vereinbart wird, ist die psychische Beeinflussung ohne Schwierigkeiten nachweisbar.[897] Bei der Stabilisierung eines bereits gefassten Tatentschlusses sollte die psychische Einwirkung in nachweisbarer Form erfolgen. In Bezug auf den Inhalt der Verabredung sollte es sich darüber hinaus um eine nachweisbare sorgfaltswidrige Handlung handeln. Es sollte hier darauf abgestellt werden, dass der Erfolgsunwert bei Fahrlässigkeitsdelikten nicht auf einem bloßen Erfolgseintritt beruhen sollte und dass sich die Risiken der sorgfaltswidrigen Handlung sich auf den Erfolg auswirken müssen.

V. Das Erfordernis der Sorgfaltspflichtverletzung aus dem Inhalt der gemeinsamen Handlungsverabredung

1. Die Bedeutung der gemeinsamen Handlungsverabredung bei fahrlässigem Zusammenwirken

Wie bereits analysiert, kommt es bei der Bestrafung bei fahrlässigem Zusammenwirken auf jedes Handlungsunrecht eines jeden Beteiligten an, nicht auf das Bewusstsein konkreter Gefahren für das Rechtsgut. Denn das Handlungsunrecht bei Fahrlässigkeitsdelikten wird „nachträglich" nach dem Erfolgseintritt bestimmt, aber seine Anerkennung durch die objektive Sorgfaltspflichtverletzung bei objektiver Vorhersehbarkeit könnte von Verhalten zu Verhalten unterschiedlich sein. Die Sorgfaltspflicht wird jedem Einzelnen jeweils auferlegt und die objektive Vorhersehbarkeit wird nach den Umständen jedes Fahrlässigen zum Zeitpunkt jeder fahrlässigen Handlung festgestellt. Dies beruht darauf, dass die am fahrlässigen Zusammenwirken Beteiligten nur am gemeinsam zu erreichenden sachlichen Ziel verankert sind, während Vorsatz bei (vorsätzlicher) Mittäterschaft bereits auf den bestimmten Gesamterfolg nach dem gemeinsamen Tatentschluss gerichtet ist. Das Wissenselement könnte auch bei bewusster

896 Bindokat, JZ 1979, 434 (437).

897 Schünemann, LK-StGB, § 27, Rn. 10.

Fahrlässigkeit nicht immer die objektive Vorhersehbarkeit begründen.[898] Da bei fahrlässigem Zusammenwirken keine subjektive Anknüpfung zwischen den am Handlungsprojekt Beteiligten besteht,[899] kann dieses die Mittäterschaft nicht begründen und begrenzen. Aufgrund dieses Unrechtssystems der Fahrlässigkeit könnte die mittäterschaftliche Zurechnung bei fahrlässigem Zusammenwirken nicht gerechtfertigt werden, es sei denn, die in dieser Arbeit bereits abgelehnte Idee der Kollektivperson wird verwendet.

Das Handlungsprojekt könnte jedoch für sich jedes Handlungsunrecht jedes Beteiligten begründen. Handelt es sich bei dem Inhalt einer gemeinsamen Verabredung um eine sorgfaltswidrige Handlung, die eine bestimmte Handlung auf eine bestimmte Art und Weise darstellt und zum Erfolg führt, wird die Verabredung nachträglich als Sorgfaltspflichtverletzung jedes Beteilgten festgestellt. Der Zusammenhang zwischen dem Handlungsunrecht und dem Erfolgsunrecht wird durch die psychische Kausalität hergestellt. Wenn sich eine gemeinsame Verabredung jedoch nur auf eine Handlung bezieht, die innerhalb des erlaubten Risikobereichs liegt, kann die Verabredung an sich kein eigenes Handlungsunrecht darstellen. Hierbei könnte die Verabredung dazu dienen, die Beteiligten in Bezug auf Zeit und Ort zu identifizieren. Wenn keine individuelle Kausalität festgestellt wird, könnte diese Verabredung die zu überprüfenden Handlungen auf die der Beteiligten beschränken.[900]

2. *Der „Feuerwerke"-Fall*

Der Sachverhalt dieses Falls war wie folgt: „Am 1. Januar 2013 ging um 00.05 Uhr [...] die Meldung ein, dass ein Balkon eines Mehrfamilienhauses in Flammen stand. A und B wurden über ein Ausschlussverfahren als Täter ermittelt. Er und sein Cousin B [...] sind kurz vor Mitternacht zusammen mit weiteren Gästen auf dem Sitzplatz der Parterrewohnung und haben gemeinsam den

898 Dagegen Häring, sui-generis 2018, 1 (17): Er weist darauf hin, dass Vorhersehbarkeit dazu dient, die Verantwortlichkeit zu begrenzen, und dass der gemeinsame Handlungsentschluss dazu dient, die Gemeinsamkeit zu begründen.

899 Aufgrund des Mangels eines auf den strafrechtlichen Erfolg gerichteten Willens bei Fahrlässigkeiten weist das schweizerische Bundesgericht darauf hin, dass nicht geprüft werden sollte, „ob und inwiefern sich [die Beteiligten] auch ‚gemeinsam' sorgfaltswidrig verhalten könnten". Das gemeinsame Handlungsprojekt einer sorgfaltswidrigen Handlung müsse jedoch nachträglich in subjektiver Hinsicht nachgewiesen werden. (BGE 143 IV 361 (372))

900 Vgl. Teil 4 C VI.

Entschluss gefasst, Raketen [...] abzufeuern. [...] Die beiden hatten gemeinsam beschlossen, nach draußen zu gehen, um Feuerwerkskörper zu zünden, und wie die Ermittlungen ergeben haben, war eine der Raketen [...] ursächlich für den Brand. Somit hat der Beschuldigte pflichtwidrig unvorsichtig gehandelt, indem es zum Feuer kam und er die Raketen zusätzlich nicht ordnungsgemäß abgefeuert hat, da grundsätzlich keine Raketen inmitten von Liegenschaften gezündet werden dürfen und weiter für das Abfeuern notwendig ist, dass die Rakete aus einer gut fixierten Flasche oder einem Rohr gezündet wird. Es entstand Sachschaden [...], Personen wurden keine verletzt."[901]

In der Erstinstanz wurde nicht festgestellt, wessen gezündete Rakete den Brand verursacht hat. Es kommt daher darauf an, ob „jegliche Hinweise auf einen gemeinsamen Tatentschluss" vorgelegen haben und ob dieser auf eine sorgfaltswidrige Handlung hätte gerichtet sein müssen. Die letztere Frage ist, ob die beiden beschlossen haben, vier Raketen nur arbeitsteilig oder sogar auch auf konkrete Art und Weise – „In-den-Boden-Stecken der Raketen" – abzufeuern. Es wurde ebensowenig festgestellt, ob sie eine Vereinbarung über die konkrete Weise des Abfeuerns getroffen haben.

Die Vorinstanz erkennt an, dass die Weise des Abfeuerns zwar gefährlich, aber nicht unüblich war[902] und dass die Beteiligten „ohne vorgängige Absprache" beschlossen haben, die Rakete auf diese Weise abzufeuern. Insb. stellt die Vorinstanz ausdrücklich die Lösung durch die Idee der kollektiven Person dar[903]: Gegenstand der Kausalität seien die gemeinsam vorgenommene Gesamthandlung und der Erfolgseintritt, dieser sich aus dem gemeinsamen Beschluss einer sorgfaltswidrigen Handlung ergibt.[904] Diese Funktion des gemeinsamen Beschlusses, auf die Feststellung der individuellen Kausalität für den Erfolg zu verzichten, könne ohne fahrlässige Mittäterschaft rechtlich anerkannt werden.[905] Dies könnte nicht unterstützt werden, weil die Vorinstanz den Verzicht durch

901 BGE 143 IV 361 (362).

902 Die Vorinstanz verweist auf die Empfehlungen der Beratungsstelle für Brandverhütung und den für ein Feuerwerk ungeeigneten Gartenplatz. Beim Abfeuern der Raketen sei „immer mit Irrläufern zu rechnen", so dass es vom Zufall abhänge, wer den Irrläufer gezündet habe. (BGE 143 IV 361 (365))

903 Die gemeinsam beschlossene und vorgenommene Gesamthandlung, die als sorgfaltswidrig bezeichnet wird, soll den Brand direkt verursacht haben. (BGE 143 IV 361, in Erwägungen 3.2)

904 BGE 143 IV 361 (364).

905 BGE 143 IV 361 (365): Dazu sei auch eine gemeinsame Durchführung in einem nahen örtlichen und zeitlichen Zusammenhang erforderlich.

die gemeinsam vorgenommene Gesamthandlung ohne detaillierte Argumentation rechtfertigt. Dieser Verzicht darf ohne die mittäterschaftliche Struktur nicht erreicht werden.

Hingegen meint *Häring*, dass bereits das gemeinsame Handlungsprojekt zum Abfeuern der Raketen – entweder sorgfältig oder unsorgfältig – für fahrlässige Mittäterschaft ausreicht. Wenn die Beteiligten „tatsächlich" die Rakete unsorgfältig (konkreter gesagt: durch In-den-Boden-Stecken) abfeuern, werde die Sorgfaltswidrigkeit nachträglich zum Beschluss hinzutreten bzw. vom Beschluss umfasst. Der rechtmäßige Beschluss sei durch konkludentes sorgfaltswidriges Handeln zu einem gemeinsamen Beschluss einer Unsorgfalt geworden.[906] Diese Schlussfolgerung ergibt sich aus *Härings* Auffassung, dass fahrlässige Mittäterschaft „ein[en] subjektiv verbindende[n] Beschluss" erfordert, der sich auf „die Ausführung der objektiv zum Erfolg führenden Handlung" bezieht[907] und von der bewussten Ausführung der Gesamthandlung abhängt, nicht von den strafrechtlich relevanten Umständen.[908] In der von *Häring* angegebenen Konstellation ist es möglich, die Beteiligten als Alleintäter oder Nebentäter zu bestrafen. Es sollte auch darauf hingewiesen werden, dass je nach den Umständen nach der Verabredung einer Handlung, die innerhalb des erlaubten Risikobereichs liegt, kein Handlungsunrecht eines Beteiligten dargestellt werden könnte.[909]

Im Gegensatz dazu ist das schweizerische Bundesgericht der Ansicht, dass der gemeinsame Beschluss einer sorgfaltswidrigen Handlung in subjektiver Hinsicht nicht nachgewiesen wurde.[910] Erst wenn dieser nachgewiesen wird, könne die Mittäterschaft begründet und somit auf individuelle Kausalität verzichtet werden. Die beiden Handelnde haben jedoch nur beschlossen, jeweils zwei Feuerwerkskörper abzufeuern, jedoch hat jeder die Art und Weise für sich selbst gewählt.[911] Es sollte daher festgestellt werden, wer durch Risikoerhöhung vermittels der falschen Weise des Abfeuerns den Erfolg herbeigeführt hat.[912] Aus diesen Gründen hat das schweizerische Bundesgericht die Urteile des Obergerichts aufgehoben und die Sache zur Freisprechung an die Vorinstanz zurückverwiesen.

---

906 Häring, sui-generis 2018, 1 (18).

907 Häring, sui-generis 2018, 1 (19).

908 Häring, sui-generis 2018, 1 (17).

909 Vgl. u. Teil 4 C VI.

910 BGE 143 IV 361 (371): Im Gegensatz zur Verabredung des Hinunterrollens des Steines im „Rolling-Stones"-Fall.

911 BGE 143 IV 361 (366), (370): „keine Risikoabschätzung".

912 BGE 143 IV 361 (370).

VI. Ergebnis; Konkrete Anwendung dieser Lösung auf weitere Fälle sowie auf überbedingte Erfolge (Gremienentscheidung)

Die Kritiker des Einheitstäterbegriffs weisen darauf hin, dass das Kriterium einer strafbaren Mitverursachung nicht klar ist.[913] Dies könne zum Verstoß gegen das Schuldprinzip führen.[914] Es gebe auch keine überzeugende Erklärung dafür, warum eine Handlung, die als Teilnahme bei vorsätzlichen Straftaten erfasst wird, bei fahrlässigen Straftaten als Täterschaft bewertet werden sollte. Die Gegenmeinung erfasst diese Lösung tatsächlich mit bloß einem Kriterium, nämlich dass eine Handlung „durch Mittun(Zusammenwirken)" andere bestärkt oder unterstützt.[915] Wenn jedoch nur dieses Kriterium verwendet wird, könnte die Bestrafung einfacher sein als bei fahrlässiger Mittäterschaft. Ohne Vorlage klarer Kriterien und ohne Berücksichtigung der konkreten Umstände wird das Problem der Ausweitung der Bestrafung durch die Einheitstäterlösung nicht beseitigt. Angesichts des Wesens der Fahrlässigkeitsdelikte wird das Handlungsunrecht eines Beteiligten nicht nur dadurch dargestellt, dass seine Handlung durch Zusammenwirken andere bestärkt oder unterstützt. Dies wurde jedoch nicht eingehend untersucht.

Bei der Einheitstäterlösung sollte die Kausalität jedes Einzelnen wesentlich und grundsätzlich erklärt werden.[916] Wie bereits analysiert: Keiner ist für fremdes Verhalten verantwortlich. Fahrlässige Mittäterschaft kann nicht angenommen werden, da sich der „Bezugspunkt des Tatentschlusses [...] gemäß § 25 Abs. 2 StGB" auf „die Straftat" beziehen müsse.[917] Die Sorgfaltspflicht wird jedem Handelnden individuell auferlegt, und seine eigene Sorgfaltspflicht kann nicht mit anderen geteilt werden. Deswegen hängt die Bestimmung der Täterschaft bei fahrlässigen Erfolgsdelikten davon ab, ob die jeweils eigene Sorgfaltswidrigkeit eines Beteiligten für den Erfolg kausal ist. D.h. der Zusammenhang zwischen jedem Handlungsunrecht jedes Beteiligten und dem Erfolgseintritt sollte festgestellt werden.

Das Handlungsunrecht beruht auf einer objektiven Sorgfaltspflichtverletzung bei objektiver Vorhersehbarkeit. Die psychische Kausalität für den Erfolg

---

913 Häring, Die Mittäterschaft beim Fahrlässigkeitsdelikt, 2005, S. 25 ff.; ders., sui-generis 2018, 1 (5); auch Weißer, JZ 1998, 230 (235).

914 Häring, Die Mittäterschaft beim Fahrlässigkeitsdelikt, 2005, S. 26 f.; ders., sui-generis 2018, 1 (5).

915 Vgl. Häring, sui-generis 2018, 1 (4 f.).

916 Bindokat, JZ 1979, 434 (437).

917 BGHSt 63, 88 (Rn. 27).

wird anerkannt. Die Verabredung der sorgfaltswidrigen Handlungen (ggf. die Bestärkung der sorgfaltswidrigen Handlungen durch psychische Einwirkungen) könnte für sich genommen das Handlungsunrecht begründen.[918] Der Inhalt dieser Vereinbarung sollte daher die Sorgfaltspflichtverletzung umfassen. Im Gegensatz dazu sollten bei solchen Fällen, in denen sich die Beteiligten nur eine Handlung innerhalb des erlaubten Risikobereichs – die sorgfaltsgemäße Handlungsweise – verabreden und bei der Ausführung ein an der Verabredung Beteiligter tatsächlich die ihm auferlegte eigene Sorgfaltspflicht verletzt, die individuelle Kausalität für den Erfolg jedoch nicht festgestellt wird, alle Beteiligten freigesprochen werden. Denn die Verabredung einer sorgfaltsgemäßen Handlung, die innerhalb des erlaubten Risikobereichs liegt, hat keine strafrechtlich relevante Bedeutung. Sie könnte nur dazu dienen, die Beteiligten in Bezug auf Zeit und Ort zu identifizieren.

Wenn spezifische Fälle konstruiert werden, die aus dem obigen „Feuerwerke"-Fall abgeleitet sind, wären sie wie folgt zu lösen:

Fall 1: A, B, C verabreden sich (einschließlich konkludenter Verabredung), die Raketen auf eine konkrete, riskante Art und Weise abzufeuern.

Fall 1, Variante 1: Nach der Verabredung feuern A und B die Raketen auf sorgfaltswidrige Weise ab, aber C feuert sie nicht auf diese Weise ab oder C feuert sie gar nicht ab.

Fall 2: A, B, C verabreden sich, Raketen sorgfaltsgemäß abzufeuern.

Fall 2, Variante 1: Bei der Ausführung feuert A seine Rakete auf sorgfaltswidrige Weise ab, B folgt der Handlung des A, dann folgt C auch der Handlung. Es ist nicht festgestellt, wessen Rakete den Erfolg verursacht hat.

Fall 2, Variante 2: Die Reihenfolge der sorgfaltswidrigen Handlungen unter den drei Beteiligten ist unbekannt.

Fall 2, Variante 3: Bei der Ausführung feuern A und B die Rakete auf sorgfaltswidrige Weise ab, aber C feuert sie nicht auf diese Weise ab. Es kann nicht festgestellt werden, wessen Rakete den Erfolg verursacht hat.

Zu Fall 1: Diese Verabredung begründet jedes Handlungsunrecht von A, B, C für sich genommen. Wenn der Erfolg aus vereinbarten Handlungen resultiert, werden sie jeweils als Alleintäter bzw. Nebentäter bestraft. Hierbei müssen nicht alle drei die Raketen abfeuern. Aufgrund der psychischen Einwirkungen durch die Verabredung besteht nach Abschluss der Verabredung die

918 Vgl. Greco, JRE Bd. 27 (2019)=GS-Hruschka, 361 (379): Die Annahme einer Sorgfaltsnorm: „Du sollst Deinen Nächsten nicht zum gefährlichen Verhalten anspornen."

Verpflichtung, zu verhindern, dass die an der Verabredung Beteiligten die sorgfaltswidrigen Handlungen ausführen; deshalb macht sich C auch in der Variante 1 strafbar.

Zu Fall 2: Diese Verabredung der sorgfaltsgemäßen Handlungsweise, d.h. der Handlung innerhalb des erlaubten Risikobereichs, stellt an sich kein Handlungsunrecht dar.

In der Variante 1 wirkt sich die sorgfaltswidrige Handlung des A psychisch auf die sorgfaltswidrige Handlung des B aus, d.h. sie verstärkt die Motivationslage[919] des B, und die sorgfaltswidrige Handlung des B wirkt sich in gleicher Weise auch auf die Motivationslage des C aus. Hier sollte unter umfassender Berücksichtigung aller Umstände konkret festgestellt werden, ob die Motivation des anderen verstärkt wurde oder nicht. Bei diesen sequenziellen psychischen Einwirkungen werden alle Beteiligten freigesprochen, wenn die individuelle Kausalität für den Erfolg nicht festgestellt wird. Weil C keinen psychischen Einfluss auf die sorgfaltswidrige Handlung eines anderen hatte, könnte sich je nachdem, wer den Erfolg tatsächlich unmittelbar verursacht hat, der Täter ändern, der entweder aufgrund der Erfolgsverursachung oder aufgrund der psychischen Einwirkung bestraft wird. Dies gilt auch dann, wenn die Reihenfolge der sorgfaltswidrigen Handlungen unter den drei Beteiligten unbekannt ist, da jeder als der letzte betrachtet werden sollte (Fall 2, Variante 2). In der Variante 3 dient die Verabredung des Abfeuerns der Raketen dazu, die Beteiligten in Bezug auf Zeit und Ort zu identifizieren, so dass die zu überprüfenden Handlungen auf die der Beteiligten (A, B, C) beschränkt werden könnten. Hier stellt die Handlung des C kein Handlungsunrecht dar und somit werden alle Beteiligten freigesprochen, da die Möglichkeit besteht, dass die Handlung des C den Erfolg hätte verursachen können.

Das hier vorgeschlagene Konzept vermag auch die Fälle überbedingter Erfolge (o. Teil 2 B) angemessen zu lösen. Diese Fälle treten v.a. in Zusammenhängen von Kollegialentscheidungen auf. Weil die bloße Beteiligung an der Abstimmung schwerlich eine Sorgfaltswidrigkeit darstellt, kann sie nicht als Anknüpfungspunkt eines strafrechtlichen Vorwurfs dienen. Die eigene Ja-Stimme ist aber sorgfaltswidrig; sowohl weil sie einen Beschluss, der für Rechtsgüter schädlich sein wird, herbeiführend als auch – und davon unabhängig – weil sie in Bezug auf die weiteren Gremienmitglieder bestärkend, motivierend wirkt. Auch

919 Greco, JRE Bd. 27 (2019)=GS-Hruschka, 361 (378).

„überflüssige" Stimmen weisen diese zweite, psychische Wirkweise auf. Insofern ist jede Ja-Stimme auch eine psychische Unterstützung aller weiteren Ja-Stimmen; womöglich nicht für das „rechtliche Zustandekommen" des Beschlusses kausale Stimmen sind immerhin für dessen „faktisches Zustandekommen" kausal.

Teil 5 Gesamtergebnis

In dieser Studie wurde zunächst, bereits bei der Sichtung des vorhandenen Fallmaterials (Teil 2), dargelegt, dass die Fälle fahrlässigen Zusammenwirkens sich nicht durch eine Heranziehung der Unterlassungsdogmatik lösen lassen (Teil 2 A III 3). Die verschiedenen Konzepte einer fahrlässigen Mittäterschaft wurden dargestellt und als nicht überzeugend befunden (Teil 3). Im Hauptteil der Arbeit wurde, nach der kursorischen Feststellung, dass das Analogieverbot der Figur nicht entgegensteht (Teil 4 A), konkret analysiert, dass fahrlässige Mittäterschaft nicht auf der Grundlage des höchstpersönlichen Schuldprinzips begründet werden kann, das als verfassungsrechtlicher Grundsatz die Grundlage des gesamten Strafrechtssystems bildet (Teil 4 B).

Dem Schuldprinzip, das Verfassungsrang hat, kommt eine strafbarkeitseinschränkende Funktion zu (Teil 4 B I, III). Die bejahende Meinung zur fahrlässigen Mittäterschaft basiert vor allem auf dem Argument, dass die Kausalitäts- und Zurechnungsprobleme bei fahrlässigem Zusammenwirken zu einer Bestrafungslücke führen. Die Ausfüllung von Strafbarkeitslücken kann in einem auf Rechtsstaatlichkeit (Art. 28 Abs. 1 GG) und Grundrechten (Art. 1 ff. GG) beruhenden Strafrecht nur innerhalb gewisser Schranken erfolgen. Das Strafrecht ist „ultima ratio". Die Bestrafung muss immer nach den rechtsstaatlichen Bedingungen, d.h. nach dem Schuldprinzip, kontrolliert werden.

Das Strafrecht kennt im Gegensatz zum Zivilrecht keine Stellvertretung, bei der das Rechtsgeschäft des Vertreters „unmittelbar für und gegen den Vertretenen" wirkt (§ 164 Abs. 1 BGB). Dies liegt womöglich daran, dass die im Strafrecht vorgesehene Rechtsfolge sich gegen Rechte richtet, die sich aus der angeborenen höchstpersönlichen Natur des Menschen ergeben. Das Schuldprinzip lässt sich auf den Eingriff in diese höchstpersönlichen Rechte durch die im Strafrecht vorgesehene Sanktion zurückführen. Da der Eingriff durch Strafe diese angeborenen Rechte antastet, kann er nur dann gerechtfertigt werden, wenn die Straftat höchstpersönlich ist, d.h. ein eigenes, freies Verhalten. „Niemand kann sich entscheiden, einen anderen strafbar zu machen."[920] Aufgrund dieser Wesensverschiedenheit von Straf- und Zivilrecht können auch die zivilrechtsinspirierten Lösungen, die die Mittäterschaft als Stellvertretung deuten, nicht überzeugen (Teil 3 B IV, Teil 4 B III).

---

920 Greco, Strafprozesstheorie und materielle Rechtskraft, 2015, S. 658.

Aus dem gleichen Grund können kollektive Ansätze (Teil 3 C I, Teil 4 B III) als „Zurechnungseinheit",„Haftungsgemeinschaft der Kollektivperson" oder „kollektive Sinneinheit" nicht verfolgt werden. Diese Ansätze versuchen, die mittäterschaftliche Zurechnungsstruktur und den Verzicht auf individuelle Kausalität ohne Schwierigkeiten zu rechtfertigen, indem sie annehmen, dass dies auf die Funktion des § 25 Abs. 2 StGB zurückzuführen ist. Es könnte jedoch nicht erklärt werden, warum und wie die Straftat durch das Kollektiv vollständig den einzelnen Beteiligten zuzurechnen ist.

Das Handlungsunrecht für Fahrlässigkeitsdelikte beruht auf der objektiven Sorgfaltspflichtverletzung, die ein selbstständiges objektives Tatbestandsmerkmal ist (Teil 4 B VI 1). Da der auf die bestimmte Rechtsgutsverletzung gerichtete Wille bei fahrlässigen Straftaten fehlt und das Erfolgsunrecht nur außerhalb des Handlungsunrechts besteht, sind das Handlungsunrecht und die Zurechnungsform für fahrlässige Straftaten schwächer als bei vorsätzlichen Straftaten. Bei Fahrlässigkeitsdelikten kommt es insb. darauf an, die zahlreichen zufälligen Faktoren zwischen dem Handlungsunrecht und dem Erfolgsunrecht zu beseitigen. Bei der Bestimmung des Handlungsunrechts muss die objektive Vorhersehbarkeit des Erfolgs (einschließlich des Kausalverlaufs) in engem Zusammenhang mit der objektiven Sorgfaltspflichtverletzung stehen. Dies entspricht dem Grund für den Fahrlässigkeitsvorwurf und trägt zur Beseitigung der Erfolgshaftung bei. Die objektive Sorgfaltspflichtverletzung bei objektiver Vorhersehbarkeit wird danach bestimmt, was der besonnene bzw. gewissenhafte Mensch des betreffenden Verkehrskreises aufgrund seiner allgemeinen Lebenserfahrung in Rechnung stellen würde. Hierbei werden die konkreten Umstände und die soziale Rolle (einschließlich etwaigen Sonderwissens) des Handelnden berücksichtigt. Das Strafrecht behandelt darüber hinaus die sorgfaltswidrigen Handlungen nur dann, wenn die Handlungen zur Rechtsgutsverletzung führen. Erst nach Erfolgseintritt könnte die Sorgfaltswidrigkeit als die „Straftat" (§ 25 Abs. 2 StGB) auftauchen. Dies bedeutet, dass die Risikohandlungen, die sich auf die Rechtsgutsverletzung auswirken, erst dann, also nachträglich bestimmt werden, wenn diese eingetreten ist, und dass das Handlungsunrecht eines jeden Täters – sowohl bei unbewusster Fahrlässigkeit als auch bei bewusster Fahrlässigkeit (Teil 4 B VI 2) – davon abhängt, ob er seine eigene Sorgfaltspflicht verletzt, die jedem zum Zeitpunkt der fahrlässigen Handlung separat auferlegt wird. Auf Basis dieser Struktur der Fahrlässigkeitsdelikte könnte es Beteiligte geben, die kein eigenes Handlungsunrecht darstellen. Sofern die kollektiven Ansätze zu Recht abgelehnt werden, ist auf den Verstoß gegen das Schuldprinzip bzw. gegen den Gleichheitsgrundsatz bei fahrlässigem Zusammenwirken hinzuweisen.

Eine andere Gemeinsamkeit, die von der bejahenden Meinung vertreten wird, nämlich ein Kollektiv als Surrogat für den gemeinsamen Tatplan bei (vorsätzlicher) Mittäterschaft zu bilden – „die gemeinsame Sorgfaltspflicht oder die Verwirklichung einer gemeinsamen geschaffenen Gefahr" –, kann aufgrund jener Struktur der Fahrlässigkeitsdelikte nicht angewendet werden. Um die objektive Zurechnung auch bei Fahrlässigkeitsdelikten zu bestimmen, wird die Gefahrerhöhungslehre verwendet. Hierbei handelt es sich jedoch um den normativen Zusammenhang zwischen dem Handlungsunrecht und dem daraus resultierenden Erfolgsunrecht (Teil 4 B VI 1 f.). Eine Gemeinsamkeit durch das Handlungsprojekt kann auch nicht vor dem Geschehen konstruiert werden.

Die funktionelle Tatherrschaft bei (vorsätzlicher) Mittäterschaft kann am überzeugendsten verwendet werden, um die mittäterschaftliche Zurechnungsstruktur für die gegenseitige Zurechnung auf der Grundlage des Schuldprinzips zu rechtfertigen. Die mittäterschaftliche Struktur kann ohne Zurechnung des Fremdverhaltens im eigentlichen Sinne durch die Herrschaft nur über den jeweils eigenen Anteil eines Beteiligten erklärt werden. Jeder einzelne Mittäter hat seine Mitherrschaft, die sich notwendig aus seiner Funktion im Rahmen des Gesamtplans ergibt. Dies rechtfertigt eine kausalitätsersetzende Funktion des § 25 Abs. 2 StGB bei (vorsätzlicher) Mittäterschaft (Teil 3 C II). Bei dieser Struktur kommt es darauf an, dass der gemeinsame Tatentschluss in Bezug auf die subjektive Anknüpfung zwischen den Beteiligten dazu dient, die „Umfang und Reichweite" der mittäterschaftlichen Zurechnung zu begründen und gleichzeitig zu begrenzen (Teil 4 B V 2 b), c)). Diese Struktur kann jedoch nicht auf Fahrlässigkeitsdelikte übertragen werden. Bei fahrlässigem Zusammenwirken trägt das gemeinsame Handlungsprojekt nur dazu bei, mehrere Beteiligten in Bezug auf Zeit, Ort und Qualität zu identifizieren. Auch auf die Vieldeutigkeit des Handlungsprojektsbegriffs sollte hingewiesen werden (Teil 3 B V). Denn dies könnte zu einer willkürlichen Ausweitung des Kreises der zu bestrafenden Mitwirkenden führen. Insb. bei einer technischen Katastrophe mit zahlreichen Personenschäden könnte dieser Kreis nach Bedarf oder durch Appell an das Rechtsgefühl erweitert werden. Dies wird ebenfalls dadurch unterstützt, dass das Handlungsunrecht bei Fahrlässigkeitsdelikten nachträglich nach dem Erfolgseintritt bestimmt wird.

Die richtige Lösung besteht darin, bei fahrlässigem Zusammenwirken eine Vorverlagerung des Fahrlässigkeitsschuldvorwurfs vorzunehmen, was dem Wesen der Fahrlässigkeitsdelikte und dem Schuldprinzip entspricht (Teil 4 B VI). Die Fahrlässigkeitsdelikte basieren auf dem Einheitstäterbegriff (Teil 4 B VI 3, Teil 4 C II); auch ein psychischer Beitrag zum Erfolgseintritt kann also Täterschaft begründen (Teil 4 C IV). Der Fahrlässigkeitsschuldvorwurf ist nicht auf einen einzigen Zeitpunkt beschränkt, so dass das Handlungsunrecht der Fahrlässigkeitsdelikte zu einem vorherigen Zeitpunkt erfolgen kann (Teil 4 C I). Auf dieser Grundlage kann, wenn es beim gemeinsamen Handlungsprojekt darum geht, die sorgfaltswidrige Handlung, die zum Erfolg führt, auf bestimmte Art und Weise zu vereinbaren (ggf. die sorgfaltswidrige Handlung durch psychische Einwirkungen in nachweisbarer Form zu bestärken), das Handlungsprojekt für sich genommen jedes Handlungsunrecht jedes Beteiligten darstellen. Diese Lösung kann nur verwendet werden, wenn jeder Kausalbeitrag jedes Beteiligten zum Erfolg – entweder durch die direkte Erfolgsverursachung oder durch psychische Einwirkung – unter Berücksichtigung der konkreten Umstände geleistet wird, sollte jedoch nicht verwendet werden, wenn die innerhalb des erlaubten Risikobereichs liegenden Handlungen zusammen durchgeführt oder deren Ausführungen vereinbart wurden. Die Beteiligten werden jeweils als Alleintäter bzw. Nebentäter für das Ganze bestraft (Teil 4 C VI). Sogar im Fall überbedingter Erfolge (Kollegialentscheidung) bedeutet jede Ja-Stimme eine psychische Mitwirkung am Abstimmungsverhalten der anderen, was deshalb für sich genommen für täterschaftliche Fahrlässigkeit ausreicht.

Es besteht daher keine Notwendigkeit, fahrlässige Mittäterschaft anzunehmen.

Literaturverzeichnis

Baumann, Jürgen: Täterschaft und Teilnahme, in: JuS 1963, Teil 1: S. 51 ff., Teil 2: S. 85 ff., Teil 3: S. 125 ff.

Baumann, Jürgen/Weber, Ulrich/Mitsch, Wolfgang/Eisele, Jörg: Strafrecht Allgemeiner Teil, Lehrbuch, 12. Aufl. 2016 (zit.: AT).

Beck, Susanne: Fahrlässiger Umgang mit der Fahrlässigkeit, in: JA 2009, Teil 1: S. 111 ff.; Teil 2: S. 268 ff.

Beck, Ulrich: Risikogesellschaft: auf dem Weg in eine andere Moderne, 1986.

Becker, Christian: Das gemeinschaftliche Begehen und die sogenannte additive Mittäterschaft, 2009 (zit.: Die sogenannte additive Mittäterschaft, 2009).

Bernsmann, Klaus: Zum Verhältnis von Wissenschaftstheorie und Recht – Überlegung zur sog. „psychischen Kausalität" im Strafrecht –, in: Archiv für Rechts- und Sozialphilosophie Vol. 68, No. 4 (1982), S. 536 ff. (zit.: ARSP 1982).

Beulke, Werner/Bachmann, Gregor: „Lederspray-Entscheidung"- BGHSt 37, 106; in: JuS 1992, S. 737 ff.

Binding, Karl: Die Schuld im deutschen Strafrecht, 1919.

Bindokat, Heinz: Fahrlässige Mittäterschaft im Strafrecht, in: JZ 1979, S. 434 ff.

Bloy, René: Finaler und sozialer Handlungsbegriff; in: ZStW 90 (1978), S. 609 ff.

ders.: Die Beteiligungsform als Zurechnungstypus im Strafrecht, 1985 (zit.: Beteiligungsform, 1985).

ders.: Grenzen der Täterschaft bei fremdhändiger Tatausführung; in: GA 1996, S. 424 ff.

ders.: Rezension von Simone Kamm, Die fahrlässige Mittäterschaft; in: GA 2000, S. 392 ff.

Bockelmann, Paul: Verkehrsstrafrechtliche Aufsätze und Vorträge, 1967.

Bockelmann, Paul/Volk, Klaus: Strafrecht, Allgemeiner Teil, 4. Aufl. 1987 (zit.: AT).

Böhm, Alexander: Die Rechtspflicht zum Handeln bei den unechten Unterlassungsdelikten, 1957.

Böhringer, Jacob: Fahrlässige Mittäterschaft: Ein Beitrag zum Verhältnis von Zurechnung und Beteiligung bei Vorsatz- und Fahrlässigkeitsdelikten, 2017 (zit.: Fahrlässige Mittäterschaft, 2017).

Börchers, Katrin: Schuldprinzip und Fahrlässigkeit, 2009.

Bottke, Wilfried: Täterschaft und Gestaltungsherrschaft: Zur Struktur von Täterschaft bei aktiver Begehung und Unterlassung als Baustein eines gemeineuropäischen Strafrechtssystems, 1992 (zit.: Täterschaft und Gestaltungsherrschaft, 1992).

ders.: Mittäterschaft bei gemeinsam fahrlässiger oder leichtfertiger Erfolgserwirkung, in: GA 2001, S. 463 ff.

ders.: Täterschaft und Teilnahme im deutschen Wirtschaftskriminalrecht – de lege lata und de lege ferenda, in: JuS 2002, S. 320 ff.

Brammsen, Joerg: Die Entstehungsvoraussetzungen der Garantenpflichten, 1986.

ders.: Erfolgszurechnung bei unterlassener Gefahrverminderung durch einen Garanten, in: MDR 1989, S. 123 ff.

ders.: Kausalitäts- und Täterschaftsfragen bei Produktfehlern – BGH- Urt. v. 6.7.1990 – 2 StR 549/89, in: Jura 1991, S. 533 ff.

ders.: Tun oder Unterlassen?, Die Bestimmung der strafrechtlichen Verhaltensformen, in: GA 2002, S. 193 ff.

Burgstaller, Manfred: Das Fahrlässigkeitsdelikt im Strafrecht. Unter besonderer Berücksichtigung der Praxis in Verkehrssachen, 1974 (zit.: Das Fahrlässigkeitsdelikt im Strafrecht, 1974).

Castaldo, Andrea R.: Offene und verschleierte Individualisierung im Rahmen des Fahrlässigkeitsdelikts; in: GA 1993, S. 495 ff.

Claß, Wilhelm: Die Kausalität der Beihilfe, in: Günter Spendel (Hrsg.), Festschrift für Ulrich Stock, 1966, S. 115 ff. (zit.: FS-Stock).

Dencker, Friedrich: Kausalität und Gesamttat, 1996.

Derksen, Roland: Heimliche Unterstützung fremder Tatbegehung als Mittäterschaft: Zugleich ein Beitrag zur Struktur der Mittäterschaft, in: GA 1993, S. 163 ff.

Dölling, Dieter: Die Behandlung der Körperverletzung im Sport im System der strafrechtlichen Sozialkontrolle, in: ZStW 96 (1984), S. 36 ff.

Donatsch, Andreas: Mittäterschaft oder Teilnahme am fahrlässigen Erfolgsdelikt?, in: SJZ 1989, S. 109 ff.

Duttge, Gunnar: Zur Bestimmtheit des Handlungsunwerts von Fahrlässigkeitsdelikten, 2001.

ders.: Das Fahrlässigkeitsdelikt im Zeitalter moderner „Katastrophen“, in: Jan C. Joerden und Kurt Schmoller (Hrsg.), Festschrift für Prof. Dr. Dr. h. c. Mult. Keiichi Yamanaka zum 70. Geburtstag am 16. März 2017, 2017, S. 29 ff. (zit.: FS-Yamanaka).

Ebert, Udo: Der Schutzzweck von Geschwindigkeitsvorschriften als Problem objektiver Erfolgszurechnung - Zum Beschluß des BGH vom 6.11.1984 - 4 StR 72/84 (BGHSt. 33, 61) -, in: JR 1985, S. 356 ff.

ders.: Strafrecht Allgemeiner Teil, 3. Aufl. 2001 (zit.: AT).

Ebert, Udo/Kühl, Kristian: Kausalität und objektive Zurechnung, in: Jura 1979, S. 561 ff.

dies.: Das Unrecht der vorsätzlichen Straftat, in: Jura 1981, S. 225 ff.

Els, Hans van: Anmerkung zu BGH 5 StR 56/72, in: NJW 1972, S. 1476 f.

Engisch, Karl: Untersuchungen über Vorsatz und Fahrlässigkeit im Strafrecht, 1930 (zit.: Vorsatz und Fahrlässigkeit, 1930).

ders.: Die Kausalität als Merkmal der strafrechtlichen Tatbestände, 1931 (zit.: Kausalität, 1931).

ders.: Der finale Handlungsbegriff, in: Paul Bockelmann (Hrsg.), Festschrift für Eduard Kohlrausch zum 70. Geburtstag dargebracht, 1944, S. 141 ff. (zit.: FS-Kohlrausch).

ders.: Der Unrechtstatbestand im Strafrecht, Eine kritische Betrachtung zum heutigen Stand der Lehre von der Rechtswidrigkeit im Strafrecht, in: Ernst v. Caemmerer (Hrsg.), Festschrift zum hundert jährigen Bestehen des Deutschen Juristentages, 1860-1960, Bd. 1, 1960, S. 401 ff. (zit.: FS-DJT I).

ders.: Das Problem der psychischen Kausalität beim Betrug, in: Hans Welzel [u.a.] (Hrsg.), Festschrift für Hellmuth von Weber zum 70. Geburtstag, 1963, S. 247 ff. (zit.: FS-Weber).

Erb, Volker: Rechtmäßiges Alternativverhalten und seine Auswirkungen auf die Erfolgszurechnung im Strafrecht, 1991 (zit.: Rechtmäßiges Alternativverhalten, 1991).

ders.: Mord in Mittäterschaft - BGH NJW 1991, 1068, in: JuS 1992, S. 197 ff.

ders.: Zurechnung von Erfolgen im Strafrecht, in: JuS 1994, S. 449 ff.

Erber-Schropp, Julia Maria: Schuld und Strafe, Eine strafrechtsphilosophische Untersuchung des Schuldprinzips, 2016 (zit.: Schuld und Strafe, 2016).

Eschenbach, Jürgen: Zurechnungsnormen im Strafrecht - BGH v. 11.7.1991 - 1 StR 357/91 -, in: Jura 1992, S. 637 ff.

Esser, Robert/Keuten, Nils Christian: Strafrechtliche Risiken am Bau - Überlegungen zum Tatbestand der Baugefährdung (§ 319 StGB) und seinem Verhältnis zu §§ 222, 229 StGB -, in: NStZ 2011, S. 314 ff.

Exner, Franz: Das Wesen der Fahrlässigkeit: Eine strafrechtliche Untersuchung, 1910 (zit.: Das Wesen der Fahrlässigkeit, 1910).

ders.: Fahrlässiges Zusammenwirken, in: August Hegler (Hrsg.), Festgabe für Reinhard von Frank zum 70. Geburtstag 16. August, 1930, S. 569 ff. (zit.: FG-v.Frank).

Fahl, Christian: Zur Notwendigkeit des Wiedererlernens des Akzeptanz von Unglück in der Welt, in: JA 2012, S. 808 ff.

Fellenberg, Martin: Zeitliche Grenzen der Fahrlässigkeitshaftung: ein Beitrag zur Harmonisierung des zeitlichen Haftungsrahmens bei vorsätzlichen und fahrlässigen Erfolgsdelikten, 2000 (zit.: Zeitliche Grenzen der Fahrlassigkeitshaftung, 2000).

Fincke, Martin: Der Täter neben dem Täter, in: GA 1975, S. 161 ff.

Fischer, Thomas: Strafgesetzbuch und Nebengesetze, Kommentar, 64. Aufl. 2017 (zit.: StGB).

v.Frank, Reinhard: Das Strafgesetzbuch für das Deutsche Reich nebst dem Einführungsgesetz,18. Aufl. 1931 (zit.: Das Strafgesetzbuch).

Freund, Georg: Die Definitionen von Vorsatz und Fahrlässigkeit – Zur Funktion gesetzlicher Begriffe und ihrer Definition bei der Rechtskonkretisierung, in: Michael Hettinger [u.a.] (Hrsg.), Festschrift für Wilfried Küper zum 70. Geburtstag, 2007, S. 63 ff. (zit.: FS-Küper).

ders.: Strafrecht, Allgemeiner Teil, Personale Straftatlehre, 2. Aufl. 2008 (zit.: AT).

Frisch, Peter: Das Fahrlässigkeitsdelikt und das Verhalten des Verletzen, 1973 (zit.: Das Fahrlässigkeitsdelikt, 1973).

Frisch, Wolfgang: Vorsatz und Risiko, 1983.

ders.: Tatbestandsmäßiges Verhalten und Zurechnung des Erfolgs, 1988.

ders.: Faszinierendes, Berechtiges und Problematisches der Lehre von der objektiven Zurechnung des Erfolgs, in: Bernd Schünemann [u.a.] (Hrsg.), Festschrift für Claus Roxin zum 70. Geburtstag am 15. Mai 2001, 2001, S. 213 ff. (zit.: FS-Roxin 70).

ders.: Schuldgrundsatz und Verhältnismäßigkeitsgrundsatz, in: NStZ 2013, S. 249 ff.

Frister, Helmut: Strafrecht Allgemeiner Teil, 8. Aufl. 2018 (zit.: AT).

Fuchs, Jürgen: Die Wahlfeststellung zwischen Vorsatz und Fahrlässigkeit im Strafrecht, in: GA 1964, S. 65 ff.

Gallas, Wilhelm: Die moderne Entwicklung der Begriffe Täterschaft und Teilnahme im Strafrecht, in: ZStW 69 Beiheft Athen (1957), S. 3 ff.

ders.: Beiträge zur Verbrechenslehre, 1968.

Geppert, Klaus: Die Mittäterschaft (§ 25 Abs. 2 StGB), in: Jura 2011, S. 30 ff.

Gössel, Karl Heinz: Norm und fahrlässiges Verbrechen, in: Wolfgang Frisch und Werner Schmid (Hrsg.), Festschrift für Hans-Jürgen Bruns zum 70. Geburtstag, 1978, S. 43 ff. (zit.: FS-Bruns).

ders.: Alte und neue Wege der Fahrlässigkeitslehre; in: August R. Lang (Hrsg.), Festschrift für Karl Bengl, 1984, S. 23 ff. (zit.: FS-Bengl).

Greco, Luís: Das Subjektive an der objektiven Zurechnung: Zum „Problem" des Sonderwissens, in: ZStW 117 (2005), S. 519 ff.

ders.: Wider die jüngere Relativierung der Unterscheidung von Unrecht und Schuld, in: GA 2009, S. 636 ff.

ders.: Kausalitäts- und Zurechnungsfragen bei unechten Unterlassungsdelikten, in: ZIS 2011, S. 674 ff.

ders.: Organisationsherrschaft und Selbstverantwortung, in: ZIS 2011, S. 9 ff.

ders.: Strafprozesstheorie und materielle Rechtskraft: Grundlagen und Dogmatik des Tatbegriffs, des Strafklageverbrauchs und der Wiederaufnahme im Strafverfahrensrecht, 2015 (zit.: Strafprozesstheorie und materielle Rechtskraft, 2015).

ders.: Steht das Schuldprinzip der Einführung einer Strafbarkeit juristischer Personen entgegen? Zugleich Überlegungen zum Verhältnis von Strafe und Schuld, in: GA 2015, S. 503 ff.

ders.: Methode, Stil, Person: Claus Roxin zum 85. Geburtstag, in: ZIS 2016, S. 416 ff.

ders.: Fahrlässige Mittäterschaft? Eine Kritik, in: JRE Bd. 27(GS-Hruschka), 2019, S. 361 ff.

Gropp, Walter: Strafrecht Allgemeiner Teil, 4. Aufl. 2015 (zit.: AT).

ders.: Die fahrlässige Verwirklichung des Tatbestandes einer strafbaren Handlung – miteinander oder nebeneinander: Überlegungen zur so genannten „fahrlässigen Mittäterschaft", in: GA 2009, S. 265 ff.

Große-Wilde, Thomas: Verloren im Dickicht von Kausalität und Erfolgszurechnung, Über „Alleinursachen", „Mitursachen", „Hinwegdenken", „Hinzudenken", „Risikorealisierungen" und „Unumkehrbarkeitszeitpunkte" im Love Parade-Verfahren, in: ZIS 2017, S. 638 ff.

Grünwald, Gerald: Das unechte Unterlassungsdelikt: Seine Abweichungen vom Handlungsdelikt, 1957 (zit.: Das unechte Unterlassungsdelikt, 1957).

Günther, Hans-Ludwig: Wer war der Täter?, in: JuS 1988, S. 386 ff.

Haas, Volker: Kritik der Tatherrschaftslehre, in: ZStW 119 (2007), S. 519 ff.

ders.: Die Theorie der Tatherrschaft und ihre Grundlagen. Zur Notwendigkeit einer Revision der Beteiligungslehre, 2008 (zit.: Theorie der Tatherrschaft, 2008).

Haft, Fritjof: Strafrecht Allgemeiner Teil, 9. Aufl. 2004 (zit.: AT).

Häring, Daniel: Die Mittäterschaft beim Fahrlässigkeitsdelikt, 2005.

ders.: Mittäterschaft beim Fahrlässigkeitsdelikt im Strafrecht, in: sui-generis 2018, S. 1 ff.

Hassemer, Winfried: Alternativen zum Schuldprinzip, in: Baumgartner/Eser, Schuld und Verantwortung, 1983 (zit.: Alternativen zum Schuldprinzip).

ders.: Produktverantwortung im modernen Strafrecht, 2. Aufl. 1996 (zit.: Produktverantwortung, 1996).

ders.: Erscheinungsformen des modernen Rechts, 2007.

ders.: Strafrecht. Sein Selbstverständnis, seine Welt, 2008.

Hecker, Bernd: Psychische Beihilfe zum Mord durch Anwesenheit am Tatort, in: JuS 2016, S. 944 ff.

Heinrich, Bernd: Strafrecht Allgemeiner Teil, 5. Aufl. 2016 (zit.: AT).

Herzberg, Rolf Dietrich: Anstiftung und Beihilfe als Straftatbestände, in: GA 1971, S. 1 ff.

ders.: Grundfälle zur Lehre von Täterschaft und Teilnahme. Zweiter Teil: Geltungsgrenzen des Tatherrschaftskriteriums, in: JuS 1974, S. 719 ff.

ders.: Täterschaft und Teilnahme, Eine systematische Darstellung anhand von Grundfällen, 1977 (zit.: Herzberg, TuT, 1977).

ders.: Die Schuld beim Fahrlässigkeitsdelikt; in: Jura 1984, S. 402 ff.

ders.: Beteiligung an einer Selbsttötung oder tödlichen Selbstgefährdung als Tötungsdelikt, in: JA 1985, S. 131 ff., S. 177 ff., S. 265 ff., S. 336 ff.

ders.: Täterschaft, Mittäterschaft und Akzessorietät der Teilnahme, in: ZStW 99 (1987), S. 49 ff.

ders.: Mittäterschaft durch Mitvorbereitung – eine actio communis in causa?, in: JZ 1991, S. 856 ff.

Herzog, Felix: Strafrecht Allgemeiner Teil, 2017.

Hilgendorf, Eric: Strafrechtliche Produzentenhaftung in der „Risikogesellschaft", 1993 (zit.: Strafrechtliche Produzentenhaftung, 1993).

ders.: Fragen der Kausalität bei Gremienentscheidungen am Beispiel des Lederspray-Urteils, in: NStZ 1994, S. 561 ff.

ders.: Fragen der Kausalität bei Gremienentscheidungen, in: NStZ 1994, S. 561 ff.

ders.: Der „gesetzmäßige Zusammenhang" im Sinne der modernen Kausallehre; in: Jura 1995, S. 514 ff.

ders.: Fallsammlung zum Strafrecht, 2008.

Hirsch, Hans Joachim: Soziale Adäquanz und Unrechtslehre, in: ZStW 74 (1962), S. 78 ff.

ders.: Der Streit um Handlungs- und Unrechtslehre, insbesondere im Spiegel der Zeitschrift für die gesamte Strafrechtswissenschaft; in: ZStW 94 (1982), S. 239 ff.

ders.: Der „unmittelbare“ Zusammenhang zwischen Grunddelikt und schwerer Folge beim erfolgsqualifizierten Delikt, in: Dietrich Herzberg (Hrsg.), Festschrift für Dietrich Oehler zum 70. Geburtstag, 1985, S. 111 ff. (zit.: FS-Oehler).

ders.: Die Entwicklung der Strafrechtsdogmatik nach Welzel, in: Hans Joachim Hirsch (Hrsg.), Festschrift der Rechtswissenschaftlichen Fakultät zur 600-Jahr-Feier der Universität zu Köln, 1988, S. 399 ff. (zit.: FS-Köln).

ders.: Zur Lehre von der objektiven Zurechnung, in: Albin Eser [u.a.] (Hrsg.), Festschrift für Theodor Lenckner zum 70. Geburtstag, 1998, S. 119 ff. (zit.: FS-Lenckner).

ders.: Handlungs-, Sachverhalts- und Erfolgsunwert, in: Eva Graul (Hrsg.), Gedächtnisschrift für Dieter Meurer, 2002, S. 3 ff. (zit.: GS-Meurer).

ders.: Zum Unrecht des fahrlässigen Delikts, in: Dieter Dölling (Hrsg.), Festschrift für Ernst-Joachim Lampe zum 70. Geburtstag, 2003, S. 515 ff. (zit.: FS-Lampe).

Hohmann, Olaf: Der praktische Fall — Strafrecht: Ein Familiendrama, in: JuS 1995, S. 135 ff.

Honig, Richard: Kausalität und objektive Zurechnung, in: August Hegler (Hrsg.), Festgabe für Reinhard von Frank zum 70. Geburtstag 16. August, 1930, S. 174 ff. (zit.: FG-v.Frank).

ders.: Der Anfang vom Ende der actio libera in causa, in: StV 1997, S. 264 ff.

Horn, Eckhard: Konkrete Gefährdungsdelikte, 1973.

Hörnle, Tatjana: Zwecke und Rechtfertigung staatlicher Strafe, in: Frank Saliger [u.a.] (Hrsg.), Festschrift für Ulfried Neumann zum 70. Geburtstag, 2017, S. 593 ff. (zit.: FS-Neumann).

Hoyer, Andreas: Die traditionelle Strafrechtsdogmatik vor neuen Herausforderungen: Probleme der strafrechtlichen Produkthaftung, in: GA 1996, S. 160 ff.

ders.: Strafrecht Allgemeiner Teil I, 1996 (zit.: AT I).

ders.: Kausalität und/oder Risikoerhöhung, in: Klaus Rogall [u.a.] (Hrsg.), Festschrift für Hans-Joachim Rudolphi zum 70. Geburtstag, 2004, S. 95 ff. (zit.: FS-Rudolphi).

ders.: Erlaubtes Risiko und technologische Entwicklung, in: ZStW 121 (2009), S. 860 ff.

ders.: Wozu brauchen wir eine fahrlässige Mittäterschaft?, in: Hans-Ullrich Paeffgen [u.a.] (Hrsg.), Festschrift für Ingeborg Puppe zum 70. Geburtstag, 2011, S. 514 ff. (zit.: FS-Puppe).

Ida, Makoto: Inhalt und Funktion der Norm beim fahrlässigen Erfolgsdelikt, in: Thomas Weigend und Georg Küpper (Hrsg.), Festschrift für Hans Joachim Hirsch zum 70. Geburtstag am 11. April 1999, 1999, S. 225 ff. (zit.: FS-Hirsch).

Ingelfinger, Ralph: „Schein"-Mittäter und Versuchsbeginn, in: JZ 1995, S. 704 ff.

Jäger, Christian: Die notwendige Bedingung als ereignisbezogener Kausalfaktor, in: René Bloy [u.a.] (Hrsg.), Festschrift für Manfred Maiwald zum 75. Geburtstag, 2010, S. 345 ff. (zit.: FS-Maiwald).

ders.: Examens-Repetitorium Strafrecht Allgemeiner Teil, 8. Aufl. 2017 (zit.: AT).

Jakobs, Günther: Studien zum fahrlässigen Erfolgsdelikt, 1972.

ders.: Das Fahrlässigkeitsdelikt, in: ZStW 86 Beiheft (1974), S. 6 ff.

ders.: Schuld und Prävention, 1976.

ders.: Strafrecht Allgemeiner Teil, Die Grundlagen und die Zurechnungslehre, 2. Aufl. 1991 (zit.: AT).

ders.: Strafrechtliche Haftung durch Mitwirkung an Abstimmungen, in: Hans-Heiner Kühne (Hrsg.), Festschrift für Koichi Miyazawa, Dem Wegbereiter des japanisch-deutschen Strafrechtsdiskurses, 1995, S. 418 ff. (zit.: FS-Miyazawa).

ders.: Akzessorietät, Zu den Voraussetzungen gemeinsamer Organisation, in: GA 1996, S. 253 ff.

ders.: Bemerkungen zur objektiven Zurechnung, in: Thomas Weigend und Georg Küpper (Hrsg.), Festschrift für Hans Joachim Hirsch zum 70. Geburtstag am 11. April 1999, 1999, S. 45 ff. (zit.: FS-Hirsch).

ders.: Beteiligung, in: Dieter Dölling (Hrsg.), Festschrift für Ernst-Joachim Lampe zum 70. Geburtstag, 2003, S. 561 ff. (zit.: FS-Lampe).

ders.: Theorie der Beteiligung, 2013.

Jescheck, Hans-Heinrich: Anstiftung, Gehilfenschaft und Mittäterschaft im deutschen Strafrecht, in: SchwZStR 71 (1956), S. 225 ff.

ders.: Der strafrechtliche Handlungsbegriff in dogmengeschichtlicher Entwicklung, in: Paul Bockelmann und Wilhelm Gallas (Hrsg.), Festschrift für Eberhard Schmidt zum 70. Geburtstag, 1961, S. 139 ff. (zit.: FS-Schmidt).

ders.: Aufbau und Behandlung der Fahrlässigkeit im modernen Strafrecht, 1965 (zit.: Aufbau der Fahrlässigkeit, 1965).

ders.: Die Behandlung der unechten Unterlassungsdelikte im deutschen und ausländischen Strafrecht, in: ZStW 77 (1965), S. 109 ff.

Jescheck, Hans-Heinrich/Weigend, Thomas: Lehrbuch des Strafrechts Allgemeiner Teil, 5. Aufl. 1996 (zit. AT).

Joerden, Jan C.: OGH JBl 1987, 191 – Ein Fall alternativer Kausalität?, in: Juristische Blätter 110(1988), S. 432 ff.

ders.: Strukturen des strafrechtlichen Verantwortlichkeitsbegriffs. Relationen und ihre Verkettungen, 1988 (zit.: Verantwortlichkeitsbegriff, 1988).

Kahlo, Michael: Bewirken durch Unterlassen bei drittvermitteltem Rettungsgeschehen, in: GA 1987, S. 66 ff.

Kamm, Simone: Die fahrlässige Mittäterschaft, 1999.

Kaspar, Johannes: Beleidigung und Körperverletzung auf dem Fußballplatz, in: JuS 2004, S. 409 ff.

ders.: Grundprobleme der Fahrlässigkeitsdelikte, in: JuS 2012, S. 16 ff.

ders.: Strafrecht Allgemeiner Teil, 2. Aufl. 2017 (zit.: AT).

Kaufmann, Armin: Zum Stand der Lehre vom personalen Unrecht, in: Günter Stratenwerth [u.a.] (Hrsg.), Festschrift für Hans Welzel zum 70. Geburtstag, 1974, S. 393 ff. (zit.: FS-Welzel).

Kaufmann, Arthur: Die Bedeutung hypothetischer Erfolgsursachen im Strafrecht, in: Paul Bockelmann und Wilhelm Gallas (Hrsg.), Festschrift für Eberhard Schmidt zum 70. Geburtstag, 1961, S. 200 ff. (zit.: FS-Schmidt).

ders.: Die ontologische Struktur der Handlung, Skizze einer personalen Handlungslehre, in: Friedrich Geerds und Wolfgang Naucke (Hrsg.), Festschrift für Hellmuth Mayer zum 70. Geburtstag, 1966, S. 79 ff. (zit.: FS-Mayer).

ders.: Die finale Handlungslehre und die Fahrlässigkeit, in: JuS 1967, S. 145 ff.

ders.: Schuldprinzip und Verhältnismäßigkeitsgrundsatz, in: Günter Warda [u.a.] (Hrsg.), Festschrift für Richard Lange zum 70. Geburtstag, 1976, S. 27 ff. (zit.: FS-Lange).

ders.: Das Schuldprinzip, 2. Aufl. 1976 (zit.: Das Schuldprinzip, 1976).

Kienapfel, Diethelm: Erscheinungsformen der Einheitstäterschaft, in: Müller-Dietz (Hrsg.), Strafrechtsdogmatik und Kriminalpolitik, 1971, S. 21 ff.

ders.: Das Prinzip der Einheitstäterschaft, in: JuS 1974, S. 1 ff.

Kim, Sung-Ryong: Die Analyse des „gemeinschaftlichen Begehens“ im Sinne des § 25 Abs. 2 StGB und die Mittäterschaft beim Fahrlässigkeitsdelikt, 2001 (zit.: Mittäterschaft beim Fahrlässigkeitsdelikt).

Kindhäuser, Urs: Erlaubtes Risiko und Sorgfaltswidrigkeit, Zur Struktur strafrechtlicher Fahrlässigkeitshaftung, in: GA 1994, S. 197 ff.

ders.: Handlungs- und normtheoretische Grundfragen der Mittäterschaft, in: Joachim Bohnert [u.a.] (Hrsg.), Festschrift für Alexander Hollerbach zum 70. Geburtstag, 2001, S. 627 ff. (zit.: FS-Hollerbach).

ders.: Risikoerhöhung und Risikoverringerung, in: ZStW 120 (2008), S. 481 ff.

ders.: Strafrecht Allgemeiner Teil, 8. Aufl. 2017 (zit.: AT).

Knauer, Christoph: Die Kollegialentscheidung im Strafrecht: Zugleich ein Beitrag zum Verhältnis von Kausalität und Mittäterschaft, 2001 (zit.: Kollegialentscheidung, 2001).

Köhler, Michael: Strafrecht Allgemeiner Teil, 1997 (zit.: AT).

Kohlrausch, Eduard: Die Schuld, in: P. F. Aschrott und Franz v. Liszt (Hrsg.), Die Reform des Reichsstrafgesetzbuchs, Band I, 1910, S. 179 ff. (zit.: Die Schuld, 1910).

Koriath, Heinz: Kausalität, Bedingungstheorie und psychische Kausalität, 1988.

Kraatz, Erik: Die fahrlässige Mittäterschaft, Ein Beitrag zur strafrechtlichen Zurechnungslehre auf der Grundlage eines finalen Handlungsbegriffs, 2006 (zit: Die fahrlässige Mittäterschaft, 2006).

Krauß, Detlef: Erfolgsunwert und Handlungsunwert im Unrecht, in: ZStW 76 (1964), S. 19 ff.

Kremer-Bax, Alexandra: Das personale Verhaltensunrecht der Fahrlässigkeitstat, 1999 (zit.: Das personale Verhaltensunrecht, 1999).

Kretschmer, Joachim: Das Fahrlässigkeitsdelikt, in: Jura 2000, S. 267 ff.

ders.: Welchen Einfluss hat die Lehre von der objektiven Zurechnung auf das Teilnahmeunrecht?, in: Jura 2008, S. 265 ff.

Kreuzberg, Bastian: Täterschaft und Teilnahme als Handlungsunrechtstypen, 2019.

Krey, Volker/Esser, Robert: Deutsches Strafrecht Allgemeiner Teil, 6. Aufl. 2016 (zit.: AT).

Krümpelmann, Justus: Schutzzweck und Schutzreflex der Sorgfaltspflicht, in: Arthur Kaufmann [u.a.] (Hrsg.), Festschrift für Paul Bockelmann zum 70. Geburtstag, 1979, S. 443 ff. (zit.: FS-Bockelmann).

Kudlich, Hans: Hypothetische Kausalverläufe im Strafrecht: Zugleich ein Beitrag zur Kausalität der Beihilfe, 1972.

ders.: Anmerkung zur Entscheidung BGH 5 StR 624/99, Beihilfe zur Steuerhinterziehung durch „berufsbedingtes Verhalten“ von Bankmitarbeitern, in: JZ 2000, S. 1178 ff.

ders.: BGH 4 StR 48/06, zeitliche Grenzen der Beihilfestrafbarkeit, in: JA 2007, S. 308 f.

ders.: Die Verletzung gesetzlicher Sondernormen und ihre Bedeutung für die Bestimmung der Sorgfaltspflichtverletzung, in: Gerhard Dannecker (Hrsg.), Festschrift für Harro Otto zum 70. Geburtstag am 1. April 2007, 2007, S. 373 ff. (zit.: FS-Otto).

ders.: Fälle zum Strafrecht Allgemeiner Teil, 2. Aufl. 2014 (zit.: Fälle zum AT).

Kühl, Kristian: Strafrecht Allgemeiner Teil, 8. Aufl. 2017 (zit.: AT).

Kuhlen, Lothar: Fragen einer strafrechtlichen Produkthaftung, 1989.

ders.: Strafhaftung bei unterlassenem Rückruf gesundheitsgefährdender Produkte, Zugleich Anmerkung zum Urteil des BGH vom 6. 7. 1990 – 2 StR 549/89, in: NStZ 1990, S. 566 ff.

ders.: Grundfragen der strafrechtlichen Produkthaftung, in: JZ 1994, S. 1142 ff.

ders.: Strafrechtliche Produkthaftung, in: 50 Jahre Bundesgerichtshof, Bd. 4, Strafrecht, Strafprozessrecht, 2000, S. 646 ff.

Küper, Wilfried: Versuchsbeginn und Mittäterschaft, 1978.

ders.: Versuchs- und Rücktrittsprobleme bei mehreren Tatbeteiligten, in: JZ 1979, S. 775 ff.

ders.: Überlegungen zum sog. Pflichtwidrigkeitszusammenhang beim Fahrlässigkeitsdelikt, in: Wilfried Küper [u.a.] (Hrsg.), Festschrift für Karl Lackner zum 70. Geburtstag am 18. Februar 1987, 1987, S. 247 ff. (zit.: FS-Lackner).

ders.: Ein „neues Bild" der Lehre von Täterschaft und Teilnahme. Die strafrechtliche Beteiligungsformenlehre Ulrich Steins, in: ZStW 105 (1993), S. 445 ff.

Küpper, Georg: Der gemeinsame Tatentschluss als unverzichtbares Moment der Mittäterschaft, in: ZStW 105 (1993), S. 295 ff.

ders.: Zur Abgrenzung der Täterschaftsformen, in: GA 1998, S. 519 ff.

Lackner, Karl/Kühl, Kristian: Strafgesetzbuch: Kommentar, 29. Aufl. 2018 (zit.: Lackner/Kühl, StGB).

Lampe, Ernst-Joachim: Täterschaft bei fahrlässiger Straftat, in: ZStW 71 (1959), S. 579 ff.

ders.: Ingerenz oder dolus subsequens?, in: ZStW 72 (1960), S. 93 ff.

ders.: Die Kausalität und ihre strafrechtliche Funktion, in: Gerhard Dornseifer [u.a.] (Hrsg.), Gedächtnisschrift für Armin Kaufmann, 1989, S. 189 ff. (zit.: GS-Arm. Kaufmann).

ders.: Tat und Unrecht der Fahrlässigkeitsdelikte, in: ZStW 101 (1989), S. 3 ff.

ders.: Systemunrecht und Unrechtssysteme, in: ZStW 106 (1994), S. 683 ff.

Lange, Richard: Der moderne Täterbegriff und der deutsche Strafgesetzentwurf, 1935 (zit.: Der moderne Täterbegriff, 1935).

Leipziger Kommentar zum Strafgesetzbuch, 12. Aufl. 2015 (zit.: Bearbeiter, LK-StGB).

Lesch, Heiko Hartmut: Das Problem der sukzessiven Beihilfe, 1992.

ders.: Die Begründung mittäterschaftlicher Haftung als Moment der objektiven Zurechnung, in: ZStW 105 (1993), S. 271 ff.

ders.: Täterschaft und Gestaltungsherrschaft – Überlegungen zu der gleichnamigen Monographie von Wilfried Bottke –, in: GA 1994, S. 112 ff.

ders.: Gemeinsamer Tatentschluss als Voraussetzung der Mittäterschaft?, in: JA 2000, S. 73 ff.

v.Liszt, Franz: Strafrechtliche Vorträge und Aufsätze, Bd. II, 1905.

Lorenzen, Claus: Zur Rechtsnatur und verfassungsrechtlichen Problematik der erfolgsqualifizierten Delikte, 1981.

Lüderssen, Klaus: Die strafrechtsgestaltende Kraft des Beweisrechts, in: ZStW 85 (1973), S. 288 ff.

ders.: Beihilfe, Strafvereitelung und objektive Zurechnung, in: Erich Samson (Hrsg.), Festschrift für Gerald Grünwald zum 70. Geburtstag, 1999, S. 329 ff. (zit.: FS-Grünwald).

Luzón Peña, Diego-Manuel/Díaz y García, Conlledo: Objektive positive Tatbestimmung und Tatbestandsverwirklichung als Täterschaftsmerkmale, in: Bernd Schünemann [u.a.] (Hrsg.), Festschrift für Claus Roxin zum 70. Geburtstag am 15. Mai 2001, 2001, S. 575 ff. (zit.: FS-Roxin 70).

Maihofer, Werner: Zur Systematik der Fahrlässigkeit, Die sog. vier Maßstäbe der Fahrlässigkeit als Grundelemente einer personalen Zurechnungslehre, in: ZStW 70 (1958), S. 159 ff.

ders.: Der soziale Handlungsbegriff; in: Paul Bockelmann und Wilhelm Gallas (Hrsg.), Festschrift für Eberhard Schmidt zum 70. Geburtstag, 1961, S. 156 ff. (zit.: FS-Schmidt).

Maiwald, Manfred: Historische und dogmatische Aspekte der Einheitstäterlösung, in: Arthur Kaufmann [u.a.] (Hrsg.), Festschrift für Paul Bockelmann zum 70. Geburtstag, 1979, S. 343 ff. (zit.: FS-Bockelmann).

ders.: Kausalität und Strafrecht, Studien zum Verhältnis von Naturwissenschaft und Jurisprudenz, 1980 (zit.: Kausalität und Strafrecht, 1980).

ders.: Zur Leistungsfähigkeit des Begriffs „erlaubtes Risiko“ für die Strafrechtssystematik, in: Theo Vogler [u.a.] (Hrsg.), Festschrift für Hans-Heinrich Jescheck zum 70. Geburtstag, Erster Halbband 1985, S. 405 ff. (zit.:FS-Jescheck I).

ders.: Risikoerhöhung oder an Sicherheit grenzende Wahrscheinlichkeit? – Rechtsvergleichende Bemerkungen zur „Kausalität“ des Unterlassens, in: Michael Hettinger [u.a.] (Hrsg.), Festschrift für Wilfried Küper zum 70. Geburtstag, 2007, S. 329 ff. (zit.: FS-Küper).

Marlie, Markus: Unrecht und Beteiligung, Zur Kritik des Tatherrschaftsbegriffs, 2009.

Matt, Holger/Renzikowski, Joachim: Strafgesetzbuch Kommentar, 2013 (zit.: Bearbeiter, Matt/Renzikowski-StGB).

Maurach, Reinhard/Zipf, Heinz: Strafrecht, Allgemeiner Teil, Teilband 1, 8. Aufl. 1992 (zit.: Maurach/Zipf, AT I).

Maurach, Reinhard/Gössel, Karl Heinz/Zipf, Heinz/Dölling, Dieter/Laue, Christian/Renzikowski, Joachim: Strafrecht, Allgemeiner Teil, Teilband 2, 8. Aufl. 2014 (zit.: Maurach/Gössel/ Zipf-Bearbeiter, AT II).

Meier, Bernd-Dieter: Verbraucherschutz durch Strafrecht? Überlegungen zur strafrechtlichen Produkthaftung nach der „Lederspray"-Entscheidung des BGH, in: NJW 1992, S. 3192 ff.

Murmann, Uwe: Die Nebentäterschaft im Strafrecht, Ein Beitrag zu einer personalen Tatherrschaftslehre, 1993 (zit.: Die Nebentäterschaft im Strafrecht, 1993).

ders.: Zum Tatbestand der Beihilfe, in: JuS 1999, S. 548 ff.

ders.: Zur Berücksichtigung besonderer Kenntnisse, Fähigkeiten und Absichten bei der Verhaltensnormkonturierung, in: Holm Putzke [u.a.] (Hrsg.), Festschrift für Rolf Dietrich Herzberg zum 70. Geburtstag am 14. Februar 2008, 2008, S. 123 ff. (zit.: FS-Herzberg).

ders.: Grundkurs Strafrecht, Allgemeiner Teil, Tötungsdelikte, Körperverletzungsdelikte, 5. Aufl. 2019 (zit.: AT).

Münchener Kommentar zum Strafgesetzbuch, 3. Aufl. 2017 (zit.: Bearbeiter, MüKo-StGB).

Mylonopoulos, Christos: Das Verhältnis von Vorsatz und Fahrlässigkeit und der Grundsatz in dubio pro reo. Eine strafrechtlichrechtstheoretische Untersuchung, in: ZStW 99 (1987), S. 685 ff.

Neumann, Ulfrid: Ingeborg Puppe, Strafrechtsdogmatische Analysen, in: GA 2008, S. 463 ff.

Nomos Kommentar zum Strafgesetzbuch, 5. Aufl. 2017 (zit.: Bearbeiter, NK-StGB).

Osnabrügge, Stephan A.: Die Beihilfe und ihr Erfolg, 2002 (zit.: Beihilfe, 2002).

Otto, Harro: Kausaldiagnose und Erfolgszurechnung im Strafrecht, in: Friedrich-Christian (Hrsg.), Festschrift für Reinhart Maurach zum 70. Geburtstag, 1972, S. 71 ff. (zit.: FS-Maurach).

ders.: Grenzen der Fahrlässigkeitshaftung im Strafrecht – OLG Hamm, NJW 1973, 1422; in: JuS 1974, S. 702 ff.

ders.: Risikoerhöhungsprinzip statt Kausalitätsgrundsatz als Zurechnungskriterium bei Erfolgsdelikten, in: NJW 1980, S. 417 ff.

ders.: Über den Zusammenhang von Schuld und menschlicher Würde, in: GA 1981, S. 481 ff.

ders.: Anstiftung und Beihilfe; in: JuS 1982, S. 557 ff.

ders.: Täterschaft, Mittäterschaft, mittelbare Täterschaft, in: Jura 1987, S. 246 ff.

ders.: Mittäterschaft beim Fahrlässigkeitsdelikt, in: Jura 1990, S. 47 ff.

ders.: Täterschaft und Teilnahme im Fahrlässigkeitsbereich, in: Manfred Seebode (Hrsg.), Festschrift für Günter Spendel zum 70. Geburtstag, 1992, S. 271 ff. (zit.: FS-Spendel).

ders.: Die Strafbarkeit von Unternehmen und Verbänden, 1993 (zit.: Strafbarkeit, 1993).

ders.: Grundkurs Strafrecht, Allgemeine Strafrechtslehre, 7. Aufl. 2004 (zit.: AT).

Peters, Karl: Sozialadäquanz und Legalitätsprinzip, in: Günter Stratenwerth [u.a.] (Hrsg.), Festschrift für Hans Welzel zum 70. Geburtstag, 1974, S. 415 ff. (zit.: FS-Welzel).

Pfeiffer, Stefan: Notwendigkeit und Legitimität der fahrlässigen Mittäterschaft, in: Jura 2004, S. 519 ff.

Prittwitz, Cornelius: Strafrecht und Risiko: Untersuchungen zur Krise von Strafrecht und Kriminalpolitik in der Risikogesellschaft, 1993 (zit.: Strafrecht und Risiko, 1993).

Puppe, Ingeborg: Der Erfolg und seine kausale Erklärung im Strafrecht, in: ZStW 92 (1980), S. 863 ff.

dies.: Zurechnung und Wahrscheinlichkeit, in: ZStW 95 (1983), S. 286 ff.

dies.: Der objektive Tatbestand der Anstiftung, in: GA 1984, S. 101 ff.

dies.: Die Beziehung zwischen Sorgfaltswidrigkeit und Erfolg bei den Fahrlässigkeitsdelikten, in: ZStW 99 (1987), S. 595 ff.

dies.: Kausalität: Ein Versuch, kriminalistisch zu denken, in: ZStR 107 (1990), S. 141 ff.

dies.: Anmerkung zu BGH, Urt. v. 6.7.1990 - 2 StR 549/89 (BGHSt 37, 107), in: JR 1992, S. 27 ff.

dies.: „Naturgesetze“ vor Gericht, in: JZ 1994, S. 1147 ff.

dies.: Die Lehre von der objektiven Zurechnung, dargestellt an Beispielsfällen aus der höchstrichterlichen Rechtsprechung; in: Jura 1997, S. 408 ff., S. 513 ff. und S. 624 ff.

dies.: Die Erfolgszurechnung im Strafrecht, 2000 (zit.: Erfolgszurechnung, 2000).

dies.: Brauchen wir eine Risikoerhöhungstheorie?, in: Bernd Schünemann [u.a.] (Hrsg.), Festschrift für Claus Roxin zum 70. Geburtstag am 15. Mai 2001, 2001, S. 289 ff. (zit.: FS-Roxin 70).

dies.: Wider die fahrlässig Mittäterschaft, in: GA 2004, S. 129 ff.

dies.: Der Aufbau des Verbrechens, in: Gerhard Dannecker (Hrsg.), Festschrift für Harro Otto zum 70. Geburtstag am 1. April 2007, 2007, S. 389 ff. (zit.: FS-Otto).

dies.: Der gemeinsame Tatplan der Mittäter, in: ZIS 2007, S. 234 ff.

dies.: Mitverantwortung des Fahrlässigkeitstäters bei Selbstgefährdung des Verletzten - Zugleich Bespr. von BGH vom 20.11.2008, in: GA 2009, S. 486 ff.

dies.: Lob der Conditio-sine-qua-non-Formel, in: GA 2010, S. 551 ff.

dies.: Alternative Kausalität und notwendige Bedingung. Zu der neuen logischen Konzeption der Mehrfachkausalität von Kindhäuser, in: ZIS 2012, S. 267 ff.

dies.: Die Architektur der Beteiligungsformen, in: GA 2013, S. 514 ff.

dies.: Strafrecht, Allgemeiner Teil, im Spiegel der Rechtsprechung, 4. Aufl. 2019 (zit.: AT).

Radbruch, Gustav: Rechtsphilosophie, in: Ralf Dreier/Stanley L. Paulson (Hrsg.), 2. Aufl. 2011 (zit.: Rechtsphilosophie).

Ransiek, Andreas: Unternehmensstrafrecht : Strafrecht, Verfassungsrecht, Regelungsalternativen, 1996 (zit.: Unternehmensstrafrecht).

ders.: Körperverletzung mit Todesfolge, in: JA 2017, S. 912 ff.

Rengier, Rudolf: Erfolgsqualifizierte Delikte und verwandte Erscheinungsformen, 1986 (zit.: Erfolgsqualifizierte Delikte).

ders.: Strafrecht Allgemeiner Teil, 11. Aufl. 2019 (zit.: AT).

Renzikowski, Joachim: Restriktiver Täterbegriff und fahrlässige Beteiligung, 1997 (zit.: Restriktiver Täterbegriff).

ders.: Die fahrlässige Mittäterschaft, in: Gerhard Dannecker (Hrsg.), Festschrift für Harro Otto zum 70. Geburtstag am 1. April 2007, 2007, S. 423 ff. (zit.: FS-Otto).

ders.: Ist psychische Kausalitat dem Begriff nach möglich?, in: Hans-Ullrich Paeffgen [u.a.] (Hrsg.), Festschrift für Ingeborg Puppe zum 70. Geburtstag, 2011, S. 201 ff. (zit.: FS-Puppe).

ders.: Zurechnungsprobleme bei Scheinmittäterschaft und verwandten Konstellationen, in: JuS 2013, S. 481 ff.

Riedo, Christof/Chvojka Michaela: Fahrlässigkeit, Mittäterschaft und Unsorgfaltsgemeinschaft, in: ZStR 2002, S. 152 ff.

Rodriguez Montanes, Teresa: Einige Bemerkungen über das Kausalitätsproblem und die Täterschaft im Falle rechtswidriger Kollegialentscheidungen, in: Bernd Schünemann [u.a.] (Hrsg.), Festschrift für Claus Roxin zum 70. Geburtstag am 15. Mai 2001, 2001, S. 307 ff. (zit.: FS-Roxin 70).

Röh, Lars: Die kausale Erklärung überbedingter Erfolge im Strafrecht, 1993.

Rönnau, Thomas: Mittäterschaft in Abgrenzung zur Beihilfe, in: JuS 2007, S. 514 f.

ders.: Sozialadäquanz, in: JuS 2011, S. 311 ff.

Rotsch, Thomas: „Einheitstäterschaft" statt Tatherrschaft. Zur Abkehr von einem differenzierenden Beteiligungsformensystem in einer normativ-funktionalen Straftatlehre, 2009 (zit.: „Einheitstäterschaft" statt Tatherrschaft).

ders.: Gemeinsames Versagen, Zu Legitimität und Legalität der fahrlässigen Mittäterschaft, in: Hans-Ullrich Paeffgen [u.a.] (Hrsg.), Festschrift für Ingeborg Puppe zum 70. Geburtstag, 2011, S. 887 ff. (zit.: FS-Puppe).

ders.: „Beteiligung am" Landfriedensbruch?, in: ZIS 2015, S. 577 ff.

ders.: „Lederspray" redivivus – Zur konkreten Kausalität bei Gremienentscheidungen. Zugleich ein Beitrag zu der vermeintlichen Notwendigkeit der Abgrenzung von Tun und Unterlassen und den Voraussetzungen der Mittäterschaft, in: ZIS 2018, S. 1 ff.

Roxin, Claus: Pflichtwidrigkeit und Erfolg bei fahrlässigen Delikten, in: ZStW 74 (1962), S. 411 ff.

ders.: Gedanken zur Problematik der Zurechnung im Strafrecht, in: Festschrift für Richard M. Honig zum 80. Geburtstag 3. Januar 1970, 1970, S. 133 ff. (zit.: FS-Honig).

ders.: Ein „neues Bild" des Strafrechtssystems, in: ZStW 83 (1971), S. 369 ff.

ders.: Kriminalpolitik und Strafrechtssystem, 2. Aufl. 1973.

ders.: Zum Schutzzweck der Norm bei fahrlässigen Delikten, in: Karl Lackner [u.a.] (Hrsg.), Festschrift für Wilhelm Gallas zum 70. Geburtstag, 1973, S. 241 ff. (zit.: FS-Gallas).

ders.: Kriminalpolitische Überlegungen zum Schuldprinzip, in: MSchrKrim Band 56, 1973, S. 312 ff.

ders.: „Schuld" und „Verantwortlichkeit" als strafrechtliche Systemkategorien, in: Claus Roxin [u.a.] (Hrsg.), Festschrift für Heinrich Henkel zum 70. Geburtstag am 12. September 1973, 1974, S. 171 ff. (zit.: FS-Henkel).

ders.: Zur jüngsten Diskussion über Schuld, Prävention und Verantwortlichkeit im Strafrecht, in: Arthur Kaufmann [u.a.] (Hrsg.), Festschrift für Paul Bockelmann zum 70. Geburtstag, 1979, S. 279 ff. (zit.: FS-Bockelmann).

ders.: Die Mittäterschaft im Strafrecht, in: JA 1979, S. 519 ff.

ders.: Bemerkungen zur sozialen Adäquanz im Strafrecht, in: Günter Kohlmann (Hrsg.), Festschrift für Ulrich Klug zum 70. Geburtstag, Band II, 1983, S. 303 ff. (zit.: FS-Klug II).

ders.: Zur Problematik des Schuldstrafrechts; in: ZStW 96 (1984), S. 641 ff.

ders.: Was bleibt von der Schuld im Strafrecht übrig?, in: SchwZStR 104 (1987), S. 356 ff.

ders.: Bemerkungen zum Regreßverbot, in: Hans-Heinrich Jescheck und Theo Vogler (Hrsg.), Festschrift für Herbert Tröndle zum 70. Geburtstag, 1989, S. 177 ff. (zit.: FS-Tröndle).

ders.: Was ist Beihilfe? in: Hans-Heiner Kühne (Hrsg.), Festschrift für Koichi Miyazawa, Dem Wegbereiter des japanisch-deutschen Strafrechtsdiskurses, 1995, S. 501 ff. (zit.: FS-Miyazawa).

ders.: Strafrecht Allgemeiner Teil, Bd. 2: Besondere Erscheinungsformen der Straftat, 2003 (zit.: AT II).

ders.: Der im Vorbereitungsstadium ausscheidende Mittäter, in: Georg Freund (Hrsg.), Festschrift für Wolfgang Frisch zum 70. Geburtstag, 2014, S. 613 ff. (zit.: FS-Frisch).

ders.: Täterschaft und Tatherrschaft, 9. Aufl. 2015.

Roxin, Claus/Greco, Luís: Strafrecht Allgemeiner Teil, Bd. 1: Grundlagen. Der Aufbau der Verbrechenslehre, 5. Aufl. 2020 (zit.: AT I).

Rudolphi, Hans-Joachim: Gleichstellungsproblematik der unechten Unterlassungsdelikte und der Gedanke der Ingerenz, 1966 (zit.: Gleichstellungsproblematik der unechten Unterlassungsdelikte, 1966).

ders.: Vorhersehbarkeit und Schutzzweck der Norm in der strafrechtlichen Fahrlässigkeitslehre, in: JuS 1969, S. 549 ff.

ders.: Zur Tatbestandsbezogenheit des Tatherrschaftsbegriffs bei der Mittäterschaft, in: Arthur Kaufmann [u.a.] (Hrsg.), Festschrift für Paul Bockelmann zum 70. Geburtstag, 1979, S. 369 ff. (zit.: FS-Bockelmann).

Salamon, Jochen: Vollendete und versuchte Beihilfe. Ein Beitrag zur Frage der Mitwirksamkeit der Beihilfe bei der Ausführung der Haupttat, 1968 (zit.: Vollendete und versuchte Beihilfe, 1968).

Samson, Erich: Hypothetische Kausalverläufe im Strafrecht: Zugleich ein Beitrag zur Kausalität der Beihilfe, 1972 (zit.: Hypothetische Kausalverläufe im Strafrecht, 1972).

ders.: Begehung und Unterlassung, in: Günter Stratenwerth [u.a.] (Hrsg.), Festschrift für Hans Welzel zum 70. Geburtstag, 1974, S. 579 ff. (zit.: FS-Welzel).

ders.: Die Kausalität der Beihilfe, in: Jürgen Baumann (Hrsg.), Festschrift für Karl Peters zum 70. Geburtstag, 1974, S. 121 ff. (zit.: FS-Peters).

ders.: Inus-Bedingung und strafrechtlicher Kausalbegriff, in: Klaus Rogall [u.a.] (Hrsg.), Festschrift für Hans-Joachim Rudolphi zum 70. Geburtstag, 2004, S. 259 ff. (zit.: FS-Rudolphi).

Sánchez Lázaro, Fernando Guanarteme: Täterschaft beim Fahrlässigkeitsdelikt, Die Zuständigkeit für die Risikoquelle als Täterbegriff, 2007 (zit.: Täterschaft beim Fahrlässigkeitsdelikt, 2007).

Satzger, Helmut/Schluckebier, Wilhelm/Widmaier, Gunter: Strafgesetzbuch, Kommentar, 4. Aufl. 2019 (zit.: Bearbeiter, S/S/W-StGB).

Sax, Walter: Dogmatische Streifzüge durch den Entwurf des Allgemeinen Teils eines Strafgesetzbuches nach den Beschlüssen der Großen Strafrechtskommission, in: ZStW 69 (1957), S. 412 ff.

Schaal, Alexander: Strafrechtliche Verantwortlichkeit bei Gremienentscheidungen in Unternehmen, 2001 (zit.: Gremienentscheidungen in Unternehmen, 2001).

Schaffstein, Friedrich: Die Risikoerhöhung als objekitves Zurechnungsprinzip im Strafrecht, insbesondere bei der Beihilfe, in: Festschrift für Richard M. Honig zum 80. Geburtstag 3. Januar 1970, 1970, S. 169 ff. (zit.: FS-Honig).

ders.: Handlungsunwert, Erfolgsunwert und Rechtfertigung bei den Fahrlässigkeitsdelikten, in: Günter Stratenwerth [u.a.] (Hrsg.), Festschrift für Hans Welzel zum 70. Geburtstag, 1974, S. 557 ff. (zit.: FS-Welzel).

Scheurl, Guntram von: Rücktritt vom Versuch und Tatbeteiligung mehrerer, 1972.

Schilling, Georg: Der Verbrechensversuch des Mittäters und des mittelbaren Täters, 1975 (zit.: Verbrechensversuch, 1975).

Schlehofer, Horst: Täterschaftliche Fahrlässigkeit, in: Holm Putzke [u.a.] (Hrsg.), Festschrift für Rolf Dietrich Herzberg zum 70. Geburtstag am 14. Februar 2008, 2008, S. 355 ff. (zit.: FS-Herzberg).

Schlüchter, Ellen: Grundfälle zur Lehre von der Kausalität, in: JuS 1976, S. 378 ff.

ders.: Grundfälle zur Lehre von der Kausalität, Dritter Teil: Besonderheiten im Bereich der Fahrlässigkeitsdelikte, in: JuS 1977, S. 104 ff.

ders.: Zusammenhang zwischen Pflichtwidrigkeit und Erfolg bei Fahrlässigkeitstatbeständen, in: JA 1984, S. 673 ff.

Schmidhäuser, Eberhard: Gesinnungsethik und Gesinnungsstrafrecht, in: Karl Lackner [u.a.] (Hrsg.), Festschrift für Wilhelm Gallas zum 70. Geburtstag, 1973, S. 81 ff. (zit.: FS-Gallas).

ders.: Fahrlässige Straftat ohne Sorgfaltspflichtverletzung, in: Gerald Grünwald [u.a.] (Hrsg.), Festschrift für Friedrich Schaffstein zum 70. Geburtstag, 1975, S. 129 ff. (zit.: FS-Schaffstein).

ders.: Strafrecht Allgemeiner Teil, Lehrbuch, 2. Aufl. 1975 (zit.: Lb AT).

ders.: Strafrecht Allgemeiner Teil, Studienbuch, 2. Aufl. 1984 (zit.: StuB AT).

ders.: Über den axiologischen Schuldbegriff des Strafrechts: Die Unrechtliche Tatgesinnung, in: Theo Vogler [u.a.] (Hrsg.), Festschrift für Hans-Heinrich Jescheck zum 70. Geburtstag, Erster Halbband, 1985, S. 485 ff. (zit.: FS-Jescheck I).

Schmidt, Ebert: Soziale Handlungslehre, in: Paul Bockelmann [u.a.] (Hrsg.), Festschrift für Karl Engisch zum 70. Geburtstag, 1969, S. 339 ff. (zit.: FS-Engisch).

Schöne, Wolfgang: Fahrlässigkeit, Tatbestand und Strafgesetz, in: Gedächtnisschrift für Hilde Kaufmann, Hans Joachim Hirsch (Hrsg.), 1986, S. 649 ff. (zit.; GS-Hilde Kaufmann).

Schönke, Adolf/Schröder, Horst: Strafgesetzbuch, Kommentar, 30. Aufl. 2019 (zit.: Bearbeiter, Sch/Sch-StGB).

Schröder, Friedrich Christian: Anmerkung zu BGHSt 11, 268, in: JR 1958, S. 427 f.

ders.: Die Fahrlässigkeit als Erkennbarkeit der Tatbestandsverwirklichung, in: JZ 1989, S. 776 ff.

Schubarth, Martin: Das Problem der erfolgsqualifizierten Delikte, in: ZStW 85 (1973), S. 754 ff.

Schulz, Joachim: Gesetzmäßige Bedingung und kausale Erklärung, in: Wilfried Küper [u.a.] (Hrsg.), Festschrift für Karl Lackner zum 70. Geburtstag am 18. Februar 1987, 1987, S. 39 ff. (zit.: FS-Lackner).

Schumann, Heribert: Strafrechtliches Handlungsunrecht und das Prinzip der Selbstverantwortung der Anderen, 1986 (zit.: Das Prinzip der Selbstverantwortung).

Schünemann, Bernd: Grund und Grenzen der unechten Unterlassungsdelikte: zugleich ein Beitrag zur strafrechtlichen Methodenlehre, 1971 (zit.: Grund und Grenzen der unechten Unterlassungsdelikte).

ders.: Zur Kritik der Ingerenz-Garantenstellung, in: GA 1974, S. 231 ff.

ders.: Neue Horizonte der Fahrlässigkeitsdogmatik? — Zur Stellung der individuellen Sorgfaltswidrigkeit und des Handlungserfolges im Verbrechensaufbau, in: Gerald Grünwald [u.a.] (Hrsg.), Festschrift für Friedrich Schaffstein zum 70. Geburtstag, 1975, S. 159 ff. (zit.: FS-Schaffstein).

ders.: Moderne Tendenzen in der Dogmatik der Fahrlässigkeits- und Gefährdungsdelikte, in: JA 1975, S. 435 ff. (Teil 1), S. 511 ff. (Teil 2), S. 575 ff. (Teil 3), S. 647 ff. (Teil 4), S. 715 ff. (Teil 5), S. 787 ff. (Teil 6).

ders.: Fahrlässige Tötung durch Abgabe von Rauschmitteln? – Besprechung des Urteils BGH, NStZ 1981, 350 –, in: NStZ 1982, S. 60 ff.

ders.: Anmerkung zu BGH, Beschl. v. 3.5.1984 – 4 StR 266/84, in: StV 1985, S. 229 ff.

ders.: Die deutschsprachige Strafrechtswissenschaft nach der Strafrechtsreform im Spiegel des Leipziger Kommentars und des Wiener Kommentars, in: GA 1985, S. 341 ff. und GA 1986, S. 293 ff.

ders.: Versuch über die Begriffe von Verbrechen und Strafe, Rechtsgut und Deliktsstruktur, in: Frank Saliger [u.a.] (Hrsg.), Festschrift für Ulfried Neumann zum 70. Geburtstag, 2017, S. 701 ff. (zit.: FS-Neumann).

Schürer-Mohr, Wiebke: Erlaubte Risiken: Grundfragen des „erlaubten Risikos" im Bereich der Fahrlässigkeitsdogmatik, 1998 (zit.: Erlaubte Risiken).

Schwinge, Erich: Teleologische Begriffsbildung im Strafrecht: ein Beitrag zur strafrechtlichen Methodenlehre, 1995 (zit.: Teleologische Begriffsbildung).

Seebald, Rudolf: Teilnahme am erfolgsqualifizierten und am fahrlässigen Delikt, in: GA 1964, S. 161 ff.

Seelmann, Kurt: Mittäterschaft im Strafrecht, in: JuS 1980, S. 571 ff.

Seher, Gerhard: Vorsatz und Mittäterschaft- Zu einem verschwiegenen Problem der strafrechtlichen Beteiligungslehre, in: JuS 2009, S. 1 ff.

Seier, Jürgen: Der Einheitstäter im Strafrecht und im Gesetz über Ordnungswidrigkeiten, in: JA 1990, S. 342 ff., S. 382 ff.

Spendel, Günter: Zur Unterscheidung von Tun und Unterlassen, in: Paul Bockelmann und Wilhelm Gallas (Hrsg.), Festschrift für Eberhard Schmidt zum 70. Geburtstag, 1961, S. 183 ff. (zit.: FS-Schmidt).

ders.: Zur Dogmatik der unechten Unterlassungsdelikte, in: JZ 1973, S. 137 ff.

ders.: Fahrlässige Teilnahme an Selbst- und Fremdtötung, in: JuS 1974, S. 749 ff.

ders.: Beilhilfe und Kausalität, in: Hans-Heinrich Jescheck und Hans Lüttger (Hrsg.), Festschrift für Eduard Dreher zum 70. Geburtstag am 29.4.1977, 1977, S. 167 ff. (zit.: FS-Dreher).

Steckermeier, Kristina: Der Tatentschluss von Mittätern (§ 25 Absatz 2 StGB), Verlängerte Tatherrschaft als Zurechnungsgrund – eine empirisch gestützte Untersuchung, 2015 (zit.: Der Tatentschluss von Mittätern, 2015).

Stein, Ulrich: Die strafrechtliche Beteiligungsformenlehre, 1988.

Stoffers, Kristian F.: Die vorrechtlich-ontologische Unterscheidung der Verhaltensformen positiven Tuns und Unterlassen, in: GA 1993, S. 262 ff.

Stratenwerth, Günter: Arbeitsteilung und ärztliche Sorgfaltspflicht, in: Paul Bockelmann und Wilhelm Gallas (Hrsg.), Festschrift für Eberhard Schmidt zum 70. Geburtstag, 1961, S. 383 ff. (zit.: FS-Schmidt).

ders.: Bemerkungen zum Prinzip der Risikoerhöhung, in: Karl Lackner [u.a.] (Hrsg.), Festschrift für Wilhelm Gallas zum 70. Geburtstag, 1973, S. 227 ff. (zit.: FS-Gallas).

ders.: Zur Relevanz des Erfolgsunwertes im Strafrecht, in: Gerald Grünwald [u.a.] (Hrsg.), Festschrift für Friedrich Schaffstein zum 70. Geburtstag, 1975, S. 177 ff. (zit.: FS-Schaffstein).

ders.: Zur Individualisierung des Sorgfaltsmaßstabes beim Fahrlässigkeitsdelikt, in: Theo Vogler [u.a.] (Hrsg.), Festschrift für Hans-Heinrich Jescheck zum 70. Geburtstag, Erster Halbband, 1985, S. 285 ff. (zit.: FS-Jescheck I).

Stratenwerth, Günter/Kuhlen, Lothar: Strafrecht Allgemeiner Teil I, 6. Aufl. 2011 (zit.: Stratenwerth/Kuhlen, AT I).

Stree, Walter: Garantenstellung kraft Übernahme, in: Friedrich Geerds und Wolfgang Naucke (Hrsg.), Festschrift für Hellmuth Mayer zum 70. Geburtstag, 1966, S. 145 ff. (zit.: FS-Mayer).

Streng, Franz: Schuld ohne Freiheit? Der funktionale Schuldbegriff auf dem Prüfstand, in: ZStW 101 (1989), S. 273 ff.

ders.: „Passives Tun" als dritte Handlungsform – nicht nur beim Betrug, Plädoyer für eine kausalitätsorientierte Abgrenzung von Tun und Unterlassen, in: ZStW 122 (2010), S. 1 ff.

Struensee, Eberhard: Der subjektive Tatbestand des fahrlässigen Delikts, in: JZ 1987, S. 53 ff.

ders.: Verursachungsvorsatz und Wahnkausalität, in: ZStW 102 (1990), S. 21 ff.

ders.: Handeln und Unterlassen, Begehungs- und Unterlassungsdelikt, in: Wilfred Küper (Hrsg.), Festschrift für Walter Stree und Johannes Wessels zum 70. Geburtstag, 1993, S. 133 ff. (zit: FS-Stree/Wessels).

Systematischer Kommentar zum Strafgesetzbuch, 9. Aufl. 2017 (zit.: Bearbeiter, SK-StGB).

Tiedemann, Klaus: Die Anfängerübung im Strafrecht, 3. Aufl. 1997.

Triffterer, Otto: Die „objektive Voraussehbarkeit" (des Erfolges und des Kausalverlaufs) – unverzichtbares Element im Begriff der Fahrlässigkeit oder allgemeines Verbrechenselement aller Erfolgsdelikte? in: Arthur Kaufmann [u.a.] (Hrsg.), Festschrift für Paul Bockelmann zum 70. Geburtstag, 1979, S. 201 ff. (zit.: FS-Bockelmann).

ders.: Die Theorie der objektiven Zurechnung in der österreichischen Rechtsprechung, in: Günter Kohlmann (Hrsg.), Festschrift für Ulrich Klug zum 70. Geburtstag, Band II, 1983, S. 419 ff. (zit.: FS-Klug II).

Tröndle, Herbert/Fischer, Thomas/Dreher, Eduard: Strafgesetzbuch, StGB und Nebengesetze, 66. Aufl. 2019 (zit.: Tröndle/Fischer, StGB).

Ulsenheimer, Klaus: Das Verhältnis zwischen Pflichtwidrigkeit und Erfolg bei den Fahrlässigkeitsdelikten, 1965 (zit.: Das Verhältnis zwischen Pflichtwidrigkeit und Erfolg).

ders.: Erfolgsrelevante und erfolgsneutrale Pflichtverletzungen im Rahmen der Fahrlässigkeitsdelikte, in: JZ 1969, S. 364 ff.

Utsumi, Tomoko: Fahrlässige Mittäterschaft, in: Jura 2001, S. 538 ff.

dies.: Fahrlässige Mittäterschaft in Japan, in: ZStW 119 (2007), S. 768 ff.

Valdágua, Maria da Conceição: Versuchsbeginn des Mittäters bei den Herrschaftsdelikten, in: ZStW 98 (1986), S. 839 ff.

Walder, Hans: Die Kausalität im Strafrecht, in: SchwZStR 93 (1977), S. 113 ff.

ders.: Bewußte Beteiligung, ungewollte Folgen, in: Manfred Seebode (Hrsg.), Festschrift für Günter Spendel zum 70. Geburtstag, 1992, S. 363 ff. (zit.: FS-Spendel).

Walther, Susanne: Vollendungsprobleme beim Tötungsdelikt –Mittäterschaft, Mordqualifikation, Rücktritt – nach Vornahme einer unumkehrbar tödlichen Handlung?, in: NStZ 2005, S. 657 ff.

Weezel, Alex van: Beteiligung bei Fahrlässigkeit, Ein Beitrag zur Verhaltenszurechnung bei gemeinsamem Handeln, 2006.

Weigend, Thomas: Zum Verhaltensunrecht der fahrlässigen Straftat, in: Dieter Dölling (Hrsg.), Festschrift für Karl Heinz Gössel zum 70. Geburtstag am 16. Oktober 2002, 2002, S.129 ff. (zit.: FS-Gössel).

Weißer, Bettina: Kausalitäts- und Täterschaftsprobleme bei der strafrechtlichen Würdigung pflichtwidriger Kollegialentscheidungen, 1996 (zit.: Kollegialentscheidungen).

dies.: Gibt es eine fahrlässige Mittäterschaft?, in: JZ 1998, S. 230 ff.

dies.: Täterschaft in Europa, 2011.

Welp, Jürgen: Der Einheitstäter im Ordnungswidrigkeitenrecht, in: Zeitschrift für Verkehrs- und Ordnungswidrigkeitenrecht, 1972, S. 299 ff. (zit.: VOR 1972).

Welzel, Hans: Kausalität und Handlung, in: ZStW 51 (1931), S. 703 ff.

ders.: Studien zum System des Strafrechts, in: ZStW 58 (1938), S. 491 ff.

ders.: Fahrlässigkeit und Verkehrsdelikte: zur Dogmatik der fahrlässigen Delikte; Vortrag gehalten vor der Juristischen Studiengesellschaft in Karlsruhe am 23. Juni 1960, 1961 (zit.: Fahrlässigkeit und Verkehrsdelikte).

ders.: Das neue Bild des Strafrechtssystems, 1961.

ders.: Das Deutsche Strafrecht, eine systematische Darstellung, 11. Aufl. 1969 (zit.: Strafrecht).

Wessels, Johannes/Beulke, Werner/Satzger, Helmut: Straftecht Allgemeiner Teil, 49. Aufl. 2019 (zit.: AT).

Woelk, Birgit: Täterschaft bei zweiaktigen Delikten – Am Beispiel des § 307 Nr. 3 StGB –, 1994 (zit.: Täterschaft bei zweiaktigen Delikten).

Wolff, Ernst Amadeus: Der Handlungsbegriff in der Lehre vom Verbrechen, 1964 (zit.: Der Handlungsbegriff).

ders.: Kausalität von Tun und Unterlassen, 1965.

Wolter, Jürgen: Adäquanz- und Relevanztheorie. Zugleich ein Beitrag zur objektiven Erkennbarkeit beim Fahrlässigkeitsdelikt, in: GA 1977, S. 257 ff.

ders.: Objektive und personale Zurechnung von Verhalten, Gefahr und Verletzung in einem funktionellen Straftatsystem, 1981 (zit.: Objektive und personale Zurechnung).

ders.: Zur Struktur der erfolgsqualifizierten Delikte, in: JuS 1981, S. 168 ff.

ders.: Der „unmittelbare" Zusammenhang zwischen Grunddelikt und schwerer Folge beim erfolgsqualifizierten Delikt, in: GA 1984, S. 443 ff.

ders.: Strafwürdigkeit und Strafbedürftigkeit in einem neuen Strafrechtssystem, in: Jürgen Wolter (Hrsg.), 140 Jahre Goltdammer's Archiv für Strafrecht: eine Würdigung zum 70. Geburtstag von Paul-Günther Pötz, 1993, S. 269 ff. (zit.: FS-Pötz).

Yamanaka, Keiichi: Die Entwicklung der japanischen Fahrlässigkeitsdogmatik im Lichte des sozialen Wandels, in: ZStW 102 (1990), S. 928 ff.

Zielinski, Diethart: Handlungs- und Erfolgsunwert im Unrechtsbegriff, 1973.

Zieschang, Frank: Mittäterschaft bei bloßer Mitwirkung im Vorbereitungsstadium?, in: ZStW 107 (1995), S. 361 ff.

ders.: Der Begriff „Hilfeleisten" in § 27 StGB, in: Michael Hettinger [u.a.] (Hrsg.), Festschrift für Wilfried Küper zum 70. Geburtstag, 2007, S. 733 ff. (zit.: FS-Küper).

www.ingramcontent.com/pod-product-compliance
Ingram Content Group UK Ltd.
Pitfield, Milton Keynes, MK11 3LW, UK
UKHW021938290926
8980IPUK00016B/1683

9 783631 847534